Meike Sophia Baader (Hrsg.)

»Seid realistisch, verlangt das Unmögliche«

Meike Sophia Baader (Hrsg.)

»Seid realistisch, verlangt das Unmögliche«

Wie 1968 die Pädagogik bewegte

Mit Beiträgen von
Meike Sophia Baader, Johannes Bilstein, Lothar Böhnisch,
Micha Brumlik, Peter Cloos, Tatjana Freytag,
Carola Groppe, Oskar Negt, Frodo Ostkämper,
Olga Remisch, Christin Sager, Pia Schmid und
Wolfgang Schröer

BELTZ

Der Titel des Buches »Seid realistisch, verlangt das Unmögliche« und die Überschrift auf der Rückseite »Jede neue Idee geht von einer gelebten Emotion aus« standen im Mai 1968 auf den Mauern der Sorbonne, Paris.

www.beltz.de

Umschlaggestaltung: Federico Luci, Odenthal
Umschlagabbildung: dpa Picture-Alliance, Frankfurt
Druck und Bindung: Druck Partner Rübelmann, Hemsbach
Printed in Germany

ISBN 978-3-407-85872 6

Inhaltsverzeichnis

Vorwort: Erziehung und Bildung: übersehene Dimensionen in der 68er-Retrospektive

Der vierzigste Jahrestag der Revolte ist Anlass für zahlreiche Publikationen zum Thema. Die Auseinandersetzungen über das Phänomen halten an und scheinen die Gesellschaft der Bundesrepublik nachhaltig zu bewegen. Erstaunlicherweise aber wird die pädagogische Dimension der Protestbewegung kaum thematisiert. Im Vordergrund stehen zumeist im engeren Sinne politische Fragen, insbesondere die Frage nach dem Verhältnis zur Gewalt. Die kulturelle Seite der Protestbewegung, ihre Auswirkungen auf die Lebenswelten und die Lebensführung, auf Erziehung, auf Familienformen, das Geschlechter- und Generationenverhältnis und auf die pädagogischen Institutionen wird kaum genauer ergründet. So stark die Erziehung für gesellschaftliche Missstände im Kontext von 1968 verantwortlich gemacht wurde, so sehr wird sie erstaunlicherweise aus den aktuellen Retrospektiven ausgeblendet. Dabei gehört die pädagogische Dimension zu den Besonderheiten der westdeutschen 68er-Aufbrüche und markiert einen Unterschied im Verhältnis zu anderen Ländern.

Der Umstand, dass Fragen der Erziehung in den Fokus der deutschen Protestbewegung gerieten, hängt unmittelbar mit dem Nachdenken über die Gründe für den Nationalsozialismus und mit den Debatten um Autorität und Antiautorität zusammen. Antiautorität war in keinem anderen Land ein Schlagwort der 1968er-Bewegung, in Deutschland hingegen war es zentral und geht unter anderem auf die Rezeption der Kritischen Theorie und ihrer »Studien zum autoritären Charakter« aus dem Jahre 1950 zurück, die das Frankfurter Institut für Sozialforschung unter Leitung von Theodor W. Adorno und anderen in der Emigration durchgeführt hatte. Die Untersuchung sollte mit Mitteln der empirischen Sozialforschung und der Sozialpsychologie erklären, warum Individuen faschistische Systeme unterstützen und wie dies mit ihren individuellen psychischen Dispositionen zusammenhängt. Der Erziehung kam in den Analysen der beteiligten Forscher und Forscherinnen eine nicht unerhebliche Bedeutung zu. Adorno selbst unterstrich in seinem 1966 gehaltenen Rundfunkbeitrag zur »Erziehung nach Auschwitz« vor allem die Bedeutung der Erziehung in der frühen Kindheit.

Die gemeinsame Frage, die am Anfang der pädagogischen Aufbrüche im Kontext von 1968 stand, war: Wie lassen sich Erziehungsverhältnisse so gestalten, dass die nachfolgenden Generationen nicht mehr anfällig für ein System wie den Nationalsozialismus sein würden, sondern den Mut, die Kraft und die Ich-Stärke zum Widerstand und Protest aufbringen würde? In den Fokus gerieten dabei insbesondere auch die frühe Kindheit und der Vorschulbereich, der in Deutschland in den 60er-Jahren wenig ausgebaut war. 1967/68 wurden zahlreiche Kinderläden gegründet, zunächst in den Großstädten Berlin, Frankfurt und Stuttgart, in den folgenden Jahren dann auch in zahlreichen mittleren und kleineren Städten. Die Kinderladenbewegung war neben der so genannten Heimerziehungsbewegung einer der entscheidenden Impulse der pädagogischen Initiativen im Kontext von 1968.

Am Anfang stand die Weigerung, die eigenen Kinder nach Prinzipien des Gehorsams und der Unterordnung zu erziehen. Eine entscheidende Rolle für die Anfänge hat aber auch die Frauenbewegung gespielt, insofern Frauen es zurückwiesen, alleine für die Erziehung ihrer Kinder im Vorschulalter verantwortlich zu sein. Sie schlossen sich in Selbsthilfeinitiativen zusammen, um gemeinsam eine bessere und andere Erziehung ihrer Kinder in der frühen Kindheit zu organisieren und durch Einrichtungen einer kollektiven Kinderbetreuung zugleich auch die eigene Emanzipation voranzutreiben. Berliner Frauen orientierten sich dabei an skandinavischen Tagesmuttermodellen, andere waren von Erfahrungen mit dem Vorschulsystem und Schulsystem in England beeinflusst, und schließlich spielte die Psychoanalyse für Konzepte und Ideen einer anderen Vorschulerziehung eine wichtige Rolle.

Die Antworten, die auf die Ausgangsfrage nach einer anderen, nicht primär an Gehorsam und Sekundärtugenden wie Pünktlichkeit und Sauberkeit orientierten Erziehung gegeben wurden, die Konzepte und Projekte, die entwickelt wurden, waren sehr unterschiedlich und vielfältig, sie differenzierten sich aus, nahmen verschiedene Richtungen und lassen sich kaum vereinheitlichen. So wie es »die 68er« nicht gibt, so gibt es auch nicht »die Erziehung der 68er«, auch wenn diese in öffentlichen Debatten – in regelmäßigen Wellen – immer wieder für diverse Missstände verantwortlich gemacht wurde und wird. So wie die Protestbewegung insgesamt sich aus sehr verschiedenen Quellen speiste, so auch die pädagogischen Aufbrüche. Sie sprechen keinesfalls mit einer Stimme, sondern sind ihrerseits wiederum von Differenzen und Konflikten gekennzeichnet. Die dahinterliegenden Motive, die Themen und Handlungsfelder genauer nachzuzeichnen ist eines der zentralen Anliegen dieses Buches, das sich mit den Initiativen, Experimenten und pädagogischen Laboratorien im Zeitraum von 1967–1972 befasst. Damit wird zugleich bildungshistorisches Neuland beschritten, denn bisher gibt es keine Veröffentlichung, die sich aus heutiger Sicht noch einmal mit den pädagogischen Aufbrüchen um 1968 befasst und die Hintergründe erklärt und kontextualisiert. Die Erfahrungen zeigen jedoch, dass der Diskussionsbedarf groß ist, sowohl in wissenschaftlicher Perspektive als auch aus der Perspektive pädagogischer Praxis und schließlich aus der Sicht der Betroffenen, etwa der Kinder, die Kinderläden besuchten.

Auch wenn im Rückblick viele Bemühungen, Konzepte und Initiativen hoffnungslos überfrachtet erscheinen und teilweise höchst verkürzte und eindimensionale Sozialisationsmodelle zugrunde gelegt wurden, so gingen von den pädagogischen Aufbrüchen um 1968 doch Impulse aus, die die pädagogische Landschaft nachhaltig geprägt haben. Dies betrifft insbesondere die Pädagogik der frühen Kindheit, aber auch das grundsätzliche Verhältnis zwischen Kindern und Erwachsenen sowie das Geschlechterverhältnis. So gab es beispielsweise nie davor und nie danach so viele männliche Erzieher wie in den Kinderläden der 70er-Jahre.

Die meisten Initiativen waren selbst organisiert, wurden von akademischen Eltern getragen, die Kinderläden oder neue Schulen gründeten. Manche in dieser Zeit ins Leben gerufenen Schulen, wie etwa die Glockseeschule in Hannover, existieren heute noch und haben sich zu gut funktionierenden Schulen entwickelt, und auch Kinderläden gibt es nach wie vor. Bemerkenswert sind im Rückblick das hohe Engagement und zeitliche Investment bei der Diskussion pädagogischer Konzepte, die von Eltern aufgebracht wurden. Zivilgesellschaftliche Impulse zur Verbesserung des Bildungssystems trafen auf das Interesse der Bildungsreform, dieses Zusammenspiel bestimmte die pädagogischen Aufbrüche der späten 60er- und der 70er-Jahre. Hinzu kam die Begleitung durch Bildungsforschung, die nicht wenige Projekte auszeichnete. Dieses Zusammenwirken von Selbsthilfeinitiativen, Bildungsreform und Bildungsforschung bildete den Rahmen für eine ganze Reihe von Initiativen. Neue pädagogische Zeitschriften, von denen einige heute noch existieren, wurden gegründet, es fand eine Ausweitung der über pädagogische Fragen diskutierenden Öffentlichkeit statt, pädagogische Themen wurden von den Medien aufgegriffen. Dadurch angestoßen, so unterstreichen Zeitzeugen, wurde überhaupt zum ersten Mal in der bundesrepublikanischen Nachkriegsgeschichte intensiver, breiter und öffentlich über Erziehung nachgedacht und diskutiert. Wiederentdeckt und neu aufgelegt wurde pädagogische Literatur aus der Vorkriegszeit, so dass an unterbrochene Traditionen angeknüpft werden konnte. Aus der Sicht einer Bildungsgeschichte nach 1945 ist die Neuauflage pädagogischer Texte aus der Zeit vor dem NS ein wichtiger Beitrag der späten 60er- und der 70er-Jahre.

Die Aufsätze, die dieses Buch versammelt, sind entlang den vier Schwerpunkten »Frühe Kindheit/Kinderläden«, »Schule/Hochschule«, »Generationen-/Geschlechterverhältnisse« sowie »Traditionen/Innovationen« gegliedert. Im ersten Schwerpunkt werden die Ziele und Motive der antiautoritären Kinderläden (Baader), die Implementierung von Ansätzen der antiautoritären Kinderläden in den Regelbereich im Rahmen eines Frankfurter Modellprojektes (Schmid), die Auseinandersetzungen um die Sexualerziehung im Kontext von 68 (Sager), sowie die Frage nach den parallel existierenden Konzepten für die Pädagogik der frühen Kindheit in den späten 60er-Jahren (Cloos) diskutiert. Im zweiten Schwerpunkt werden die Grundlagen und das pädagogische Konzept einer 1972 gegründeten Modellschule erläutert (Negt) sowie die Veränderungen von Lernformen im Sozialisationsraum Hochschule rekonstruiert (Groppe). Im dritten Schwerpunkt wird nach den Veränderungen in den Selbst- und Fremddeutungen der Generation der 68er, der 88er und der heutigen Jugend gefragt (Böhnisch/Schröer). Außerdem werden Risse im Geschlechterverhältnis der 60er-Jahre sowie die Implikationen der Parole »Das Private ist politisch« erörtert (Baader). Und schließlich wird die von Alexander Mitscherlich 1963 aufgeworfene Problematik der »vaterlosen Gesellschaft« in ihrer Bedeutung für die Protestgeneration analysiert (Freytag). Im vierten und letzten Schwerpunkt wird die Frage nach Autorität und Antiautoritarismus vor dem Hintergrund pädagogischer Traditionen seit der Aufklärung diskutiert (Brumlik). Die Wiederentdeckung der Psychoanalyse und deren Rezeption im Kontext von 68 sind das Thema des zweiten Beitrages in diesem Schwerpunkt (Bilstein). Untersucht werden Zeitschriftenbeiträge der 1967 gegründeten auflagenstarken Zeitschrift »betrifft: erziehung«, um die Frage nach Zusammenhängen mit der antiautoritären Bewegung zu klären (Ostkämper). Und abschließend wird nach den Innovationen und Veränderungen von 68 für die Kinderliteratur gefragt (Remisch).

Ein Anliegen des Buches ist es, im Rückblick noch einmal nach den Stärken und Schwächen sowie nach den längerfristigen Effekten dieser pädagogischen Aufbrüche zu fragen.

Zu den Stärken gehörten das hohe Engagement, die pädagogische Aufbruchstimmung, der Glaube, dass das Bildungssystem sich verändern lasse, sowie die Dynamisierung des pädagogischen Feldes, die auch zu seiner Expansion führte.

Zu den Schwächen gehörten zweifelsohne die überzogenen Erwartungen an die Pädagogik und deren Überfrachtungen mit weitreichenden Hoffnungen auf den veränderten, neuen Menschen und die neue Gesellschaft. Dies ging unmittelbar mit sehr simplifizierten und verkürzten Sozialisationsmodellen einher. Problematisch sind auch Tendenzen zur Aufhebung einer Differenz zwischen Kindern und Erwachsenen. Zudem fällt im historischen Rückblick auf, wie stark jene pädagogischen Selbsthilfeinitiativen und Neuerungsversuche von Konflikten, Kämpfen um die richtige Linie und damit auch von Verletzungen und Kränkungen zwischen den Akteuren gekennzeichnet sind.

Gibt es dennoch eine Mitgift für heute? Bemerkenswert ist das große Interesse für pädagogische Fragen und Konzepte, auch auf der Ebene der Theorie. Dieses wurde begleitet von einem hohen Engagement von Eltern, kritische Anfragen an den Mainstream des Erziehungs- und Bildungswesens zu stellen, kritische Anfragen an einen überzogenen Leistungsgedanken – insbesondere in der frühen Kindheit – zu formulieren, dazu gehört auch eine kritische Perspektive auf die kognitive Verengung einer Pädagogik, die auf eine reine Output-Orientierung fixiert ist. Sowohl in der Kinderladenbewegung als auch bei innovativen Konzepten für die Grundschule spielte ein neuer und anderer Umgang mit den kindlichen Emotionen eine wichtige Rolle und die Beziehungen der Kinder untereinander geraten als Ressource in den Blick. Vielleicht liegt die größte Hinterlassenschaft für aktuelle Erziehungsfragen in der zentralen Erkenntnis, dass elterliche Liebe und Zuwendung nicht an Leistung gekoppelt sein sollten – eine Erkenntnis, die in den Zeiten, in denen der Leistungsgedanke auch verstärkt Einzug in die Pädagogik der frühen Kindheit hält, durchaus erinnernswert ist. Angesichts des neuerdings wieder verstärkten Rufes nach Disziplin, Autorität und Strenge ist es gleichfalls nicht banal, daran zu erinnern, dass extreme Strenge in der Erziehung zu Depressionen, Angststörungen und anderen psychischen Leiden in späten Jahren führen kann – wie wir aus der Bindungsforschung und der Psychosomatik wissen.

Beobachten lässt sich in den analysierten Dokumenten und Initiativen auch eine intensive Diskussion über das, was Kindheit ist und wie die Bedingungen des Aufwachsens für Kinder sind. Ist Kindheit eher als Schonraum zu denken oder haben Kinder das Recht auf eine aktive Teilhabe an der Gesellschaft? Diese Frage wird im Zusammenhang mit den Kinderläden, aber auch im Kontext der 1972 gegründeten Glocksee-Schule erörtert. Bei diesen Überlegungen spielte auch die Rezeption der bahnbrechenden Studie von Philippe Ariès »Geschichte der Kindheit«, die 1960 in Frankreich erschien, eine Rolle. Für eine Geschichte der Kindheit markieren die 60er-Jahre zudem einen Säkularisierungsschub, so verstanden sich die Kinderläden auch als Initiativen, den Vorschulbereich der Zuständigkeit der Kirchen zu entziehen. Dass ein »Kind Unterordnung braucht«, diese Position, unlängst noch einmal von Bernhard Bueb im Gespräch mit Daniel Cohn-Bendit vertreten, wurde grundlegend infrage gestellt (ZEIT-Geschichte 1/2007, S. 34). Verstärkt geriet in den 60er-Jahren auch ins Bewusstsein, dass die Bedingungen, unter denen Kinder aufwachsen, ungleich sind und dass Erziehungs- und Bildungseinrichtungen den Auftrag haben, diese Ungleichheiten zu berücksichtigen und auszugleichen. Dies spiegelt sich etwa in der erhöhten Aufmerksamkeit für die Lebensbedingungen von Arbeiterkindern. Chancengleichheit und -gerechtigkeit bildeten eine pädagogische Grundorientierung für fast alle der in diesem Buch diskutierten Modellversuche. In der Zeitschrift »betrifft: erziehung« war »Chancengleichheit« das zentrale Thema.

Das Buch markiert einen Anfang, die Bildungsgeschichte der 60er- und 70er-Jahre wissenschaftlich zu erforschen. Diese Forschung steht gerade erst am Anfang und ist weiterführender und aufschlussreicher als die sattsam bekannten Polarisierungen.

Meike Sophia Baader

Frühe Kindheit/ Kinderläden

Meike Sophia Baader

Von der sozialistischen Erziehung bis zum buddhistischen Om. Kinderläden zwischen Gegen- und Elitekulturen

1. Erziehung: ein blinder Fleck in der 68er-Forschung und -Erinnerung

Die öffentliche Debatte über 1968 wird derzeit mit Intensität geführt, dies ist nicht nur in Deutschland so, sondern auch in Frankreich, in Tschechien, in der Slowakei und in den USA.

Dass 1968 inzwischen so weit weg sei wie die Antike, wie Michael Ruetz 1997 feststellte, scheint definitiv nicht zu stimmen (Ruetz 1997). Vielmehr wird die Debatte teilweise so erregt geführt, als seien die Ereignisse gestern gewesen, insbesondere dann, wenn ehemalige Akteure aufeinandertreffen. Dass das Phänomen hierzulande die Gemüter immer weiter bewegt, erstaunt im Grunde wenig, denn unter der Decke der Erinnerung an 1968 liegt – gewissermaßen als latentes Thema – häufig auch eine Auseinandersetzung um den Nationalsozialismus – bestes Beispiel dafür ist das umstrittene Buch von Götz Aly (2008), in dem 1968 und 1933 parallelisiert werden.

Aus bildungshistorischer und erziehungswissenschaftlicher Perspektive verwundert, dass in all den mehr oder weniger einschlägigen Büchern über 1968 aus den letzten zehn Jahren die pädagogische Dimension so gut wie gar nicht vorkommt. Marginal wird sie in den beiden 1998 und 2001 erschienenen Büchern der Historikerin Gilcher-Holtey erwähnt, gar nicht dem einschlägigen Buch des Sozialwissenschaftlers Kraushaar zu »1968 als Mythos, Chiffre und Zäsur« (2000) und nicht in den diversen Neuerscheinungen aus diesem und dem letzten Jahr, etwa bei Daniel Cohn-Bendit (und Rüdiger Damman 2007), nicht bei dem Historiker Norbert Frei (2008) oder dem Journalisten Reinhard Mohr (2008). Wer in dieser Literatur etwas über Kinderläden erfahren will, findet so gut wie nichts, wer etwas über Schülerbewegung wissen will, stößt auf einen Text in einem Sammelband von Christina von Hodenberg und Detlef Siegfried (2006) und einen weiteren in einem Sammelband von Axel Schildt und Detlef Siegfried (2000). Wer wissen will, was die Heimerziehungskampagne, die sich für eine Öffnung von Erziehungsheimen einsetzte, eigentlich war, und einen aktuellen Text dazu sucht, steht gleichfalls vor dem Nichts. Man ist dann tatsächlich auf zeitgenössische Texte wie etwa das 1974 von Ulrike Meinhof veröffentlichte Buch »Bambule« verwiesen, das sich mit der Situation von Mädchen in Erziehungsheimen beschäftigt, ein Thema, an dem Ulrike Meinhof seit 1966 arbeitete. Lediglich in Gerd Koenens »Das rote Jahrzehnt« (2001) werden die Erziehungsdimension und die Kinderläden kurz gestreift, bezeichnenderweise jedoch in einem Kapitel über die berüchtigte Kommune I, das – wie so viele andere Texte – von immer denselben exponierten Akteuren ausgeht. Das, was Koenen dort über Kinderläden schreibt, stimmt historisch definitiv nicht, ich komme darauf zurück. Zu den Anfängen der Frauenbewegung gibt es gleichfalls wenig und der enge Zusammenhang von Frauenbewegung und Kinderladenbewegung wurde bisher auch nicht vertiefter rekonstruiert. Überhaupt fällt auf, dass Frauen an dem Streit um die Deutungsmacht und um die Selbstdeutungen von 1968 kaum beteiligt sind.

Ein großer Teil der genannten Literatur ist stark dominiert von den immer gleichen männlichen Heroen, von Dutschke, Langhans, Kunzelmann, Krahl und Teufel, dem Personal der Kommunen I und II, von den Themen Schah-Besuch, Vietnam, Tod von Benno Ohnesorg, Schüsse auf Rudi Dutschke, Politisierung, Gewalt und Sexuelle Revolution. Die Reflexion arbeitet sich an den medial erzeugten Bildern und Ikonen ab und reproduziert diese, die dann erneut medial aufgegriffen werden. Medial reproduzierte Bilder sind sowohl an der Konstruktion der Bewegung in den Jahren 1967/68 beteiligt als auch an den jeweiligen retrospektiven Narrativen.

Eine Geschichte dieser immer wieder neu reproduzierten Bilder ist noch nicht geschrieben worden. Unter einer pädagogischen Perspektive würde das Bild der sieben nackten gegen die Wand gelehnten Kommunarden, die alle dem Betrachter den Rücken kehren, mit dem einen Kind, das den Betrachter anschaut, dazugehören. Das Foto wurde 1967 für den STERN gemacht und die Bewohner der Kommune I waren, nach eigenen Berichten, froh, als sie sich wieder anziehen durften (Koenen 2001, S. 157). Das Bild, das bei kaum einer Thematisierung von 1968 fehlt, wurde von den Medien zur Ikone für die freie Liebe stilisiert. Die zeitgenössische Recherche einer Journalistin, die sich – ausgehend von diesem Foto – für das Leben in der Kommune interessierte und deshalb 1967 etwa eine Woche dort lebte, wurde nie veröffentlicht. In dieser Zeit habe sie nie gesehen, dass man sich dort auch nur umarmt hätte. »Die Auskunft, dass in der Kommune I nicht wie verrückt herumgebumst wurde, wie man damals sagte, führte bei der Redaktion zu Missvergnügen.« Die Zeitschrift, die den Auftrag erteilt hatte, lehnte den Bericht ab, da er keine Erotik habe (Schmidt 2008, S. 40).

Unter Genderperspektive fällt auf, dass in der Ikonographie der Protestbewegung Frauen insbesondere als Trägerinnen des Minirocks, im Zusammenhang mit der Sexuellen Revolution oder in Person des Models Uschi Obermaier vorkommen.

Die derzeit von der Bundeszentrale für politische Bildung verantwortete große Fotoausstellung zu 1968 in Berlin zeigt Bilder über Bilder von Demonstrationen, Protestveranstaltungen und Aktionen. Die Seite des privaten Lebens, die alltäglichen Lebensformen, die Kultur des Alltags und seine Politisierung, das Geschlechter- und Generationenverhältnis und damit auch Erziehungsfragen geraten nicht in den Blick. Der Erziehungssektor sowie Kulturen der Erziehung und Bildung kommen in der gesamten Aufarbeitung in Text und Bild nicht vor. Angesichts der Bedeutung, die das Thema »Erziehung« für die deutsche Protestbewegung jedoch hatte, verwundert dies, denn die pädagogische Dimension gehört zu den Besonderheiten der westdeutschen 68er-Aufbrüche und markiert einen Unterschied im Verhältnis zu anderen Ländern.

Obwohl die Feststellung eines Generationenkonfliktes durchaus zu den Standards der Literatur gehört, wird dieser selten genauer und in seinen verschiedenen Facetten beschrieben.

Das Generationenverhältnis – insbesondere die Familie – ist eines der wichtigen Themen der deutschen Protestbewegung gewesen, und dies hängt unmittelbar mit dem Nationalsozialismus zusammen. Das Thema Familie, die Frage nach der eigenen Herkunft, die generationalen Abgrenzungen, der stellvertretende Widerstand, den man sich von den eigenen Eltern gewünscht hätte, dies alles spielt für die Protestbewegung 1968 sowohl eine manifeste als auch eine latente Rolle: manifest, indem die Sozialisation in der bürgerlichen Kleinfamilie theoretisch mit für den Faschismus verantwortlich gemacht wurde, latent, indem die Biographien der Akteure tief mit den Lebensgeschichten ihrer Herkunftsfamilien verquickt sind. Diese verstrickten familiären Konstellationen hat unlängst der Filmemacher Andres Veiel für die Biographie des Terroristen Andreas Baader aufgezeigt: Der Vater kam von der Front und wollte in den Widerstand, die Mutter hat ihn davon abgehalten, weil sie mit dem Sohn schwanger war, der Vater ging an die Front zurück und fiel dort, Jahre später erklärte die Mutter: »Andreas hatte den Mut, den mein Mann nicht hatte«, und verdrehte damit die Tatsachen – genau wie ihr Sohn, der seinen Vater zum Widerstandskämpfer erklärte. Eine ähnliche Geschichte von einem Vater, der nur den halben Schritt in den Widerstand machte, rekonstruiert Veiel auch für Gudrun Ensslin (Veiel 2007, S. 25). Die privaten Familiengeschichten und Biographien der Generation der 68er reichen also weit in das Politische hinein. Luisa Passerini hat in ihrer 1996 erschienen »Autobiography of a generation« eine Kollektivbiographie der 68er für Italien verfasst, ein Land, das – was die faschistische Vergangenheit betrifft – mit Deutschland zumindest teilweise vergleichbar ist. Vergleichbar ist auch das Gewaltpotential, das *eine* Richtung innerhalb der Protestbewegung hervorgebracht hat. Passerini attestiert den Angehörigen der 68er-Generation »Choosing to be Orphans« (Passerini 1996, S. 27). Sie haben sich als Waisenkinder imaginiert, um Neuanfänge vornehmen zu können. In der gleichen Perspektive lässt sich ein Aufruf Herbert Marcuses, eines der theoretischen Mentoren der deutschen Protestbewegung, lesen. Er appelliert an die Männer und Frauen, sich nicht mehr mit den »falschen Väter« zu identifizieren, welche »Auschwitz und Vietnam geduldet und vergessen haben«. Er forderte sie auf, die Kette zu zerbrechen, welche »Väter und Söhne von Generation zu Generation verband« (Marcuse 1969, S. 345). Generationen- und Familienverhältnisse, reale und symbolische Väter und Mütter, dies alles sind Themen für die Erziehungswissenschaft, aber bildungshistorische Forschungen zu 1968 und der Pädagogik, die an die geschichts- und sozialwissenschaftliche Erforschung des Phänomens anschließen, sind bisher ausgeblieben. Diskussionsbedarf besteht jedoch (Baader 2007).

2. Gegenkulturen: anders erziehen als die Eltern

Der Umstand, dass Fragen der Erziehung in den Fokus der deutschen Protestbewegung gerieten, hängt unmittelbar mit dem Nachdenken über die Gründe für den Nationalsozialismus und mit den Debatten um Autorität und Antiautorität zusammen. Antiautorität war in keinem anderen Land ein Schlagwort der 68er-Bewegung, in Deutschland hingegen war es zentral und geht unter anderem auf die Rezeption der Kritischen Theorie und deren »Studien zum autoritären Charakter« (engl. 1950) zurück, die das Frankfurter Institut für Sozialforschung unter der Leitung von Theodor W. Adorno und anderen in der Emigration durchgeführt hatte. Die Untersuchung sollte mit Mitteln der empirischen Sozialforschung und der Sozialpsychologie erklären, warum Individuen faschistische Systeme unterstützen und wie dies mit ihren individuellen psychischen Dispositionen zusammenhängt (Adorno 1973, S. 1). Der Erziehung kam in den Analysen der beteiligten Forscher und Forscherinnen eine nicht unerhebliche Bedeutung zu. Adorno selbst unterstrich in seinen Rundfunkbeiträgen zur »Erziehung nach Auschwitz« aus dem Jahre 1966 vor allem die Bedeutung der Erziehung in der frühen Kindheit (Adorno 1971,

S. 90f.). Die Rezeption der Schriften zu »Autorität und Familie« von Erich Fromm aus dem Jahre 1936 und der »Studien zum autoritären Charakter« führte bei den Protagonisten von 68, etwa bei Rudi Dutschke, zu folgender Programmatik: Der Faschismus wurzelt in der autoritären Persönlichkeit und diese geht auf die Erziehung zurück (Dutschke 1968, S. 68). Ergo muss die Erziehung verändert werden. Dutschke hatte das Begriffspaar Autorität/Antiautorität in die deutsche Debatte eingebracht, er hatte es Horkheimers »Der autoritäre Staat« aus dem Jahre 1940/42 entnommen (Gilcher-Holtey 1998, S. 181).

Die gemeinsame Frage, die am Anfang der pädagogischen Aufbrüche im Kontext von 1968 stand, hieß: Wie lassen sich Erziehungsverhältnisse so gestalten, dass die nachfolgenden Generationen nicht mehr anfällig für ein System wie den Nationalsozialismus sein würden, sondern das Potential zum Widerstand hätten? Erziehung zur Kritikfähigkeit lautete demnach die Losung. Die nächste Generation anders aufwachsen zu lassen, als man selbst und als die eigenen Eltern erzogen worden waren, steht am Beginn der pädagogischen Initiativen von 1968, insbesondere der Kinderladenbewegung.

Die in den Jahren 1967/68 gegründeten Kinderläden verstanden sich bewusst als Gegenkulturen der Erziehung – als counterculture –, wie der von Herbert Marcuse, der seit 1965 auch an der FU lehrte, übernommene Begriff lautete. Die Kinderläden wurden als Modelle einer »Gegengesellschaft« bezeichnet, in der nicht nach den Prinzipien von »Konkurrenzkampf« und »Leistung« erzogen werde (Sander 2004, S. 376) Nimmt man diesen Ansatz der Gegenkulturen ernst, dann müssen wir zunächst nach dem Status quo und damit auch nach den Mainstream-Koordinaten für die Erziehung in der frühen Kindheit in der zweiten Hälfte der 60er-Jahre fragen.

Vorgefunden wurde ein schlecht ausgebautes System der öffentlichen Kinderbetreuung. Politisch gründete dies vor allem auch in der Systemkonkurrenz mit der DDR. Diese wurde insbesondere auf dem Feld der Familienpolitik ausgetragen (Frevert 2000). Der bundesrepublikanische Gegenentwurf zum DDR-Modell der erwerbstätigen Frau, das von einem System der öffentlichen Kleinkindbetreuung flankiert wurde, lautete: Die bundesrepublikanische Frau bleibt zu Hause und ist dort für ihre Kinder im Vorschulalter verantwortlich, dies gilt insbesondere für die Frauen aus dem bürgerlichen Milieu. Faktisch waren zwar in der BRD Ende der 60er-Jahre bereits 40 % aller Frauen erwerbstätig, aber die Familien- und Bildungspolitik trug dieser Entwicklung nicht Rechnung (Frevert 2000). Zum geringen Ausbau des Vorschulbereiches kam ein geringer Professionalisierungsgrad der Fachkräfte hinzu. In Großstädten wie Berlin standen im Jahr 1966 30.000 Plätze für Kinder zur Verfügung, 20.000 standen auf Wartelisten (Berliner Kinderläden 1970, S. 20). In einem Flugblatt des »Aktionsrates zur Befreiung der Frauen« mit dem Titel »Frauennotstand« ist sogar von 80.000 fehlenden Kindergartenplätzen in Berlin die Rede. Die existierenden Kindergärten waren überbelegt, noch 1970 kamen auf eine Fachkraft 52 Kinder (Bildungskommission 1970, S. 105). Etwas mehr als 30 % aller Kinder gingen um 1970 in Kindergärten (Aden-Grossmann 2002, S. 129).

Die Kinderläden sind zunächst einmal Selbsthilfeorganisationen von Eltern, die mit den bestehenden Vorschuleinrichtungen nicht einverstanden waren und sich nicht vorstellen konnten, die eigenen Kinder in diese Einrichtungen zu geben. Dies betonte etwa die Soziologin und Psychoanalytikerin Monika Seifert, die im Herbst 1967 mit 5 Kindern eine Kinderschule in Frankfurt gründete. Stuttgarter Eltern riefen 1967 die »Aktion Vorschulerziehung« ins Leben, sie zogen es vor, von der »zwangsfreien« statt von der »antiautoritären Erziehung« zu sprechen (Bott 1969). In Berlin waren die ersten Initiativen zur Gründung von Kinderläden 1968 eng mit der Frauenbewegung verbunden. Auf einer von Frauen des SDS, namentlich von der Filmemacherin Helke Sander, einberufenen Versammlung Mitte Januar 1968 wurden in Berlin die ersten fünf Kinderläden gegründet, nachdem Sander Anfang Januar mit zwei anderen Frauen ein Flugblatt zur »Kinderfrage« verteilt hatte. Nicht wenige Studentinnen hatten während ihres Studiums bereits Kinder, berichtet wird von studentischen Versammlungen zur Vorbereitung der Kinderladengründungen, auf denen mehr als 50 % der anwesenden Frauen Kinder hatten. Im Zusammenhang mit diesen Aktivitäten zur Gründung von Kinderläden wurde dann – gleichfalls im Januar – der »Aktionsrat zur Befreiung der Frauen« gegründet, der aus sieben Frauen des SDS bestand. Die Kinderläden und der Aktionsrat waren also aufs engste miteinander verbunden, anfänglich wurde darüber diskutiert, dass die Kinderläden »Kinderläden des Aktionsrates zur Befreiung der Frauen« heißen sollten, in »Psychodiskussionen« habe sich dann jedoch der Begriff »antiautoritäre Kinderläden« durchgesetzt. Am Anfang stand ein Tagesmuttermodell, das Sander aus Skandinavien kannte (Berndt 1995, S. 239). Ein wichtiges Ereignis für die Verbreitung der Kinderladenidee war auch der Vietnamkongress im Februar in Berlin, auf dem 40 Kinder von den anwesenden Eltern betreut wurden. Auf diesem Weg versuchte man, die Teilnahme engagierter Frauen mit Kindern zu erleichtern.

Dass die Kinderladenidee auf die Bewohner der Kommune II zurückging, wie Gerd Koenen schreibt, ist nicht zutreffend, und auch nicht, dass die beiden Kinder, die in der Kommune II aufwuchsen, »die ersten Kinderladenkinder« und »das Urpaar« gewesen seien (Koenen 2001, S. 162). Solche Perspektiven entstehen durch die Fokussierung auf einige wenige Protagonisten sowie – eng damit verbunden – durch die Konzentration auf die Gewaltthematik. Die Kommunarden selbst schrieben in den entsprechenden Quellen zur Erziehung, die im Kursbuch 17 im Jahre 1969 veröffentlicht wurden, dass in Berlin bereits einige Kinderläden von den Frauen des Aktionsrates gegründet waren, bevor sie selbst einen Kinderladen in Berlin-Charlottenburg ins Leben riefen, in den dann die beiden Kinder aus der Kommune geschickt wurden (Bookhagen et al. 1969, S. 171f.).

Versucht man die Kritik der ersten Gründerinnen und Gründer am Mainstream der vorherrschenden Erziehungsprinzipien zusammenzufassen, so ergibt sich in etwa folgender Katalog:

Kritik an der rigiden Tageseinteilung, insbesondere daran, dass die Kinder gezwungen wurden, zu bestimmten Zeiten zu schlafen und zu essen (Bookhagen et al. 171f.). Helke Sander, die wie Monika Seifert im Ausland gelebt hatte, bevor sie nach Deutschland zurückkam, und die Gründung von Kinderläden mitinitiierte, bemerkte, dass Kinder in den traditionellen Kindergärten auch schon mal an Tischen festgebunden wurden (Berndt 1995, S. 239). Seifert unterstreicht, dass es in der Kindererziehung zunächst um die Veränderung sehr einfacher Dinge gehe: »Sie müssen ein Kind nicht alle vier Stunden wach machen und dann in der Nacht durchschreien lassen« (Seifert 1993, S. 75). Die Kritik richtete sich gegen Erziehungsprinzipien, die mit Triebunterdrückung, Gefühlskälte, Härte und Bindungslosigkeit assoziiert wurden. Diese haben ihre Wurzeln teilweise in der rationalisierten Kultur der Säuglings- und Kleinkindpflege der 20er-Jahre. Vergleichbare Maximen wurden auch in dem höchst populären NS-Erziehungsratgeber von Johanna Haarer, »Die deutsche Mutter und ihr erstes Kind«, propagiert, der in den 50er-Jahren unter dem Titel »Die Mutter und ihr erstes Kind« weiter aufgelegt wurde (Koch 2007). Die Kinderladenerziehung lässt sich also auch als Versuch beschreiben, eine andere Erziehung der Emotionen zu praktizieren und zu einer anderen Kultur der Emotionen beizutragen. Dazu gehört auch, das Ausleben kindlicher Aggressionen zu erlauben und für wichtig zu erachten.

3. Neue Erziehungskulturen: eine veränderte Kultur der kindlichen Emotionen und Bedürfnisse

Zur Theorie der »antiautoritären Kindergärten« schrieb Seifert 1969, dass diese primär am »Glück der Kinder orientiert« sein müssen. Die Orientierung am Glück kommt in den Quellen immer wieder vor, in diesem Zusammenhang wird gerne auf Alexander Neill verwiesen. Über Glücksfähigkeit – auch dies ein Erbe von Marcuse – wurde intensiv diskutiert (Bott 1970; Breiteneicher 1971, S. 45ff.). Dafür, so Seifert, müssten drei Bedingungen erfüllt sein. Erstens müsse das Kind seine Bedürfnisse frei äußern und selbst regulieren, zweitens müssten Kinder ohne Schuldgefühle aufwachsen und drittens müsste das Lernen primär von den Fragen des Kindes ausgehen (Seifert 1970, S. 42). Die »Selbstregulierung«

der kindlichen Bedürfnisse kann als ein gemeinsamer Nenner der sich ausdifferenzierenden Konzepte gesehen werden, psychoanalytische Theorien spielten dabei – in ihren verschiedenen Facetten – eine Rolle (vgl. auch Lutz von Werder 1977; vgl. auch Baader 2008; vgl. Bilstein sowie Sager in diesem Band). Unter »Selbstregulierung« wurde verstanden, dass das Kind in jedem Alter seinen Bedürfnissen frei Ausdruck verleiht, seine Interessen erkennt und diese angemessen vertritt. Die »Selbstregulierung« bezog sich dabei insbesondere auf die Lebensgebiete Schlafen, Essen, Sexualität, Sozialverhalten, Spielen und Lernen (Seifert 1970).

Vor dem Hintergrund der Kritik sowie der Ziele entwickelten die Kinderläden Erziehungskulturen, die sich von den traditionellen Kindergärten unterschieden. Diese lassen sich auf verschiedenen Ebenen beschreiben:

- Erstens: hinsichtlich der Inszenierung von Räumen.
- Zweitens: hinsichtlich des Umgangs mit Gegenständen.
- Drittens: das Verhältnis von Erziehern und Kindern betreffend, dazu gehören die Themen »Spiel« sowie »Umgang mit Emotionen«.
- Viertens: im Umgang mit Zeitrhythmen, insbesondere mit Schlaf- und Essensritualen.
- Fünftens: in der Frage des Umgangs von Kindern untereinander, dies schließt das Thema »Aggression« sowie das Thema »Sexualität« ein.

Der im Dezember 1969 vom NDR ausgestrahlte Film »Erziehung zum Ungehorsam. Bericht über antiautoritäre Kindergärten« von Gerhard Bott, Redakteur des Polit-Magazins Panorama, greift all diese Aspekte auf und setzt sie ins Bild, all die genannten Themen lassen sich anhand des Filmes genauer beschreiben. Am offensichtlichsten ist die Differenz zu herkömmlichen Einrichtungen zunächst, was die Ordnungsmodelle betrifft. Während der traditionelle Kindergarten sich in der Einrichtung der Räumlichkeit immer wieder an der Ordnung der bürgerlichen Wohnstube ausrichtete, weisen die Kinderläden diese Ordnungsmodelle zurück. Dass die Kinderläden sich nicht an den Primärtugenden von Sauberkeit und Ordnung orientieren, ist evident. Hier entsprechen sie jedoch lediglich einem Trend im Wertewandel, der sich zwischen dem Ende der 60er- und den frühen 70er-Jahren vollzieht: Während 1967 noch 81 % aller unter 30-Jährigen einer Orientierung von Erziehung an Sekundärtugenden wie Sauberkeit und Sparsamkeit zustimmten, waren es 1972 nur noch 51 % (Noelle-Neumann/Petersen 2001, S. 15–22). Die Essensrituale, ein zentrales Element im Tagesablauf von Kindertageseinrichtungen, das heißt die Herstellung der Ordnung am Tisch, gestaltet sich in den von Bott festgehaltenen Bildern gleichfalls different. Und schließlich dürfen in der Kinderschule von Seifert Kinder ein Klavier besteigen und über die Tastatur laufen. Diese Bilder wurden zur Ikone der Kinderladenbewegung. Sie stehen für die Missachtung eines Symbols der Kultur des Bürgertums und seiner Erziehung. Und schließlich nehmen die Kinder in dem Film von Bott an ihren nackten Körpern Doktor- und Sexualitätsspiele vor, die – nicht nur in der filmischen Inszenierung – ihre eigene Problematik aufweisen, denn dass man dazu auch »Nein« sagen kann, kommt nicht vor. Was das Verhältnis von Eltern und Kindern betrifft, basiert es nicht auf einer unhinterfragten Macht der Erwachsenen, und was den Umgang von Kindern untereinander angeht, wird vieles der Selbstregulierung überlassen, ohne dass Erwachsene intervenieren, etwa was das Ausleben von Aggressionen betrifft.

Bott hat in seinem Film aus dem Jahre 1969 einige der frühen Kinderläden porträtiert. In einem der wenigen Texte zur Geschichte der Kinderladenbewegung von Axel Jansa wird diese in drei Phasen unterteilt: eine frühe Phase der Abgrenzung, eine Phase der proletarischen Erziehung etwa ab 1970, in der Männer die Führung übernommen hätten, und schließlich eine Phase des Auslaufens ab Mitte der 70er-Jahre, die dann zum Ende der Kinderladenbewegung etwa 1977 geführt habe (Jansa 2000, S. 28f.). An dieser Periodisierung, die in der Beschreibung von Tendenzen nicht grundsätzlich falsch ist, gibt es gleichwohl ein Problem: Es wird eine Einheitlichkeit konstruiert, die unterschlägt, dass es auch während der Phase der so genannten proletarischen Erziehung zahlreiche Kinderläden gab, die nicht primär politisch ausgerichtet waren. Tatsächlich wird hier die Beschreibung der Berliner Akteure einer sozialistischen Ausrichtung übernommen, die sich zu Sprechern der Kinderladenbewegung erklärten und mit entsprechenden Publikationen an die Öffentlichkeit gingen. Auch für andere Städte – etwa für Frankfurt – können wir Ähnliches beschreiben: Die politisch ausgerichteten Kinderläden und Projekte dominierten den Diskurs, nicht primär politische existierten gleichwohl.

Die sozialistische Phase also war nicht einheitlich, es gab jede Menge Konflikte darum und es gab Vereinnahmungsversuche. Dies soll im Folgenden etwas skizziert werden.

Tatsächlich lässt sich anhand der historischen Quellen gut zeigen, dass die frühen Kinderladengründungen in Berlin insbesondere von den Frauen des »Aktionsrates zur Befreiung der Frauen« innerhalb des SDS ausgingen. Sie waren eng mit der Idee verbunden, die Frauen von der alleinigen Verantwortung für die Kinderbetreuung zu entlasten, sie aus der »Isolation« in der Familie zu holen, ihre Konflikte zu artikulieren und damit zu ihrer Politisierung wie zu ihrer Emanzipation beizutragen (Sander 2004, S. 373). Die federführende Parole dabei war die vom Politischen des Privaten. Diese Perspektive vom politischen Charakter des Privaten wird in der Erinnerungskultur der Revolte immer wieder als eines ihrer Charakteristika genannt. Entstanden ist sie jedoch in unmittelbarem Zusammenhang mit der Frauen- und Kinderfrage. Die Tomaten, die anlässlich der Rede flogen, die Sander als Sprecherin des Aktionsrates im September 1968 auf einer SDS-Konferenz hielt, in der sie auf den politischen Charakter des Privaten hinwies, hatten etwas damit zu tun, dass die Männer des SDS Fragen der Kinderbetreuung einerseits für unpolitisch hielten und zum so genannten Nebenwiderspruch erklärten, sie aber andererseits zur politischen Agitation instrumentalisieren wollten. Diese Instrumentalisierung für eine sozialistische beziehungsweise proletarische Erziehung greift Sander an. Ihre Rede richtete sich explizit gegen die kommunistische Fraktion im SDS (Sander 2004). Entsprechend wird dann in den Dokumenten zur Kinderladenbewegung, die auf eine sozialistische Erziehung setzten, die frühe

– frauenbewegte – Phase auch diskreditiert. In der im Jahre 1971 veröffentlichten Schrift »Kinderläden. Revolution der Erziehung oder Erziehung zur Revolution« wurde erklärt, dass die Initiativen der Frauen gescheitert seien und ab Herbst 1968 dann vom Zentralrat der Kinderläden übernommen worden seien, erst da sei die Kinderladenbewegung Teil der sozialistischen Bewegung geworden (Breiteneicher et al. 1971, S. 36). Der Zentralrat wurde am 10.08.1968 gegründet und es handelt sich dabei auch um die Geschichte eines Enteignungsprozesses.

Die Protokolle aus der Gründungsphase der Kinderläden berichten von sehr heterogenen Interessen der Eltern, die sich in den Gruppen zusammengefunden haben. Über eine Gründungsveranstaltung zu einem der ersten Kinderläden in Berlin-S. im Frühjahr 1968, zu dem dreizehn Elternpaare von 20 Kindern gekommen waren, lesen wir, dass die *einen* die Kinderläden als Selbsthilfeorganisation mit »politischer Bedeutung« verstanden, während die *anderen* nur kamen, weil sie keinen Platz für ihre Kinder in einem städtischen Kindergartenplatz gefunden hätten. Die Initiative war von einer Stadtteilgruppe ausgegangen. Bereits drei Wochen nach dem ersten Treffen spaltete sich die Gruppe in einen sozialistischen Kern und einen liberalen, deren Ziel die »freie Erziehung zum kritischen Menschen« war (ebd., S. 40). Um die Differenzen zu handhaben, erwog man unter anderem eine Gruppenanalyse. Spaltungen, Konflikte um Erziehungsprinzipien und Richtungsstreitereien bestimmten die Kinderladenbewegung, der skizzierte Streit zwischen sozialistischen Eltern und liberalen ist durchaus exemplarisch. Über das, was unter »antiautoritärer Erziehung« zu verstehen ist, gab es keinen Konsens. »Auch eine Mutter aus der Nachbarschaft, […], die keinen Platz in einem öffentlichen Kindergarten bekommen hatte […] gebrauchte dieses Wort. Sie verstand darunter nicht mehr als nicht-mit-Prügel erziehen« (ebd., S. 44), lesen wir – mit leicht abfälligem Ton – bei den Protagonisten einer proletarischen Erziehung.

Die Kinderladenbewegung ist keinesfalls einheitlich, es gab nicht nur, wie Koenen schreibt, das Modell der Kommune II, bei dem man mit Wilhelm Reich versuchte, die frühe inzestuöse Bindung zwischen Eltern und Kindern auszuschalten, sondern eine breite Bewegung von Elterninitiativen, die später auch Eltern-Kind-Initiativen hießen, nicht nur in Frankfurt, Berlin und Stuttgart, sondern auch in Freiburg, Göttingen, Heidelberg, Düsseldorf und in vielen anderen Städten.

4. Elitekulturen

Richtet man den Fokus nur auf die Inhalte der Kinderladenbewegung und nur auf die dortigen Praxen und Erziehungskulturen, so gerät ein wichtiges Moment nicht in den Blick, nämlich die soziale Zusammensetzung. Die Kinderläden waren Selbsthilfeinitiativen, zivilgesellschaftliche Organisationsformen einer Elitekultur von Eltern aus dem bürgerlichen und akademischen Milieu, die mit dem traditionellen öffentlichen Erziehungsangebot für ihre Kinder im Vorschulalter nicht zufrieden waren, viele von ihnen befanden sich noch im Studium. Wie sehr sie von ihrer bürgerlichen Herkunft geprägt waren, erwies sich bereits bei den notwendigen handwerklichen Arbeiten in der Gründungsphase.

Für den einzurichtenden Kinderladen, so die Protokolle zur Gründung eines Kinderladens in Berlin-S., wurden die Räume eines ehemaligen Kartoffelladens renoviert. Man versuchte, so viel wie möglich selbst zu machen. Das Protokoll vermerkte: »Problematisch erwies sich die Arbeit dennoch für Studenten, die das Handwerk nur vom Zuschauen aus dem bürgerlichen Elternhaus kannten und nun selbst Hand anlegen sollten« (ebd., S. 40). Die Debatte über die Finanzierung nahm einen großen Raum ein. Für die Kosten der Renovierung wurde ein Kredit aufgenommen, der mit 12 % monatlichen Anteils am Verdienst der Beteiligten abbezahlt werden musste. Die laufenden Kosten von 1.300 DM pro Monat für 13 Elternpaare wurden entsprechend den Möglichkeiten der Beteiligten umgelegt. Auch hierbei gab es Diskussionen um gerechte Beteiligungsmodelle, dabei wird deutlich, dass viele Studenten noch von ihren Eltern unterstützt wurden. »Gerecht, damit war ein horizontaler Finanzausgleich gemeint. [...]. Für einige, die aufgrund der finanziellen Unterstützung von ihren Eltern sich größere Wohnungen und sonstigen Luxus leisten konnten, war es nämlich nicht einsichtig, dass sie mehr bezahlen sollten als die, die zu ihrem kärglichen Stipendium, wenn sie es überhaupt bekamen, durch Job dazuverdienen mussten […] Stellt man die laufenden Kosten […] den Beiträgen gegenüber, die in einem staatlichen Kindergarten hätten bezahlt werden müssen, so wird deutlich, welche Opferbereitschaft für den Aufbau eines Kinderladens von jedem Einzelnen nötig war und ist« (ebd., S. 42).

Das hohe zeitliche Investment der Eltern ist ein durchgängiges Thema. Sie waren angehende Ärzte, Lehrer, Architekten oder Journalisten, viele befanden sich in einer Doppelrolle, Eltern sowie professionelle Pädagogen, Sozialarbeiter oder Psychologen zu sein. Monika Seifert berichtet über die »Sozialstruktur« der beteiligten Eltern, sie seien durchweg aus dem bürgerlichen »Mittelstand«, von 13 Elternteilen waren drei noch im Studium, ansonsten waren es Lehrer, Juristen, Architekten, Schauspieler, Fotografen, Journalisten, eine Sekretärin sowie als Hausfrauen tätige Mütter (Seifert 1970).

Für die Verpflichtung der Eltern, sich »aktiv an der Entwicklung von Erziehungstheorie« (Bott 1969) zu beteiligen, bedurfte es vor allem der zeitlichen Ressourcen in der alltäglichen Lebensführung. Die Modelle der Zusammenarbeit mit professionellen Erziehern und Erzieherinnen waren dabei sehr unterschiedlich, manche Kinderläden stellten Erzieher an, im erwähnten Kinderladen in Berlin-S. wechselten sich zwei Elternteile halbtäglich ab (Breiteneicher 1971, S. 42), jeder Erwachsene hatte einmal wöchentlich einen halben Tag Dienst.

Die Kinderladenbewegung erfreute sich eines breiten Unterstützungsmilieus bürgerlicher Eltern, vermutlich eher aus dem protestantisch geprägten Milieu. Für eine veränderte Pädagogik der frühen Kindheit gab es offensichtlich einen Bedarf, der breiter war als die stark politisch motivierten Interessen einiger exponierter Akteure der Protestbewegung von 1968. Das Gros der beteiligten Eltern war vermutlich nicht an einer sozialistischen oder proletarischen Erziehung interessiert, sondern eher an einer reformpädagogischen und liberalen Erziehung zum freien Menschen. Sie lasen nicht die 1968 wiederentdeckten und dann auch wiederverlegten Schriften von Wera Schmidt aus dem Jahre 1924 über Kinderheime während und nach der Russischen Revolution und auch nicht Otto Rühles Schriften über das proletarische (1922) oder verwahrloste Kind, die Klaus Wagenbach in seinem Nachwort zu Meinhofs »Bambule« zitiert (Meinhof 1974, S. 109), und schon gar nicht die Ausführungen über Familie im »Kommunistischen Manifest«. Sie lasen das 1969 erschienene Buch des Reformpädagogen A. S. Neill, das mit dem Titel »Theorie und Praxis der antiautoritären Erziehung. Das Beispiel Summerhill« zeitgeistgemäß und geschickt vermarktet wurde und in sechs Monaten von Dezember 1969 bis Mai 1970 achtmal aufgelegt und 275.000-mal verkauft wurde.

Auch für viele Kinderläden war dieses Buch eine wichtige Diskussionsgrundlage. In der Kinderschule von Seifert gehörte es zum Grundkanon. Seifert hatte Summerhill kennen gelernt, als sie mit ihrer Tochter in England lebte. In dem Kinderladen in Berlin-S. lasen die beteiligten Eltern das Buch gemeinsam in der Gründungsphase, um ein konsensuelles Konzept für ihre differenten Vorstellungen von der »neuen Erziehung« zu erarbeiten. »Auf der einen Seite herrschte Begeisterung über die Repressionsfreiheit, über Selbstverwaltung, über weltanschauliche Neutralität in Summerhill. Andererseits sahen schon einige die Gefahr eben jener weltanschaulichen Neutralität – sozialistisches Bewusstsein verlangt Parteilichkeit« (Breiteneicher 1971, S. 43). Hier wird der Konflikt zwischen liberalen und eher reformpädagogisch orientierten Eltern und den Fürsprechern einer proletarischen Erziehung erneut deutlich. Insbesondere an der Frage nach der »Glücksfähigkeit« schieden sich die Geister. Die sozialistischen Diskutanten vertraten, dass der Glückliche besonders gut ausbeutbar sei. Aufschlussreich ist in diesem Zusammenhang der Hinweis, dass die Orientierung an politischen Inhalten vor allem von Eltern mit streng religiöser Erziehung oder solchen aus der DDR zurückgewiesen wurde. »Die Vorstellung, dass Erziehung zu kritischem Bewusstsein ohne Vermittlung politischer Inhalte möglich […] sei, wurde vor allem von denen vertreten, die – aus Erfahrung ihrer eigenen Erziehung – Angst vor Indoktrination hatten. Von Eltern mit zum Beispiel streng kirchlicher Erziehung oder solchen, die aus der DDR kamen« (ebd., S. 43).

Tatsächlich war die breite Unterstützung der Kinderläden aus dem liberal-bürgerlichen Milieu für die Protagonisten einer Erziehung zur Revolution auch ein Ärgernis. In der historischen Rekonstruktion zeigt uns dies, wie erfolgreich die Kinderläden waren und auf welch breite Resonanz sie stießen.

In den »Thesen zur antiautoritären Erziehung«, die 1969 im Kursbuch veröffentlicht wurden und das Ziel einer sozialistischen Kinderkollektiverziehung verfolgten, wurden die Eltern, die keine politische, sondern einfach nur eine »bessere Erziehung« für ihre Kinder wollen, als problematisch beschrieben. Wenn das politische Interesse, die Gesellschaftskritik und die Erziehung zum Widerstand ausbleiben würden, dann basiere die antiautoritäre Erziehung lediglich auf einem »liberalen individualistischen Persönlichkeitsideal […] Wir zögen dann eine neue Elite heran, die versuchen würde, sich der Unterdrückung zu entziehen« (Dermitzel 1969, S. 183). Elite wird in dieser Sicht *nicht* auf die sozioökonomische Zusammensetzung bezogen, sondern auf die Inhalte: Liberale Interessen werden mit elitären gleichgesetzt. Hierin spiegelt sich ein Problem, das sich auch in der Verwendung des Begriffs »bürgerlich« zeigt. Bürgerlich war in diesen Debatten ein politisch ausgerichteter Begriff, der als abwertender Gegenbegriff zu proletarisch-sozialistisch fungierte und mit konservativ assoziiert wurde. Auch dieser Begriff wurde nicht primär sozioökonomisch verwendet, sondern beschrieb eine politische Orientierung und ein Ensemble von Einstellungen, er war, »ein ubiquitäres Schimpfwort« (Kraushaar 2005, S. 386). Das »bürgerliche Subjekt«, der Sozialisationstyp, den die bürgerliche Gesellschaft hervorbringt, sollte schließlich grundlegend verändert, revolutioniert und abgeschafft werden, die Protagonisten der Kommune II etwa sprachen von der »Revolutionierung des bürgerlichen Subjektes«. Der Erziehung kam dabei eine wichtige Aufgabe zu.

5. Neues Nachdenken über Erziehung und eine neue Kultur der Subjektivität

Die soziale Zusammensetzung der Kinderläden war tendenziell homogen, von einigen Ausnahmen – bei denen etwa Kinder von der Straße einbezogen wurden – abgesehen. Kinderladenkinder wuchsen also eher in einem sozial homogenen Milieu auf, denn die Protestgeneration gehörte selbst zur Bildungselite. Gleichwohl spielte der Begriff der Chancengleichheit eine wichtige Rolle. Was die pädagogische Orientierung anging, wiesen die Kinderläden hingegen ein breites Spektrum auf: von der proletarischen Erziehung, in der die Eltern unterschreiben mussten, dass ihre Kinder später Friseurin oder Elektromeister werden würden, bis zum buddhistischen Om und Meditationspraxen!

Die Kinderläden sowie die durch sie angestoßenen Debatten haben zu einem Prozess des gesellschaftlichen Nachdenkens über Erziehung geführt, der in der Nachkriegsgeschichte der BRD ein Novum darstellte.

»Tatsächlich haben wir erst durch die Lektüre von Neill und durch die öffentliche Diskussion über antiautoritäre Erziehung angefangen, überhaupt über Erziehung nachzudenken, vorher haben wir unsere Kinder so erzogen, wie unsere Eltern erzogen haben. Dazu gehörte auch, dass man Kinder mal verprügelte, denn auch das hatte man sich von seinen Eltern so abgeschaut«, so Frau A., die 1968 bereits drei Kinder hatte, selbst 1929 geboren ist und aus dem Bildungsbürgertum stammt.

Mit »antiautoritärer Erziehung« waren weder einheitliche Konzepte noch eine einheitliche Praxis verbunden, vielmehr steht der Begriff für Diskurse und Praxen, die nach Wegen der Erziehung jenseits von Orientierungen an Sekundärtugenden, an Befehlen und Gehorsam und einer unhinterfragten Unterordnung des Kindes unter die Erwachsenen einherging. Exemplarisch für Letzteres steht das Recht auf »körperliche Züchtigung«, über das das Personal in pädagogischen Institutionen bis 1973 verfügte.

Die Kinderläden haben veränderte Erziehungskulturen hervorgebracht, die auch heute noch eher von einem akademischbürgerlichen Milieu favorisiert werden. Sie sind vor allem durch die Enthierarchisierung des Verhältnisses von Eltern und Kindern charakterisiert. Der Forderung nach Selbstregulierung der kindlichen Bedürfnisse in den Kinderläden stand auf der Seite der Erwachsenen die nach der Selbstreflexion der Erziehenden gegenüber (Seifert 1970). Daraus resultiert ein eher partnerschaftlich gehaltener Erziehungsstil, der heute als Verhandlungsstil bezeichnet wird und im akademischen Mittelstand dominiert. Er ist eng mit dem Erziehungsziel der Selbstständigkeit verbunden. Zu jener Enthierarchisierung von Kindern und Erwachsenen gehörte auch ein anderer Umgang mit kindlichen Emotionen. Dass Kinder über Bedürfnisse verfügen und ein Recht haben, diesen Ausdruck zu verleihen und Raum zu geben, kann als Teil einer »neuen Kultur der Subjektivität« gesehen werden, die im Kontext von 1968 formuliert wurde. Aus der schweigenden Kindheit der 50er ist eine »Kindheit des Sprechens und des Zwischenrufens« geworden (Niehuss 2001, S. 294).

Wird diese Enthierarchisierung allerdings extrem betrieben, so führt sie zur Auflösung der Differenz zwischen Kindern und Erwachsenen. Dieses Problem etwa weisen einige Ansätze der im Kontext von 1968 entwickelten Sexualerziehung auf (siehe Sager in diesem Band).

Für die pädagogische Praxis sind in den Kinderläden manche Konzepte entwickelt worden, die heute zum festen Bestandteil frühpädagogischer Methoden gehören, etwa der Situationsansatz, der von den Themen der Kinder ausgeht – wie dies Monika Seifert für eine andere Erziehungspraxis einforderte. Die pädagogischen Aufbrüche von 1968 haben neue Themen aufgeworfen, die insbesondere im Zusammenspiel mit der Bildungsreform ihre Dynamik entfaltet haben. Sie haben zu einer öffentlichen Aufmerksamkeit und zu Debatten über Erziehungsfragen geführt. Teilweise waren die Konzepte mit überzogenen Hoffnungen auf gesellschaftliche Veränderungen und auf die Hervorbringung des neuen Menschen überfrachtet. Dies basierte auch auf verkürzten Sozialisationsmodellen. Insgesamt handelte es sich um eine Bewegung, die nicht mit einer Stimme, sondern mit vielen sprach, Konflikte eingeschlossen. Die Rekonstruktion einer dominanten Konfliktlinie zwischen sozialistischer und liberaler Ausrichtung sowie um den Status der Kinder- und Frauenfrage trägt auch zur Erforschung des Phänomens 1968 bei, welches in Deutschland ohne die pädagogische Dimension nicht hinreichend beschrieben ist. Kinderläden haben die Trägerlandschaft pluralisiert und sie existieren heute noch. Nach wie vor werden sie von akademischen Eltern favorisiert und fordern von diesen ein hohes Engagement.

Pia Schmid

Wie die antiautoritäre Erziehung für einige Jahre in städtische Kindertagesstätten gelangte. Das Frankfurter Modellprojekt Kita 3000, 1972–1978[1]

Das Projekt, um das es hier gehen soll, gehört in die pädagogische Genealogie von 1968. Hier wurden an städtischen Kindertagesstätten, also Regeleinrichtungen, Elemente antiautoritärer Erziehung übernommen, ein meines Wissens einzigartiges kommunales Experiment: 1970 unter einem Stadtparlament mit SPD-Mehrheit beschlossen, wurden zwischen 1972 und 1974 insgesamt 19 Kitas eröffnet, die nach dem Wahlsieg der CDU 1978 in reguläre KTs (Kindertagesstätten) umgewandelt wurden.[2] Dazwischen gab es jede Menge Auseinandersetzungen, Hoffnungen und vor allem: pädagogischen Elan.

Kitas ähnelten eher Kinderläden als Kindertagesstätten[3] (vgl. Sullimma 1974, S. 7, zit. nach Flaake u.a. 1978, S. 48), wie sie Anfang der 1970er üblich waren. Es wehte ein anderer Wind. Meine Perspektive auf dieses Projekt ist eine doppelte. Einmal schreibe ich als Erziehungshistorikerin, mehr aber als ehemalige Erzieherin: Von 1974 bis 1976 habe ich in einer Kita gearbeitet. Die Kitas, die Zeit, meine Erinnerungen passen nur in ein Kippbild: Zum einen sind es die Auseinandersetzungen mit dem Arbeitgeber, der Stadt. Wir sprachen von »Kämpfen«, gingen zu Versammlungen, machten Öffentlichkeitsarbeit, es gab immer Konflikte, sei es um die Erhöhung der Belegungszahlen oder eine angeordnete Super-

1 Inga Buhmann, Elisabeth Kösters und Sabine Vogel danke ich herzlich für den Abend über unsere Erfahrungen als Erzieherinnen im Kita-Projekt.

2 Zur Sprachregelung: Unter Kitas werden die 19 Modelleinrichtungen verstanden, unter KTs die restlichen Kindertagesstätten in Frankfurt.

3 Die Kinderläden firmierten als Vorbild; so schrieb der Sozialdemokrat B. Sullimma 1974, dass sich das Kita-Projekt »an die damals viel diskutierte Kinderladenbewegung anlehnte« (B. Sullimma 1974).

vision, sei es darum, dass das Stadtbauamt ein defektes Fenster nicht reparieren ließ. Das andere Bild, jenseits dieses Dauerkonfliktes: die Kita, »meine« Kita, ein ziemlich öder Betonkasten, in den ich in aller Regel gegen Mittag kam, von den Kindern stürmisch begrüßt, wie alle ankommenden Erzieherinnen und Erzieher, und aus der ich meist ging, wenn alle Kinder abgeholt waren, was auch statt um 17.15 Uhr um 18 Uhr sein konnte – es gab flippige Eltern, die schon mal die Zeit vergaßen. Dazwischen der Mittag und Nachmittag mit erst vier kleinen Jungen, dann kamen weitere Kinder in »meine« Gruppe. Das Zusammensein, Spielen, Kuscheln, die Gespräche mit kleinen Kindern, deren Lebendigkeit und Körperlichkeit, Vorlesen, Rumtollen draußen, das ist der entschieden schönere und präsentere Teil des Kippbildes.

Szene 1: Das Fernsehen

Mittwoch, am frühen Nachmittag; wie jede Woche wird in der Küche der Kita gebacken, d. h., etwa 10 vierjährige Mädchen und Jungen wiegen ab, schütten zusammen und rühren. Diese Woche ist allerdings etwas anders: In der Küche sind Scheinwerfer aufgebaut, es ist eng, denn ein Team des Hessischen Rundfunks filmt das Backen, um zu zeigen, wie in den umstrittenen Kitas pädagogisch gearbeitet wird; die Erzieherin ist nervös, es soll ja gut laufen, damit in der Hessenschau auch zu sehen ist, dass in Kitas gute Pädagogik praktiziert wird. Von konservativer Seite wird ihnen ja nachgesagt, chaotisch zu sein, unordentlich, die Kinder einfach nur machen zu lassen, was sie wollen. Die Kinder, das erstaunt die Erzieherin, beachten die Kameras und die Leute vom Fernsehen nicht, sie rühren mit Inbrunst, und was sonst schon einmal passiert, dass eine Handvoll Mehl statt in der Schüssel über einem Kopf landet, bleibt aus. Die Erzieherin ist erleichtert. Als das Team die Scheinwerfer abgebaut hat und außer Reichweite ist, wieder Alltag eingekehrt ist, sagt eines der Kinder ziemlich stolz und ein bisschen verschwörerisch: »Das haben wir doch gut gemacht!« Die anderen finden das auch, es wird genickt und gelacht. Ja, das haben sie – und wenn ich, die Erzieherin in dieser Szene, heute daran zurückdenke, dann ist das nicht nur ein Beweis dafür, dass Kinder schon Mitte der 70er-Jahre wussten, was Medien sind und dass sie einen besonderen Umgang verlangen, nämlich hergestellte Authentizität, sondern auch, dass die Kinder wollten, dass wir alle: sie selber, die Erzieherinnen und Erzieher, das Kita-Projekt eine gute Figur machten; sie identifizierten sich damit – die Hortkinder hatten deshalb ganz vorbildlich und kamerawirksam getobt, statt wie sonst oft, wenn sie aus der Schule kamen, erst einmal die Kleinen im Kindergarten zu ärgern, um nicht zu sagen zu tyrannisieren.

Szene 2: Blumen I
Ein Ausflug im Frühsommer, zwei Kindergruppen, zwei Erzieher, eine Erzieherin. Cornelia und Evi bleiben immer weiter zurück, ihnen geht es nicht darum, schnell am Goetheturm, dem Spielplatz mit Planschbecken, anzukommen, sie wollen Blumen anschauen, pflücken, sich etwas erzählen, trödeln. Ich bleibe am Ende der Gruppe bei ihnen. Als wir drei am Spielplatz ankommen, sind meine Kollegen etwas ungehalten, weil sie, wie sie sagen, immer auf uns warten müssen; ich verteidige das Bummeln im Rekurs auf unterschiedliche kindliche Bedürfnisse, die restliche Gruppe könne doch vorausgehen, brauche nicht zu warten; es bleibt ein Konflikt, dass kleine Kinder, zumal kleine Mädchen, trödeln wollen.

Szene 3: Blumen II
Wieder Blumen: Die Kita steht in einem kleinbürgerlichen Wohnviertel, direkt neben Ein- und Zweifamilienhäusern mit gepflegten Vordergärten, die zum Teil nicht eingezäunt sind. Eine Frau aus der Nachbarschaft kommt sehr aufgebracht in die Kita, Kinder hätten in ihrem Vorgarten Blumen gestohlen, schon wieder und überhaupt gebe es immer Ärger mit der Kita. Ich weise das zurück, »so etwas (Blumen stehlen) tun unsere Kinder nicht«, sie zeigt, welches Mädchen dabei war – eine der Blumenfreundinnen aus der vorigen Szene. Sie hat die Hände hinter dem Rücken, und seitlich schauen Tulpen vor; sie schaut von unten rauf, ein bisschen trotzig, vor allem aber bestürzt und irritiert. Wie es weiterging,

weiß ich nicht mehr, nur dass ich dachte: schon wieder ein Konflikt, schon wieder Ärger mit der Nachbarschaft, schon wieder schlechten Eindruck gemacht.

Szene 4: Im Rathaus

Jungen und Mädchen, Erzieherinnen und Erzieher verschiedener Kitas machen ein Go-in im Römer, dem Frankfurter Rathaus, genauer beim Oberbürgermeister Rudi Arndt (SPD). Wir haben es bis ins Vorzimmer geschafft und wollen mit ihm diskutieren, vielleicht wegen der angekündigten Erhöhung der Belegungszahlen, es könnte aber auch um einen anderen Streitpunkt zwischen dem Kita-Projekt und der Stadtverwaltung gehen. So viele Kinder sind sonst nie im Rathaus zu sehen und zu hören. Sie sitzen auf den feinen Sofas, ein bisschen ratlos wie ihre »Bezugspersonen«. Durcheinander, Presse. Nach einer Weile ziehen wir wieder ab, ohne mit dem Bürgermeister gesprochen zu haben.

Szene 5: Elternarbeit – Die Reise nach Jerusalem

Freitag- oder Samstagabend, ein Fest mit Eltern und Team – ohne Kinder. Alle haben etwas mitgebracht, wir haben den Eingangsbereich und einen weiteren Raum hergerichtet. Mütter, Väter, Erzieherinnen und Erzieher unterhalten sich in kleineren Gruppen, man isst zusammen, wir machen auch Spiele; es herrscht eine gute Stimmung. Besonders in Erinnerung ist mir, wie wir »Die Reise nach Jerusalem« spielten, lauter Erwachsene, die einen der freien kleinen Kinderstühle ergattern wollten, übermütig lachten, tricksten, Spaß hatten. Am Montag fielen Bemerkungen wie: »Na, dass K. manchmal so ruppig ist, wundert mich ja nicht mehr, nachdem ich ihre Mutter bei der Reise nach Jerusalem mitgekriegt habe.«

Szene 6: Fliedersträuße

Am nächsten Tag ist ein Feiertag, die Sonne scheint, ich habe Süßigkeiten mitgebracht (es war mein Geburtstag), wir machen einen größeren Ausflug im Stadtteil, erst zum Spielplatz, dann kommen wir auf dem Rückweg an einem unbebauten Grundstück voller blühender Fliederbüsche vorbei. Es ist zugänglich, wir gehen rein, ich bin mir nicht ganz sicher, ob es erlaubt ist, aber dann holen sich alle, Kinder und Erwachsene, Flieder und damit ziehen wir in einem kleinen Triumphzug und ein bisschen wie Verschworene zur Kita zurück. Die Kinder bringen den Flieder mit nach Hause.

Diesen Szenen eignet aus heutiger Perspektive wenig Spektakuläres – sie könnten mehr oder weniger in jeder Großstadt in einem der von Eltern initiierten Kinder- oder Schülerläden, aber auch in Kindertagesstätten vorkommen. Kindererziehung genießt öffentliches Interesse und auf entsprechende Belange hinzuweisen, etwa indem man sich an die Stadtverwaltung wendet und Presse bzw. Fernsehen dazuholt, gehört zum anerkannten Repertoire engagierter Pädagogik wie auch, zumindest programmatisch, an ihren Bedürfnissen, an der Situation der Kinder anzusetzen: ein ganzer Ansatz, der übrigens erstmals breiter in Projekten wie dem Kita-Projekt angewandte Situationsansatz, verdankt seinen Namen dieser programmatischen Situationsorientierung.

Mitte der 70er-Jahre waren andere Zeiten, bewegte, auch aufgeregte. Ein Teil der beschriebenen Szenen wäre damals an einer städtischen Kindertagesstätte außerhalb des Kita-Projektes in aller Regel nicht möglich gewesen – in welcher anderen städtischen Kindereinrichtung hätte das Regionalfernsehen gefilmt, wo sonst wäre, wenn auch keineswegs einhellig, bummelnden blumenpflückenden Mädchen ihre Zeit gelassen worden und dafür ein pädagogisches Konzept zur Hand gewesen, wo sonst wäre man dem Bürgermeister auf die Pelle gerückt, wo sonst gab es männliche Erzieher (1976 waren es 17 Prozent) (vgl. Flaake u.a. 1978, S. 118, Tab. 16)?

Offensiv neue Wege in der Elementarerziehung zu vertreten, Öffentlichkeitsarbeit zu betreiben, mit der städtischen Verwaltung im Dauerkonflikt zu liegen, dieses Klima, in dem bewiesen werden musste, dass öffentliche Kindererziehung anders und besser, weil »repressionsfreier« und »freiheitlicher« (was immer darunter verstanden wurde) sein könne, das war typisch für das Frankfurter Kita-Projekt, und dass man selber dazu beitragen könne, diese Zuversicht, die wesentlich von der Freude an der Arbeit mit den

Kindern getragen war, teilten die meisten der beteiligten Erzieherinnen und Erzieher. Dem erzieherischen Selbstverständnis nach wurde mit dieser pädagogischen Arbeit zu einer besserenn gerechteren Gesellschaft beigetragen und dafür sollten die Kinder stark gemacht werden – das Ideologem der Gesellschaftsreform als Erziehungsreform ist seit der Aufklärung bekannt, wobei durch die Kitas neben den reformerischen durchaus auch revolutionäre Lüfte wehten, wie mancherorts Anfang der 1970er-Jahre.

Im Weiteren möchte ich die Entstehungsbedingungen und den konflikthaften Verlauf des Projektes Kita 3000 darstellen, auf pädagogische Debatten eingehen und abschließend etwas zur damaligen Berichterstattung über das Projekt anmerken.

Entstehungssituation: Kontexte und Klima

In der pädagogischen Landschaft der 70er-Jahre war das Projekt, um es zu wiederholen, einmalig, weil es das einzige städtische Reformprojekt der Kindergarten- und Horterziehung in der alten Bundesrepublik darstellte, in dem neue, von der 68er-Bewegung inspirierte Erziehungsvorstellungen mit neuen Organisationsformen, der Teamverfassung, kombiniert wurden. Die Projekthypothese lautete so einfach wie klar: Neue Erziehungsziele brauchen eine neue Organisationsform (vgl. Flaake u. a. 1978, S. 441). Neue Erziehungsvorstellungen prägten auch die anderen 49 Modellversuche, die von der Bund-Länder-Kommission für Bildungsplanung zwischen 1972 und 1974 gefördert wurden,[4] aber meines Wissens wurden nur im Kita-Projekt neue Organisationsformen pädagogischer Arbeit als Conditio sine qua non dieser neuen Erziehungsziele institutionell verankert: So gab es keine Leiterinnen und damit keine institutionelle Hierarchie mehr, vielmehr lag

4 »In den Jahren 1972 bis 1974 wurde das Kita-Projekt mit zusammen knapp 1,3 Millionen DM aus Bundesmitteln gefördert, 1975/76 bezog sich die Förderung nur noch auf die wissenschaftliche Begleitung… und das Erprobungsprogramm des DJI.« (Flaake u.a. 1978, S. 48, Anm. 2, S. 439, Anm. 1)

die Entscheidungsbefugnis beim Team,[5] die Leitung war kollegial; weiter war die Erzieher-Kind-Relation mit 1:10 signifikant günstiger als in den andren städtischen Kindertagesstätten in Frankfurt, wo sie bei 1:16 lag, und schließlich war das Kita-Projekt »formal über ein Modell paritätischer Mitbestimmung in die Verwaltung des Stadtschulamtes (der vorgesetzten Behörde, P. S.) integriert« (Flaake u. a. 1978, S. 2).[6] Das waren die drei zentralen eher organisatorischen Punkte. Hinzu kam eine Verpflichtung auf *demokratische* und *emanzipatorische* Erziehung, auf, so das Schlagwort, *komplementäre* Erziehung, die auch für Arbeiter- und Migrantenkinder Chancengleichheit herstellen sollte. Komplementäre Erziehung wurde dabei als Gegenentwurf zur damals vieldiskutierten kompensatorischen Erziehung verstanden, an der abgelehnt wurde, dass die kompensatorisch zu Erziehenden immer nur als Mängelwesen gesehen würden, die Mittelschichtstandards zu lernen hätten.[7]

Diese pädagogischen und institutionellen Rahmenbedingungen machten für viele Erzieherinnen und Erzieher die Attraktivität der Arbeit in einer Kita aus. Die engagierten unter ihnen kamen oft aus einer der beiden, durchaus miteinander verschränkten sozialen Be-

5 Das Team umfasste das pädagogische *und* das Wirtschaftspersonal; auch wenn in der Realität der Kita-Arbeit die Mitarbeiterinnen, die für Küchen- und Putzarbeiten zuständig waren, in aller Regel an den Teamsitzungen nicht teilnahmen, waren sie doch in die Erziehung einbezogen.

6 »Die Dienst- und Fachaufsicht soll von einer paritätisch – d. h. zur Hälfte aus Kita-Mitarbeitern, zur Hälfte aus von der Stadt bestimmten Personen – zusammengesetzten ›Projektleitung‹ durchgeführt werden, die als eigene Abteilung im Stadtschulamt fungiert.« (Flaake u. a. 1978, S. 2 f.)

7 Die wissenschaftliche Begleitung des Kita-Projektes, d. h. Karin Flaake, Helene Joannidou, Berndt Kirchlechner und Ilka Riemann vom Frankfurter Institut für Sozialforschung, wiesen darauf hin, dass die Zielvorstellungen des Kita-Projektes stark sozialdemokratisch orientiert waren: »1. Das Erziehungsziel: Erziehung von mündigen Bürgern, fähig zur Mitarbeit in demokratischen Institutionen, und Abbau sozial bedingter Ungleichheit, d. h. Erhöhung der Chancengleichheit, durch moderne Pädagogik und ihnen entsprechende Einrichtungen. 2. Die Arbeitsbedingungen: Veränderung der Arbeitsbedingungen, um über die Momente Teamarbeit und kollegiale Leitung einen Schritt in Richtung auf Demokratisierung und Mitbestimmung von Arbeitnehmern, hier im öffentlichen Dienst, näherzukommen.« (Flaake u. a. 1978, S. 49f.)

wegungen: der Kinderladenbewegung[8] und dem Arbeitskreis Kritische Sozialarbeit (AKS). Diese beiden Gruppen repräsentierten die beiden in der Luft liegenden Nach-68er-Bestrebungen, die in dem Projekt zusammenfanden: die Kritik an der herkömmlichen Kindergarten- und Horterziehung (Stichworte: Bewahranstalten, autoritäre Erziehung), die pädagogische Linie, und die Kritik an den hierarchischen Strukturen innerhalb der sozialen Arbeit, die professionspolitische Linie. Beide wurden von dem in Bewegung gehalten, was Peter Schneider kürzlich als »wichtigste Errungenschaft der 68er in Deutschland« bezeichnet hat, nämlich dass »mit der Kultur des Gehorsams gebrochen (wurde)« (zit. n. Reinicke 2008, S. IX).[9]

Dass dieses städtische pädagogische Reformprojekt in Frankfurt entstand, war kein Zufall; vielleicht wäre es noch in Berlin möglich gewesen[10], vermutlich nicht in München oder Saarbrücken. In Frankfurt trafen mehrere Faktoren zusammen. Wie gesagt, dass es mit den Kinderläden und dem Arbeitskreis Kritische Sozialarbeit zwei soziale Bewegungen im Nachklapp von 68 gab, die offen waren für pädagogische Reformideen. Den wichtigsten Faktor, der die Stadt Frankfurt dazu brachte, eine quantitative Ausweitung des Angebots kommunaler Elementarerziehung mit einer qualitativen Neubestimmung zu kombinieren, bildete aber sicher der eklatante Mangel an Betreuungseinrichtungen. In Frankfurt, so die Berechnungen im Rahmen des »Kindertagesstätten-Entwicklungsplans« von 1970, fehlten 6.600 Plätze in 66 Kindertagesstätten mit je 100 Plätzen (Flaake u. a. 1978, S. 46). Mit dem Projekt Kita 3000, deshalb die Zahl, sollten in einem ersten 1971 von der Stadtverordnetenversammlung beschlossenem Schritt 3000 neue

8 In Frankfurt war mit der von Monika Seifert 1967 initiierten »Kinderschule« der erste Kinderladen ins Leben gerufen worden (vgl. Bott 1971, S. 45–61; Berndt 1995, S. 231–250). Interessant ist, dass eine der Kitas später Monika Seifert, die schon an dem einführenden Sechswochenkurs an dieser Kita beteiligt gewesen war, als Supervisorin heranzog und die im Rahmen des Projektes von der Stadt eingerichtete Supervision bzw. Supervisorin, insgesamt gab es vier Supervisorinnen, ablehnte.

9 Rezensionen von Veröffentlichungen zu 1968, u. a. Schneider, Peter: Rebellion und Wahnsinn. Mein 68. Köln 2008.

10 Zur städtischen Förderung von Kinderläden in Berlin vgl. Berndt 1995, S. 246.

Plätze geschaffen werden.[11] So viele Plätze waren es dann nicht, aber immerhin wurden bis 1974 19 Kitas eingerichtet[12], an denen, um zwei Zeitpunkte herauszugreifen, im Oktober 1975 insgesamt 1.043, im Mai 1977 1.216 Kinder betreut wurden.[13] Dass es nicht nur mehr, sondern andere Einrichtungen für Kinder sein sollten, wurde durch die politische Konstellation in Frankfurt begünstigt: Die SPD hatte die Mehrheit im Stadtparlament, und innerhalb der SPD gab es eine starke linke Gruppierung wie auch aktive Jusos,[14] die sich die Projektziele, zumindest anfangs, auf ihre Fahnen schrieben.

Das Kita-Projekt als kommunale Initiative in der Elementarerziehung ist aber auch im Kontext der bildungspolitischen Diskussion der Zeit um 1970 zu sehen: Der Deutsche Bildungsrat hatte 1970 erstmals die Vorschulerziehung in die Bildungsplanung einbezogen, ja »in dem 1970 vorgelegten Bildungsbericht der Bundesregierung wurde dem Ausbau des Elementarbereichs Priorität eingeräumt« (Aden-Grossmann 2002, S. 164).[15] Die Bundesregierung schuf auch materielle Anreize, indem sie 50 Modellprojekte im Elementarbereich förderte, zu denen, wie erwähnt, auch das

11 Es sollten 28 neue Kindertagesstätten errichtet werden, von diesen sollten, so die Sprachregelung, 19 Kitas sein, im Unterschied zu den herkömmlichen KTs. Das sollte der erste Schritt dazu sein, der Forderung des Deutschen Bildungsrates von 1970 zu entsprechen, bis 1980 die Anzahl der Betreuungsplätze zu verdoppeln. Die 28 neuen Kindertagesstätten wurden in einer kostensparenden Serienbauweise auf städtischen Grundstücken, die nicht immer ein günstiges Umfeld für derartige Einrichtungen boten, errichtet. Die Gebäude wiesen z. T. gravierende bauliche Mängel auf. So fehlten, um ein Beispiel zu nennen, in den Kindertoiletten Abflüsse, was dazu führte, dass bei Panschereien an den Waschbecken, die Kindern nicht verboten waren, regelmäßig Wasser in die mit Teppichboden ausgelegten Vorräume floss.

12 Weiterhin wurden für 9 bereits bestehende Einrichtungen neue Gebäude errichtet, also insgesamt wurden 28 neue Kindertagesstätten gebaut.

13 Im Oktober 1975 befanden sich 526 Hortkinder, 366 Ganztags- und 142 Halbtagskindergartenkinder in den 19 Kitas; die Vergleichszahlen von Mai 1977: 617 Hortkinder, 442 Ganztags-, 157 Halbtagskindergartenkinder (Flaake u. a. 1978, S. 107, Tab. 5).

14 So war in der Kita-Gruppe, in der ich arbeitete, ein ausgesprochen engagiertes unterstützendes Elternpaar, die aktive Jusos waren.

15 »Folgende Ziele sollten erreicht werden: – Die Zahl der Plätze in Vorschuleinrichtungen sollte innerhalb von 10 Jahren verdoppelt werden; – die durchschnittliche Gruppenstärke sollte auf ein vertretbares Maß gesenkt werden; – neue Curricula sollten entwickelt werden, die vor allem die kognitiven Fähigkeiten des Kindes fördern; – die Ausstattung der Kindergärten mit Material sollte verbessert werden; – der Übergang vom Kindergarten in die Grundschule sollte so gestaltet werden, dass die Kontinuität der Erziehungs- und Bildungsprozesse gewahrt bleibt. Zur Diskussion stand, ob die 5-Jährigen die Eingangsstufe der Schule oder weiterhin den Kindergarten besuchen sollten.« (Aden-Grossmann 2002, S. 165)

Frankfurter Kita-Projekt gehörte, das zwischen 1972 und 1974 1,3 Millionen DM an Bundesmitteln erhielt. Zur Situation in Kindergärten um 1970 muss man sich vergegenwärtigen, dass »im Bundesdurchschnitt«, wie der Deutsche Caritasverband in seiner Denkschrift festgehalten hatte, »auf 23 Kinder eine *Betreuungskraft*, aber auf 53 Kinder eine *Fachkraft* (kam)« (Bott 1971, S. 9, Hervorh. im Orig.).[16] Überall fehlten ausgebildete Erzieherinnen, in Frankfurt 100, und für die neuen Einrichtungen waren noch einmal 152 Planstellen zu besetzen. Die Stadt, genauer das Stadtschulamt, stand vor dem Problem, in kurzer Zeit eine beträchtliche Anzahl Erzieherinnen und Erzieher finden zu müssen,[17] und bot deshalb unausgebildeten Interessentinnen und Interessenten an, parallel zur Arbeit in der Kita eine Erzieherinnenausbildung zu absolvieren. Für Frauen und Männer, die sich in ihren Ausbildungen oder Berufen nicht wohl fühlten, offen waren für pädagogische Arbeit und vielleicht mit »1968« oder 68ern in Berührung gekommen waren, und das war in Frankfurt leicht, stellte das sicher einen Anreiz dar.[18] Was das Spektrum von Erzieherinnen und Erziehern anging, war es m. E. auch wichtig, dass Berufsfremde, z.B. Künstlerinnen, aber auch Soziologen oder Psychologinnen mitarbeiteten, auch, dass Ausländerinnen und Ausländer dazugehörten.[19]

---

16 »Fast die Hälfte der hauptamtlichen Betreuungskräfte haben keine sozialpädagogische Ausbildung.« (Bott 1971, S. 9)

17 Eine Werbeagentur wurde mit der Anwerbung von Erzieherinnen und Erziehern beauftragt. In Frankfurt waren entsprechende Plakate an den Litfasssäulen zu sehen, in Zeitungen und Zeitschriften wurden Anzeigen geschaltet. So war im »stern« am 16.8.1972 Folgendes zu lesen: »Mit diesen 28 neuen Kindertagesstätten wird in Frankfurt wieder ein Frankfurter Modell verwirklicht: Die Betreuung der Kinder im lernfähigsten Alter. Die Erziehung zu sozialem Verhalten, zur Selbstbestimmung und Selbststeuerung. Wir benutzen die neuesten pädagogischen Erkenntnisse und Erfahrungen mit dem Ziel, sozial bedingte Ungleichheiten abzubauen. Bessere Arbeitsbedingungen und Mitbestimmung für die Mitarbeiterinnen und Mitarbeiter an diesem Projekt. Möglichkeit kollegialer Arbeitsformen mit demokratischen Gruppenentscheiden. Freie Wahl des Arbeitsplatzes und der Gruppe, mit der Sie zusammenarbeiten. Sechswöchige bezahlte Vorbereitungsseminare, damit Sie sich mit unserem gesellschaftspolitischen Konzept vertraut machen und an seiner Weiterentwicklung mitarbeiten können. Diese Seminare werden alljährlich wiederholt. Frankfurt zahlt überdurchschnittlich gut.« (zit. n. Flaake u.a. 1978, S. 49)

18 Zwei meiner Kolleginnen, die, wenn ich mich recht erinnere, kaufmännische Ausbildungen hatten, früh geheiratet und Kinder großgezogen hatten, nahmen diese Möglichkeit einer berufsbegleitenden Qualifizierung wahr.

19 In meiner Kita arbeiteten u.a. eine Tänzerin, eine Keramikerin, eine Soziologin, eine Kunstlehrerin und ich mit einem Lehrerinnenexamen für die Sekundarstufe I.

Verlauf des Projektes

1972 wurden die ersten Kitas eröffnet, die letzte, neunzehnte, 1974. Die Erzieherinnen und Erzieher waren in einem sechswöchigen – bezahlten – Kurs auf ihre Tätigkeit vorbereitet worden von dem so genannten VHS-Team[20], einer Gruppe sozialpädagogisch interessierter Wissenschaftlerinnen und Wissenschaftler und Studierender, die zuvor auch die Bewerbungen für die Stellen beurteilt hatten. In der Vorbereitungs- und Aufbauphase nahmen die Teams mit zuerst wenigen Kindern die Arbeit auf. Parallel wurde die Mitbestimmungsstruktur aufgebaut: Das war zum einen der Kita-Rat, in den jede Kita jemanden delegierte, zum anderen die provisorische Projektleitung, die mit dem Kita-Rat kooperierte – und hier fingen die Konflikte mit der Stadt an, weil die Kita-Mitarbeiterinnen und -mitarbeiter spezielle, nicht die normalen städtischen Arbeitsverträge wollten; ihnen waren ja auch besondere Arbeitsbedingungen zugesichert worden. Ein Jahr, nachdem die erste Kita eröffnet worden war, unternahmen Eltern und Erzieherinnen die ersten Aktionen, Ende 1973 wurde erstmals gestreikt, wieder ein Jahr später, 1974, wollte die Stadt die Erhöhung der Kinderzahlen durchsetzen, die Kitas argumentierten dagegen, u. a. damit, besonders viele schwierige, benachteiligte Kinder (heute wäre sicher von Bildungsferne die Rede) zu haben, was für die meisten Kitas zutraf. So gab es Kitas, in denen fast ausschließlich ausländische Kinder unterschiedlicher Nationalitäten waren. Ein Teil dieser Kinder war nach der Veränderung der Kindergeldregelung Mitte der 70er-Jahre – es wurde nur noch für die in Deutschland lebenden Kinder gezahlt – von den Eltern nachgeholt worden, vom Land in die Stadt, von den vertrauten Großeltern oder Tanten zu den Eltern, die sie nur von den Ferien kannten, in eine neue Sprache und in eine neue Erziehungsart: Nicht selten waren das biographische Katastrophen. »Wir haben bei einigen Kindern erlebt«, so der Bericht einer Kita von 1975, »dass sie von morgens bis abends am Fenster standen und nach ihrer Mutter schrien, für kei-

20 VHS = Volkshochschule

nen Trost ansprechbar.«[21] Zurück zu der städtischen Forderung, mehr Kinder aufzunehmen: Einige Kitas kamen ihr nach, andere verwahrten sich dagegen. Im November 1974 verabschiedete die Stadtverordnetenversammlung die Sondergeschäftsanweisung (SGA) für die Kitas, die bis zum Ende des Projektes bestimmte pädagogische Ziele und Mitbestimmungsformen garantierte. In den einleitenden Grundsätzen wurden komplementäre und emanzipatorische Erziehung als Ziele festgeschrieben, was, wie weiter vermerkt war, entsprechende Erziehungsmethoden verlangte wie auch kollektive Arbeitsformen und die Einbeziehung der Eltern. Die Konflikte zwischen Stadt und Erziehern eskalierten im Sommer 75, als die Stadt alle Kitas aufforderte, die Kinderzahl auf 80 aufzustocken (nach der Rechnung: 8 Planstellen pro Kita bei einer Erzieher-Kind-Relation von 1: 10 ergibt 80 Plätze). Etwa zur gleichen Zeit nahmen die wissenschaftliche Begleitung, die Gruppe des Deutschen Jugendinstituts (DJI), die ein spezielles Vorschulcurriculum erprobte, und die Supervision die Arbeit auf. Um Letztere gab es vehemente Konflikte, die Kita-Mitarbeiterinnen und -Mitarbeiter lehnten sie als amtliche Kontrolle ab.[22] Mit der wissenschaftlichen Begleitung wurde dagegen kooperiert, auch mit der Erprobungsgruppe des DJI. Die SPD distanzierte sich mit den Jahren zunehmend von ihrem eigenen Reformprojekt, die Konflikte, die öffentlichen Angriffe waren ihr lästig – in Koalitionsverhandlungen mit der FDP wurde festgehalten, dass das Kita-Projekt für die SPD »kein Eckpfeiler« sei. Eingeläutet wurde das Ende der Kitas mit einem städtischen Ultimatum an die Kita-Mitarbeiter, in jede Kita, wie schon im Jahr zuvor gefordert, 80 Kinder aufzunehmen (1.9.1976), das definitive Ende kam im Gefolge des Wahlsiegs der CDU im März 1977, die im Wahlkampf angekün-

21 Bericht eines Kita-Teams an das Stadtschulamt, den Schuldezernenten Prof. Rhein und die Projektleitung, zit. n. Flaake u. a. 1978, S. 378.

22 Hinzu kam, dass die vier Supervisorinnen kein einheitliches Konzept entwickelten, sondern jeweils zwei konkurrierende Konzepte in Umlauf brachten.

digt hatte, die Kitas im Falle ihres Sieges aufzulösen.[23] Die Proteste von Eltern, Erzieherinnen und Erziehern, z.B. in Ortsbeiratssitzungen oder Demonstrationen, blieben erfolglos: Die 19 Kitas wurden in »normale« Kindertagesstätten umgewandelt.[24] Dass das relativ reibungslos ging, lag auch am veränderten politischen Klima in der Stadt: Durch eine bessere Erziehung Chancengleichheit zu befördern, darum zu streiten, wie das geht, und dabei in Kauf zu nehmen, Fehler zu machen, das war nicht mehr gefragt. 1976 war der deutsche Herbst gewesen. Nicht zu vergessen ist, dass die Frankfurter Zeitungen, außer der Frankfurter Rundschau, aus ihrer Skepsis gegenüber dem Projekt nie einen Hehl gemacht hatten, die Bildzeitung immer wieder skandalisiert hatte.

Was sich hier als eine dürre Aneinanderreihung liest, war von hochemotionalen Prozessen begleitet, die Zeit und Energie absorbierten. Für die Beteiligten, zumal die beteiligten Erzieherinnen und Erzieher, aber auch für die Engagierten unter den Eltern brachte das Kita-Projekt eine mal stärkere, mal schwächere Dauerbelastung mit sich: Die Zeiten, in denen man ungestört eine neue Art von Erziehung erproben konnte, mit den üblichen Fehlern, aber auch Hoffnungen, waren immer wieder durch Auseinandersetzungen mit der Stadt bedroht, die im damaligen politischen Klima schnell Auseinandersetzungen ums Ganze wurden. Das blieb pädagogisch nicht ohne Folgen: Es erschwerte nämlich einen adäquaten Austausch über die Möglichkeiten und Grenzen des Projektes, der eigenen Arbeit, der einzelnen Teams[25] und förderte letztlich eine Art Verteidigungshaltung bei den einzelnen Erzieherinnen und Erziehern, die zwar durchaus trotzig und selbstbewusst daherkommen konnte, aber letztlich eine produktive Auseinandersetzung mit der eigenen pädagogischen Arbeit

23 »Die Sondergeschäftsanweisung wird außer Kraft gesetzt, die Mitarbeiter erhalten Änderungskündigungen, in denen ihnen normale Arbeitsverträge angeboten werden, die Stellen für Kindertagesstätten-Leiterinnen werden ausgeschrieben und trotz des erheblichen Widerstandes der Kita-Mitarbeiter auch besetzt, die Kita-Teams werden aufgelöst und die Mitarbeiter auf die insgesamt 96 Kindertagesstätten verteilt.« (Aden-Grossmann 2002, S. 177).

24 Zu dem Verlauf vgl. Aden-Grossmann 2002, S. 165–180; Flaake u.a. 1978, S. 465–467.

25 Allerdings boten Fortbildungsveranstaltungen wie auch die wöchentlichen Teamsitzungen Foren des Austauschs, Möglichkeiten der Reflexion, die allerdings immer wieder in aktuellen Auseinandersetzungen mit der Stadt aus der Agenda gerieten.

erschwerte und den pädagogischen Elan ermatten ließ. »Die meisten,« so eine Erzieherin in einem Interview, »die lange in der Kita gearbeitet haben, sind auch in Bezug auf die Kinder resigniert.«[26]

Vielleicht lag es daran, dass die Chancen einer wirklichen Einbeziehung der Eltern nicht ausreichend genutzt wurden, aber die wäre sicher ohnehin schwer gewesen. Man muss sich vergegenwärtigen, dass viele der Eltern ihre Kinder vor allem untergebracht und versorgt wissen wollten, aber an den mit dem Kita-Projekt verfolgten gesellschaftspolitischen Zielen, der Herstellung von Chancengleichheit, nicht wirklich Interesse hatten und den pädagogischen Ziele argwöhnisch, ja ablehnend gegenüberstanden. »Die praktizierte antiautoritäre Erziehung«, so die Einschätzung der wissenschaftlichen Begleitung, »war für eine Elternarbeit mit breiten Bevölkerungsschichten völlig ungeeignet« (Flaake 1978, S. 322).

Das konnte sich auch dann bemerkbar machen, wenn es gar nicht um antiautoritäre Erziehung ging. Ich erinnere mich an einen Vater, Gefängniswärter, der außer sich war und mich anbrüllte, als wir eine Viertelstunde später als angekündigt vom wöchentlichen Schwimmen im Stadtbad zurückkamen und er auf seinen Sohn hatte warten müssen; ich habe übrigens nicht zurückgebrüllt, sondern unsre Verspätung erklärt und entschuldigt, ohne Wirkung. Von da an bin ich diesem Vater aus dem Weg gegangen. Nicht dass ich das richtig gefunden hätte, im Gegenteil, ich kreidete es mir an, erlebte es als ein Scheitern. Schließlich hatte ich mich in meinem Team immer für Elternarbeit, für die Einbeziehung der Eltern stark gemacht. Es gab, vermute ich, viele solche Erfahrungen des Scheiterns, des eigenen Ungenügens unter den Erzieherinnen und Erziehern. Die oben erwähnte Erzieherin sagte dazu in dem Interview: »Ich weiß nicht, ob das so richtig ist, aber ich sehe da ein ganz persönliches Defizit von mir. Ich

26 Ein Interview mit zwei Kita-Erzieherinnen. Kindererziehung: Lohnarbeit oder Lebenszusammenhang? In: Autorenkollektiv Frankfurt 1977, S. 81–87, hier S. 81 (Das Interview war erstmals in der Frankfurter Stadtzeitung ›Pflasterstrand‹ erschienen). Weiter heißt es: »Von langfristigen Projekten, von didaktischen Einheiten, von Lernprogrammen, durch die sich die Kinder verändern, was lernen, ist schon lange nicht mehr die Rede. Den Bach runter ist die Hoffnung, durch gezieltes pädagogisches Verhalten die Kinder zu verändern.« (Ebd.)

habe einfach Angst den Eltern gegenüber, Vätern und Müttern.« Den Grund dafür sah sie in ihrer Identifikation mit den Kindern, darin, dass sie »die Kinder praktisch in Gedanken und Worten verteidige gegenüber den Müttern«. Für die andere interviewte Erzieherin hatte es deshalb »so was Klandestines an sich, was man mit den Kindern macht«.[27]

Um auf die Konflikte mit Eltern zurückzukommen: Ordnung und Gehorsam wurden Mitte der 70er-Jahre immer noch ziemlich großgeschrieben und Eltern wie dieser Vater fanden, dass es in Kitas unordentlich und lasch zuging, die Kinder, so ein weiterer, allerdings eher die Mütter beschäftigender Konfliktpunkt, sich zu dreckig machten, genauer: machen durften, kurzum: dass Kinder hier nicht anständig, nicht richtig erzogen würden. In manchen Kitas führte das zu Abmeldungen von Kindern, in fast allen gab es desinteressierte bzw. unzufriedene Eltern, die ihre Kinder am liebsten nur bis zum Eingang begleiteten, mit Erzieherinnen und Erziehern nichts zu tun haben wollten. Es gab aber auch Eltern, nicht wenige, die hinter dem Erziehungskonzept standen und manche von ihnen nahmen eine Art Dolmetscherfunktion zwischen Team und skeptischeren Eltern ein. Andere integrierten Eltern, die eher am Rande standen. So lud ein junges Paar an meiner Kita die türkischen Eltern zweier Freunde ihrer Tochter ein, es gab eine Gegeneinladung, und die türkische Mutter, die so gut wie kein Deutsch sprach, kam allmählich zum Abholen in die Kita herein, man lächelte sich an, versuchte zu radebrechen.

Pädagogische Debatten

Ich möchte mich hier auf ein Thema beschränken, das aggressive Verhalten. Es bildete einen ewigen Diskussionspunkt: dass

27 Ein Interview mit zwei Kita-Erzieherinnen, S. 86. Wenn Erzieherinnen, wie ich es auch tat, sich mit den Kindern identifizierten – gegen deren Eltern, dann werden sie symbolisch mit den Kindern zusammen zur Geschwistergruppe, die sich gegen die Eltern zusammentut. Problematisch ist daran, dass sich in dieser Regression keine für die Kinder argumentierende pädagogische Position, allgemeiner gesagt: keine pädagogische, professionelle Autorität gegenüber Eltern mehr vertreten lässt.

die Hortjungen als Erstes die »Kleinen« scheuchten, wenn sie aus der Schule kamen, dass die Kindergartenjungen immer hinter den Gymnastikstöcken[28] her waren, die wir aus Angst vor Verletzungen schließlich wegschlossen. Überhaupt waren Stöcke, das Kämpfen mit Stöcken, aber auch das Schießen mit ihnen ein Dauerthema: Wir gingen ja von der Legitimität von Aggressionen aus bzw. davon, dass die Kita den Kindern Gelegenheit geben solle, Aggressionen abzubauen, nur wie war das im Kita-Alltag sozialverträglich zu handhaben? Es dauerte, bis Regeln installiert waren fürs Kämpfen und für die Stöcke, und es war beschwerlich, die Einhaltung dieser Regeln durchzusetzen, z. B. an unserer Kita die Regel, dass Stöcke in den Räumen tabu waren, im Freien aber erlaubt (zur Not wurde drinnen übrigens mit Blockflöten oder Bauklötzen geschossen). Überhaupt scheint es an allen Kitas, wie ein Gespräch unter ehemaligen Erzieherinnen ergab, kleine Gruppen besonders lebhafter und auch aggressiver Jungen, an einer Kita liebevoll-ironisch als Viererbande apostrophiert, gegeben zu haben, die bei den Teamsitzungen im Zentrum pädagogischer Debatten standen. Ein Phänomen, das im pädagogischen Alltag in Schulen und Kindergärten bekanntlich virulent geblieben ist und mittlerweile auch unter der Gender-Perspektive diskutiert wird (vgl. Schultheis/Strobel-Eisele/Fuhr 2006).[29]

Wie an Kitas aggressives Verhalten pädagogisch reflektiert wurde, geht aus dem Erfahrungsbericht einer Berufspraktikantin hervor, die hier ausführlicher zu Wort kommen soll. Sie bemerkte an einer Gruppe von Erstklässlern, dass sie mit steigenden schulischen Anforderungen, besonders den zunehmenden Hausaufgaben, schwer zurechtkamen und einige Kinder, Jungen, unkonzentriert wurden und immer aggressiver. Im Rollenspiel der Kinder im Hort wurde deutlich, dass sie in der Schule in die Ecke gestellt

28 Jede Kita verfügte über eine komplette Gymnastikausrüstung mit Reifen, Stöcken, Matten, Bällen usw.

29 An vergleichbares genervt-sympathisierendes Interesse für Mädchen oder Gruppen von Mädchen kann ich mich nicht erinnern; die trödelnden Blumenfreundinnen aus der zweiten Szene oben ernteten anders als die kleinen Rambos eher genervt-ungeduldige Reaktionen.

wurden, Strafarbeiten bekamen, die Lehrerin sie schubste.[30] Nach der ersten kleinen Rechenarbeit nahm das aggressive Verhalten weiter zu.

»Zwei Tage später sollte M. als Strafarbeit eine ganze Seite Zahlen ins Rechenheft schreiben. Er kam schon sehr aufgelöst aus der Schule, stürzte zur Tür herein und warf erst einmal ein paar Stühle um. Fing mit allen Kindern Streit an, tobte und war wütend auf mich, wenn ich eingriff. Es dauerte fast eine Stunde, bis er so weit war, dass er überhaupt einen Satz sagen konnte. Zwar waren mir Zornesausbrüche dieser Art bei M. bekannt, aber in der Regel konnte ich gut auf ihn eingehen, wenn ich sein Problem kannte. Erst als er in der Lage war zu sagen, dass er Strafarbeiten machen müsste, und ich mir von ihm erzählen ließ, wie es dazu gekommen war, beruhigte er sich. M. verstand überhaupt nicht, warum er sie machen sollte. Er fühlte sich ungerecht behandelt« (Schulz 1975, S. 16, zit. n. Flaake u. a. 1978, S. 286).

Nachdem die Eltern sich dafür eingesetzt hatten und die Lehrerin dazu bereit war, auf Strafarbeiten zu verzichten und die Hausaufgaben zu reduzieren, entspannte sich die Situation sehr schnell: »Von nun ging alles ziemlich reibungslos. Die Kinder hatten sich bedroht gefühlt … In der unbekannten Situation hatten sich einige Kinder in der Schule als Versager gefühlt und das hatte sie auch in Bezug auf die Erzieher in der Kita verunsichert« (Schulz 1975, S. 19–20, zit. n. Flaake u. a. 1978, S. 286).

Bemerkenswert finde ich, wie aufmerksam und sensibel Kinder hier beschrieben wurden und dass Aggressivität, dieses pädagogische Hauptproblem in den Kitas, darauf zurückgeführt wurde, dass ein Junge etwas Nichtverstehbares, eine Strafarbeit, nicht verstanden und als Willkür empfunden hatte, allgemeiner: dass es Bedrohliches, Unverständliches war, das den Jungen so aggressiv gemacht hatte. Das kann nur sehen, wer Kindern, auch wenn sie schwierig sind, mit Wohlwollen und Empathie begegnet und

30 Dass es in dem Rollenspiel um wirkliche Schulerfahrungen ging, geht aus folgender Überlegung der Berufspraktikantin hervor: »Alle Kinder spielten ernsthaft mit und korrigierten B. (Darsteller oder Darstellerin der Lehrerin, P.S.) nicht, was ich sonst in ähnlichen Situationen beobachten konnte, wenn im Nachahmungsspiel die Realität nicht so wiedergegeben wurde, wie die Kinder sie erfuhren.« (Schulz 1975, S. 14–15, zit. n. Flaake u. a. 1978, S. S. 285 f.

grundsätzlich bereit ist, sie im Recht zu sehen. Das war an Kitas sicher nicht immer, aber doch häufig der Fall.

Berichterstattung aus der Zeit

Texte wie dieser Erfahrungsbericht stellen einen Teil der zu Zeiten des Kita-Projektes verfassten Berichte über die Kitas, die Arbeit an ihnen, die Schwierigkeiten dar. Dass sie bis heute lesbar sind, liegt am Engagement der Verfasserinnen und Verfasser, oft Berufspraktikantinnen oder Studierende, und an ihrer soliden Kasuistik. Beschrieben wurden Erwachsene und Kinder in pädagogischen Situationen und es wurde versucht, sie zu verstehen.

Das Kita-Projekt brachte eine weitere, entschieden weniger lesbare Art von Berichten hervor, die stärker oder vielleicht nur anders von 1968 geprägt waren. Ein Beispiel für diese Berichterstattung bildet der Beitrag eines Frankfurter Autorenkollektivs mit dem Titel »Kita 3000: Konflikte ohne Ende?«, der 1977 im viel gelesenen *Jahrbuch der Sozialarbeit 1978* erschien. Im Zentrum standen hier die Auseinandersetzungen um das Projekt, das, was ich oben die fernere, weniger erfreuliche Seite meines Kita-Kippbildes genannt hatte. Dieser Bericht verstand sich, vermute ich, als durch und durch parteilich für die Kitas, er war gut informiert und argumentierte auf dem Hintergrund einer gesamtgesellschaftlichen und politischen Situierung von sozialer Arbeit, nur kommt das, was sich in einem Gespräch unter ehemaligen Erzieherinnen als das herausstellte, woran wir uns vordringlich und gerne erinnern, nämlich die Arbeit mit den Kindern, die Freude daran, so gut wie gar nicht zur Sprache. Auch fehlte, dass an den Kitas redlich, mit großem Engagement und in der ersten Person Singular (und Plural) versucht wurde, Chancengleichheit herzustellen, dass in Kitas Integration oder Inklusion avant la lettre praktiziert wurde.[31] Von

31 Es gab eine Kita, die Kinder alleinerziehender Mütter, Emigranten- und Arbeiterkinder und solche aus Kinderläden bewusst zu gleichen Teilen aufnahm. Generell herrschte an den Kitas eine soziale Mischung von Arbeiter-, Migranten-, Kleinbürger-, Intellektuellen- und Studierendenkindern wie auch von Kindern Alleinerziehender, vor allem alleinerziehender Mütter, von solchen aus schwierigen, oft subproletarischen Familien wie auch aus Kinderläden.

den insgesamt 33 Seiten handelten lediglich zwei von der Arbeit mit Kindern. Stattdessen wurden die Kitas als ein Projekt der SPD analysiert und vor allem die Auseinandersetzungen zwischen dem Kita-Personal und der Stadt rekapituliert, wie schon der Titel besagte. Vor allem sollte der Nachweis erbracht werden, dass »staatlich organisierte Reformprojekte im Erziehungs- und Ausbildungsbereich strukturell (restriktiven Bedingungen) unterliegen (…), die die Ursache sind für die Unzulänglichkeiten, Halbheiten und Widersprüchlichkeiten, die solche Projekte prinzipiell kennzeichnen«. (Autorenkollektiv Frankfurt 1978, S. 119). Halbheiten, Widersprüche, das war Erzieherinnen und Erziehern geläufig, allerdings mindestens so stark als persönliches wie als strukturelles Problem. Aber das war nicht gemeint in diesem Bericht. Was lässt sich zu der Analyse des Autorenkollektivs sagen? Sicher ist es zutreffend, dass pädagogische Reformen, die vom Staat ausgehen, etwas anderes sind als pädagogische Vorhaben, die von sozialen Bewegungen getragen werden. Kommt beides zusammen, wie beim Kita-Projekt, wird es, auch das stimmt, ausgesprochen schwierig, noch dazu, wenn politische Konstellationen wechseln. Es ist aber noch etwas anderes, das diese Art von Berichten so schwer zu lesen macht, und zwar, dass die Erzieherinnen und Erzieher, die Väter und Mütter, die Mädchen und Jungen als Beteiligte und Akteure zum Verschwinden gebracht werden. Im Käfig gesellschaftlicher Strukturen, »restriktiver Strukturen«, gefangen, können Menschen, können Einzelne, so die Botschaft, letztlich nichts ausrichten. Diese Perspektive enthob aber die Einzelnen, und das mag eine subjektive Gewinnseite dieser Sichtweise ausgemacht haben, auch der Resignation, vielleicht sogar der Trauer darüber, dass sich so wenig von den pädagogischen 68er-Hoffnungen einlösen ließ, wie sie auch erlaubte, das Gefühl des Scheiterns und Versagens zu umgehen, das in dem oben zitierten, im gleichen Jahrbuch erschienenen Interview mit zwei Kita-Erzieherinnen durchaus zur Sprache gekommen war. Es ließ sich vermutlich besser damit leben, an restriktiven Strukturen gescheitert zu sein als an den eigenen oder Gruppenansprüchen. Solche Berichte in ihrer Rhetorik von überspitzt gesagt Durchblick, Kampf und

Avantgardebewusstsein muten heute fremd an. Mit diesem seinerzeit verbreiteten, aber schon länger Pädagogik wie sozialer Arbeit abhanden gekommenen Gestus wurde etwas unsichtbar gemacht, nämlich dass Projekte wie die Kinderläden oder eben die Kitas die Bedingungen des Aufwachsens in Deutschland, die Art, wie man groß wurde, nachhaltig verändert haben. Aber vielleicht ließ sich das 1977 noch nicht sehen.

Um abschließend noch einmal auf das Gespräch unter uns ehemaligen Kita-Erzieherinnen zu kommen: Vor allem sind es die Kinder, an die wir bei »Kita« denken, Kinder, mit denen wir spielten, nicht die Politik, darüber herrschte Einigkeit. Immer wieder tauchte aber auch das Bedauern auf, letztlich doch die Chancen dieses Reformprojektes vergeben zu haben; andererseits war aber auch Konsens, nicht ohne einen gewissen Stolz, an den Kitas mit einer neuen, freieren Erziehung angefangen zu haben, in der es um Chancengleichheit und Integration von Benachteiligten gegangen war. Dies mitgestaltet zu haben erschien im Rückblick als je persönliche biographische Chance, auch wenn sie letztlich pädagogisch und politisch nicht voll genutzt worden war. Kita 3000, das bleibt ein pädagogischer Versuch im Kontext oder eher Nachgang der 68er-Bewegung, der Beachtung verdient und der nach mehr als drei Jahrzehnten erziehungshistorisch aufgearbeitet werden sollte.

Christin Sager

Das Ende der kindlichen Unschuld. Die Sexualerziehung der 68er-Bewegung

1. »Gibt es denn eine infantile Sexualität?«

Der Mythos vom unschuldigen, reinen Kind kann auf eine lange Tradition zurückschauen. Er spiegelt sich sogar in der antiken Bezeichnung der Lebensalter wider, da der Name jener Altersstufe, die heute als Schulkindheit bezeichnet wird, »pueritia« lautete. Dieser Begriff, der vom lateinischen »purus« für »rein« abgeleitet wurde, bezeichnet jene Vorstellung von Unverdorbenheit, die erst mit dem Eintritt in die nächste Lebensphase, die »adulescentia«, für immer verloren geht. Im Alter von 14 Jahren wird Rousseau zufolge das Kind zum zweiten Mal geboren: diesmal als Geschlechtswesen. Mit der Geschlechtsreife geht ein Verlust des Kindheitsstatus einher, da die bis dahin postulierte Asexualität die Voraussetzung für jenen Mythos von Virginität und Reinheit bildete.

Diese Verknüpfung von Asexualität und Kindheit hielt sich über viele Jahrhunderte in der westlichen Welt. Im 18. Jahrhundert wurde sie im Anti-Onanie-Diskurs derart stark verteidigt, dass die Bemühungen um die Unterdrückung jeglicher sexueller Regungen der Heranwachsenden in die Annalen als Moment einer »Schwarzen Pädagogik« eingingen (vgl. Rutschky 1997). Ein jähes Ende fand dieser Mythos der kindlichen Unschuld durch Sigmund Freud, als dieser die Frage »Gibt es denn eine infantile Sexualität« mit einem klaren »JA« beantwortete. »Das Kind hat seine sexuellen Triebe und Betätigungen von Anfang an, es bringt sie mit auf die Welt, und aus ihnen geht durch eine bedeutungsvolle, an Etappen reiche Entwicklung die so genannte normale Sexualität des Erwachsenen hervor. Es ist nicht einmal schwer, die Äußerungen dieser kindlichen Sexualbetätigung zu beobachten;

es gehört vielmehr eine gewisse Kunst dazu, sie zu übersehen oder wegzudeuten« (Freud 1910/1999, S. 140).

Freud entlarvt hier diese jahrhundertealte Tradition, indem er die postulierte Unwissenheit als absichtsvolle Ignoranz demaskiert. Den Sturm der Entrüstung konnte dabei auch Freuds Unterscheidung von »sexuell« und »genital«, also eine Differenzierung von kindlicher und erwachsener Sexualität, nicht abschwächen. Der Verlust dieses traditionellen Kindheitsmythos war zu stark, als dass eine Sexualität des Kindes, auch wenn sie als prägenital beschrieben wurde, in der Folgezeit hätte anerkannt werden können. Erst die Bewegung der 68er – insbesondere die Kinderladenbewegung – griff die Überlegungen zur infantilen Sexualität von Sigmund Freud, aber auch von nachfolgenden Psychoanalytikerinnen und Psychoanalytikern wie Anna Freud, Nelly Wolfheim, Wera Schmidt und Wilhelm Reich wieder auf und versuchte, sie in die Praxis zu transformieren.

2. »Lest Wilhelm Reich und handelt danach!«

Jene Parole, die 1968 an der Außenwand der Mensa der Universität Frankfurt prangte, spiegelt die Bedeutung wider, die Wilhelm Reich im Rahmen der Studentenbewegung zugemessen wurde. Wie kam es zur Wiederentdeckung Reichs, der infolge des Verbots durch die Nationalsozialisten in Vergessenheit geraten ist? Für die 68er war Reich als Vertreter jener Theorien interessant, die vor der Zeit des Nationalsozialismus diskutiert wurden (vgl. Negt 1995, S. 291). In dem Versuch, die autoritären Strukturen der Vätergeneration zu durchbrechen, bot sich Reich als neuer »Theorievater« an. Zum Zweiten war gerade die Verknüpfung von Marxismus und Psychoanalyse, die Reich vornahm, für die antiautoritäre Bewegung anregend. Reich konzentrierte sich auf die Bekämpfung sexueller Störungen, die er auf die Einschränkung der genitalen Befriedigungsfähigkeit zurückführte. Diese Repression, die sich aus der gesellschaftlichen Sexualmoral ableitete, interpretierte Reich aus marxistischer Perspektive als gesellschaftliche Rahmenbedingung des kapitalistischen Systems. Nur eine repressive Sexualerziehung – als Moment einer repressiven Erziehung – garantiere die Erschaffung eines autoritätsgehorsamen Gesellschaftsmitgliedes, das bereit sei, sich nicht gegen die bestehenden sozialen Umstände aufzubäumen: »Die moralische Hemmung der natürlichen Geschlechtlichkeit des Kindes […] macht ängstlich, scheu, autoritätsfürchtig, gehorsam, im autoritären Sinne ›brav‹ und ›erziehbar‹; sie lähmt […]« (Reich 1981, S. 49). An diese Verbindung, die Adorno 30 Jahre später in den »Studien zum autoritären Charakter« nachweist, knüpfen die 68er an. Mit Reich ist ihnen eine Theorie an die Hand gegeben, mit der »jene die Sexualität einschränkenden Institutionen und die das sexuelle Verhalten kanalisierenden sozialen Praktiken kritisiert und bekämpft« werden konnten (Dannecker 2001, S. 23).

Die Erziehung war also ein Dreh- und Angelpunkt bei dem Bestreben der Studentenbewegung, die bestehende Gesellschaft zu verändern. Austragungsorte dieser Umwälzungsversuche waren zum einen die Familie, der das Leben in der Kommune entgegengestellt wurde, zum anderen die institutionelle Kleinkindererziehung, die durch die Etablierung von antiautoritären Kinderläden ihre Umwandlung erfahren sollte. Im Rückgriff auf Reich nahm die Sexualerziehung hierbei eine entscheidende Rolle ein, denn die Unterdrückung der infantilen Sexualität stellt nur den Anfang einer umfassenden Fesselung der menschlichen Sexualität dar. Das Individuum entwickelt Reich zufolge angesichts der gesellschaftlichen Repressionen, die einen sozialökonomischen Hintergrund haben, eine körperliche Abwehr, es bildet den so genannten Charakterpanzer. Dieser schirmt den Einzelnen gegen seine innere Natur – insbesondere gegen seine Triebe – ab und verhindert die Fähigkeit, orgastische Potenz zu erlangen. Auf jenem Vermögen basiert aber die Erfahrung sexueller Befriedigung, die als einzige Kraft die sadistischen Triebe im Menschen zu eliminieren vermag – und dies war der Anspruch, den die Generation der 68er in Auseinandersetzung mit der Geschichte vertrat. Der Rückgriff auf Reich bot sich aus mehreren Gründen an. Auf der Suche nach Sexualratgebern für die eigene Praxis konnte auf wenig nicht repressives Material zurückgegriffen werden (vgl. Kommune 2 1971, S. 68). Zeitgenössische Schriften rieten den Eltern noch Mitte der 60er-Jahre dazu, der kindlichen Masturbation mit mild gewürzten Speisen bzw. der Verbannung von Eiern vom Speiseplan der Kinder entgegenzuwirken. Jene Assoziationen zu den Schriften des Anti-Onanie-Diskurses werden bei den ratgebenden Anregungen zur Bekleidung der Heranwachsenden zusätzlich verstärkt: »In den letzen Jahren haben sich die handgestrickten Schlüpfer auch für Buben eingebürgert. Das ist ein ganz unglückliches Bekleidungsstück. Die Kinder schwitzen darunter; das Geschlechtsteil klebt an, und die Jungen haben dauernd mit den Händen daran herumzufuhrwerken« (Hild 1964, S. 85).

Auf die zeitgenössischen Aufklärungstraktate konnten die Antiautoritären also nicht rekurrieren und die Zeit, eigene Konzepte zu entwickeln, blieb ihnen nicht, da sie schnellstmöglich praktisch tätig werden wollten bzw. sich aufgrund der sozialen Rahmenbedingungen zu dieser Eile gezwungen fühlten (vgl. Kommune 2 1971, S. 18ff.). Durch den Rückgriff auf die psychoanalytischen Schriften konnte so zum einen das Problem der repressiven Einstellung umgangen werden, zum anderen lagen mit diesen Werken bereits Praxiserfahrungen vor. Reich hatte Anfang der 20er mit seiner »Sexpol«-Arbeit begonnen, deren Ziel in der Aufklärung und Politisierung der Arbeiterjugend bestand. In diesem Zusammenhang verfasste seine damalige Ehefrau Annie Reich die Aufklärungsbroschüre »Wenn dein Kind dich fragt«, die von den Antiautoritären wiederaufgelegt und als Diskussionsgrundlage für die Eltern der Kinderladen-Kinder empfohlen wurde (vgl. Zentralrat der sozialistischen Kinderläden West-Berlin 1969, Nr. 4). Neben der Sexualaufklärung boten diese psychoanalytischen Veröffentlichungen aber auch Informationen zur Kollektiverziehung, die ebenfalls zur Überwindung der autoritären Familienstrukturen beitragen sollte. Reich bot hierfür den theoretischen Bezug, Wera Schmidt und Anna Freud referierten demgegenüber Erfahrungen aus der Praxis (vgl. Zentralrat der sozialistischen Kinderläden West-Berlin 1969, Nr. 1, Nr. 4, Nr. 5).

Ein weiteres Beispiel für den liberalen Umgang mit kindlicher Sexualität sowie die Erfahrungen mit Kinderkollektiven stellte das Schulkonzept »Summerhill« dar, das Wilhelm Reichs Freund und Vertrauter Alexander S. Neill gründete. Während dieses Konzept in einigen Kinderläden – unter anderem in der Kinderschule in Frankfurt von Monika Seifert – eifrig diskutiert wurde, lehnten die sozialistischen Kinderläden in West-Berlin das Konzept mit der Begründung ab, dass es sich aufgrund des insularen Charakters und der fehlenden Auseinandersetzung Neills mit der Außenwelt nicht auf die eigene Arbeit übertragen ließe (siehe Baader in diesem Band).

Auf der Suche nach alternativen Erziehungskonzepten setzten die Aktivisten der Kinderladenbewegung also zunächst einmal nicht auf eine eigenständige Theorie, sondern filterten jene Aspekte aus einem Konglomerat von Schriften heraus, die für die eigenen Erziehungsvorstellungen dienlich waren. Hierbei wurden selbst kleine Widersprüchlichkeiten, wie etwa die eingegrenzte Befürwortung kindlicher Masturbation bei Wera Schmidt, geflissentlich übersehen. Vielmehr sollten durch die Diskussion der alten Werke eine erste Grundlage und vor allem theoretische Rechtfertigung für die eigenen Erziehungsexperimente geschaffen werden. Das Ziel, eine eigenständige Konzeption zur Sexualerziehung im Rahmen von Familie (oder auch Kommune) und institutioneller Kleinkinderziehung zu verfassen, blieb unvollendet. Dies liegt wohl nicht nur an dem frühen Ende der Bewegung, sondern auch daran, dass es keine einheitlichen Vorstellungen zur Sexualerziehung gab. So fand zwar ein schriftlicher Erfahrungsaustausch statt (vgl. Vorgänge 1970), aber letztlich reagierten die Kinderläden auf die jeweils in ihrer speziellen Situation vorliegenden Gegebenheiten und arbeiteten so auch eher singulär.

3. Die Befreiung der kindlichen Sexualität

Reich zufolge stellt die Familie die primäre Instanz der Sexualunterdrückung dar. Ihre Konstellation begrenzt das Kind in seiner

Wahl möglicher Sexualobjekte auf zwei Ebenen – zum einen in der eingeschränkten Anzahl der Personen, zum anderen in der Altersheterogenität dieser Objektpersonen, da schlichtweg Gleichaltrige fehlen. »Die affektiven Strebungen (in der Ödipussituation typischerweise Liebe zum heterosexuellen Elternteil und Hass gegen den gleichgeschlechtlichen) können nicht wirklich ausgelebt werden« (Berliner Kinderläden 1970, S. 48), da das Inzestverbot die Realisierung dieser Triebwünsche unterbindet und die fehlende Peer group die Konzentration auf andere Liebesobjekte verhindert. Dem Kind bleibt nur die Möglichkeit, seine Triebe zu unterdrücken und zu verdrängen. Dieser Prozess wirkt sich wiederum auf die Charakterstruktur aus: Das Kind entwickelt Angst- und Schuldgefühle, die seine Fixierung auf die Eltern verstärken und somit der Herausbildung autoritärer Charakterstrukturen Tür und Tor öffnen. Um diesen Teufelskreis zu durchbrechen, wollten die 68er Kinderkollektive instituieren, um so einen Ort zu schaffen, an dem Kinder zum einen ihre sexuellen Bedürfnisse artikulieren und befriedigen, zum anderen Solidarisierungserfahrungen gegen Autoritäten sammeln konnten. Das Zusammenleben von mehreren Erwachsenen und mehreren Kindern in den Kommunen und im Rahmen der Kinderläden garantiere einerseits, dass sich die Kinder gegen die elterlichen Autoritäten auflehnen könnten, zum anderen aber entschärfe sich so die ödipale Dreieckssituation zwischen Vater-Mutter-Kind. Nicht nur der gegengeschlechtliche Elternteil könne so für das Kind als Liebesobjekt in der phallischen Phase dienen, sondern sowohl andere Erwachsene als auch Gleichaltrige.

Die kindliche »Selbstregulierung« stellte das oberste Prinzip der antiautoritären Erziehung im Allgemeinen und der antiautoritären Sexualerziehung im Besonderen dar. Gemeint war damit, dass das Kind in jedem Alter und auf allen Lebensgebieten seine Bedürfnisse frei äußern und – mit Unterstützung der Erwachsenen – selbst regulieren sollte. Für die Sexualerziehung ergibt sich daraus die Forderung, sämtliche Äußerungen kindlicher Sexualität nicht nur zu akzeptieren, sondern sie gezielt zu fördern. So sollten die Kinder einerseits allumfassend aufgeklärt werden, sobald sie Fragen stellten, aber auch in der Entdeckung der eigenen Körperlichkeit und Geschlechtsrollenfindung positiv unterstützt werden. Auch der kindlichen Masturbation, dem Voyeurismus und den Sexualspielen wurde Raum gegeben (vgl. Kommune 2 1969; Kommune 2 1971). So war es für die Kinder selbstverständlich, nackt im Kinderladen zu spielen, gemeinsam zur Toilette zu gehen und an ihren Genitalien zu spielen (vgl. Berliner Kinderläden 1970, S. 105).

Diese gezielte Umsetzung der psychoanalytischen Theorien zur kindlichen Sexualität in eine pädagogische Praxis stellt den ersten groß angelegten Versuch in diese Richtung dar. War bis dato das Höchstmaß der Gefühle erreicht, wenn Äußerungen kindlicher Lust toleriert, aber damit einhergehend auch großzügig ignoriert wurden, um sie durch ein Verbot nicht zusätzlich interessant zu machen (vgl. Hild 1964), so wurde nun erstmals seit den oben genannten psychoanalytischen Bestrebungen der 1920er-Jahre versucht, die kindliche Sexualität aktiv zu fördern.

Obwohl die Wogen der Sexuellen Revolution, von der auch die antiautoritäre Bewegung beeinflusst wurde, gesamtgesellschaftlich zu spüren waren, führte diese Form der nach außen getragenen Freizügigkeit der 68er zu massiver Empörung. Derartige Liberalisierungstendenzen sollten nach wie vor nur für die Erwachsenen gelten – nicht für unschuldige Kinder. Die Zeit, das Tabu der kindlichen Sexualität zu Fall zu bringen, war noch nicht gekommen. Zwar führte 1968 die Kultusministerkonferenz den Sexualkundeunterricht in den Schulen verpflichtend ein, aber in den Kindergarten gehörten weder »Nackedeis« noch solch »freudvolle und schmutzige Spiele«, wie sie dem entsetzten Fernsehpublikum in der Kinderladen-Dokumentation »Erziehung zum Ungehorsam« von Gerhard Bott dargeboten wurden (Bott 1970, S. 111).

Diese geäußerten gesellschaftlichen Bedenken wirkten natürlich auch auf die Erziehungspraxis der 68er-Bewegung. Die Kinder waren zumeist bereits mit den zeitgenössischen Repressionen in Kontakt geraten und hatten somit auch schon eigene Ekel- und Abwehrschranken errichtet, die sie unfähig machten, ihre Bedürfnisse offen zu äußern. Diese Schranken mussten im Rahmen der

Kinderladenarbeit erst wieder abgebaut werden und schmälerten unter Umständen die Erfolge der antiautoritären Erziehungsbemühungen. Noch schwerwiegender wurde jedoch die Kontaminierung der Eltern mit jenen hemmenden sozialen und moralischen Schranken bewertet. Diese Sexualverdrängungen stellten die größte Gefahr für den Erfolg der Bemühungen dar. Das erste Problem, eine bei den Kindern bereits erfolgte Verdrängung der sexuellen Bedürfnisse, sollte durch ein intensives Eingehen auf die Kinder und eine Wiedererweckung des kindlichen Interesses gelöst werden (vgl. Berliner Kinderläden 1970, S. 104). Das Problem der verklemmten Erziehenden sollte kollektiv bekämpft werden.

4. Die Befreiung der erwachsenen Sexualität

Es stand zu befürchten, dass jegliche Bemühungen scheitern würden, wenn »der Erwachsene die sexuellen Spiele eines Kindes, seine Lust und Befriedigung verbal hervorhebt und bejaht, sein Gesicht aber gleichzeitig Ekel, Angst oder Skepsis ausdrückt (z. B., wenn sich die Kinder irgendwelche Gegenstände in Vagina oder After stecken oder mit dem Finger darin herumbohren o. Ä. – die Eltern werden in solchen Situationen häufig auf Grund ihrer eigenen Problematik Abwehr oder Ekel empfinden, die mit der Angst, die Kinder könnten sich verletzen, rationalisiert werden)« (Berliner Kinderläden 1970, S. 104). Aus diesem Grund wurden die Erfahrungen individueller Sexualrepressionen in analytischen Gesprächsgruppen aufgedeckt und bearbeitet. Um den Erfolg der neuen Erziehungsmethode zu sichern, wurde alles darangesetzt, Fehlleistungen infolge eigener Abwehrmechanismen zu verhindern. Zunächst sollten die Erwachsenen ihre sexuellen Schwierigkeiten sowohl autobiographisch als auch gesamtgesellschaftlich aufarbeiten, um sie dann in einem nächsten Schritt kollektiv im politischen Kontext verarbeiten zu können, bevor sie schließlich in einem dritten Schritt ihre eigenen Fixierungen an die Kinder abbauen sollten (vgl. Seifert 1970, S. 161). Realisiert werden sollten diese Ansprüche in den Kinderläden und Kommunen, die die notwendigen Rahmenbedingungen anboten. Die Kinder könnten sich in den Kinderkollektiven von den Eltern als Autoritäts- aber auch Lustobjekten emanzipieren, die Eltern könnten ihre Fixierungen abbauen und in Gruppensitzungen mit den anderen Kommune- bzw. Kinderladenmitgliedern ihre sexuellen Probleme analysieren. Auch wenn diese Art der Gruppentherapie an die Belastungsgrenzen der Teilnehmenden ging, zeugt sie doch von einem bis dato unbekannten Ausmaß von Selbstreflexion. Diese kam aber nicht unbedingt den Kindern zugute. Der Anspruch, eigene Unterdrückungen zum Wohl der Kinder aufzudecken, erzeugte anscheinend einen so starken Leistungsdruck auf die Eltern, dass sich die Arbeit mehr auf die kollektive Analyse als auf die Kinder konzentrierte, die in der Kommune 2 gar als störend und belastend empfunden wurden (vgl. Kommune 2 1970). Diese neue Form der Protokollierung eigener Erziehungs- aber auch Analyseexperimente ist auch insofern neu, als gemäß der Parole »das Private ist politisch« sowohl die Privatsphäre der beteiligten Erwachsenen zerstört wurde als auch jene der Kinder, insbesondere der beiden in der Kommune lebenden (vgl. Herzog 2005, S. 204ff.). Durch die Dokumentation der sexuellen Aktivitäten der Kinder schienen die Kinderladenakteure der Behauptung Freuds, die Erwachsenen sähen die kindliche Sexualität absichtlich nicht, entgegenwirken zu wollen.

5. Grenzüberschreitungen

Der Druck auf die Eltern ist auch in jenen Momenten zu spüren, in denen über mögliche Grenzen des Auslebens kindlicher Sexualität diskutiert wurde. So wurde z. B. darüber diskutiert, ob Kinder den Koitus der Eltern beobachten dürfen oder ob dieser vor den Kindern geheim gehalten werden sollte. Auch wenn in diesem Punkt keine einheitliche Regel gefunden werden konnte, bestand Einigkeit darin, dass bei den Kindern nicht das Gefühl eines Ausschlusses erzeugt werden dürfe. Der Anspruch, das Private politisch zu denken, führt auch hier zur Zerstörung jeglichen

Anspruchs auf Intimität. Bei dieser Diskussion der Eltern werden etwaige Wünsche von Seiten der Eltern überhaupt nicht geäußert. Das Recht des Kindes auf weitestgehende Grenzenlosigkeit scheint wichtiger als das Bedürfnis der Eltern nach Privatsphäre. Diese Form der Vernichtung eigener Grenzen und Aufgabe eigener Bedürfnisse zum Wohle des Kindes fällt auch in einem anderen Protokoll auf. In diesem Bericht erzählt eine Erzieherin davon, dass einzelne Kinder anfingen, erst ihre Beine, später dann ihr Gesäß zu streicheln, und dieses Spiel so lange weiterführten, bis die Betreuerin »praktisch in der Unterhose« vor den Kindern stand. Die Situation schlägt um, als ein Kind beginnt, an den Kleidern herumzureißen und die Erzieherin unbedingt entblößen will. Obwohl sie offensichtlich ihren Spaß an dem Spiel verloren hat, wehrt sich die Frau erst, als der Junge an ihren Schamhaaren herumreißt. Doch auch diese Zurückweisung erfolgt nur zaghaft, da sie auch einen zweiten Versuch des Jungen zulässt (vgl. Bott 1971, S. 43f.). Erst eigener Schmerz kann offensichtlich ein Einschreiten vor dem eigenen Anspruch nach antiautoritärem Erziehen rechtfertigen.

Grenzüberschreitungen erfolgten auch in die andere Richtung. In einem Protokoll der Kommune 2 wurde von einer intimen Situation zwischen einem Erwachsenen und einem etwa vierjährigen Mädchen berichtet, das unbedingt den Körper des Mannes streicheln will und dabei auch dessen Penis bis zur Erektion streichelt. Schließlich möchte sie mit ihm kopulieren und lässt erst nach dem gescheiterten Versuch und der Erkenntnis »zu groß« von dieser Idee ab (vgl. Kommune 2 1971, S. 92). Reflektiert wird dieses Protokoll von der Kommune 2 als erfolgreiche Ausübung antiautoritärer Erziehung. Kinder, die ungehindert ihre sexuellen Interessen ausleben dürfen, kämen zwangsläufig auch in die Situation, sich erwachsene Sexualpartner auszusuchen, würden aber selbst realisieren, dass die Befriedigung genitaler Wünsche mit Erwachsenen unmöglich ist. »Dass die Kinder diese Erfahrung wirklich ausleben konnten, hatte zur Voraussetzung, dass die Erwachsenen nicht nur keine Verbote aussprachen, sondern ihre eigenen Hemmungen überwinden konnten. Die bewusst gemachte eigene Erfahrung wirkt für die Kinder als Antrieb, ihre genitale Sexualität realitätsgerechter mit Gleichaltrigen statt mit Erwachsenen zu befriedigen« (Kommune 2 1979, S. 93). Die erotische Dimension dieses Berichts wird weder von dem Beteiligten selbst noch retrospektiv von der Kommune angesprochen. Die Frage nach der Grenzüberschreitung und somit auch die Frage nach dem Tabu der Vermischung von kindlicher und erwachsener Sexualität wird nicht gestellt (vgl. Honig 2003, S. 189). Stattdessen wird eher betont, wie sinnvoll die Förderung kindlichen Neugierverhaltens gerade in Fragen der Sexualität sei und wie positiv sich hier das Kinderkollektiv auswirken könne, da sich ein Kind nach einer derartigen »Enttäuschung« gleichaltrige Sexualpartner suchen könne.

Obwohl die Frage nach dem Umgang in Situationen dieser Art durchaus im Rahmen der Kindergärten diskutiert wurde, scheint die Erfahrung der K 2 doch eher als singuläre Grenzüberschreitung einzustufen zu sein. Gerd Koenen verweist in diesem Zusammenhang darauf, dass die beiden Kommunekinder in einem solchen Maß traumatisiert waren, dass man ihre Verlustängste mit einer verstärkten erotischen und autoerotischen Stimulation zu kompensieren versuchte (Koenen 2001, S. 166).

Die Frage nach den Grenzen zwischen erwachsener und kindlicher Sexualität wurde im Anschluss jedoch auch in anderen Kinderläden gestellt. Dass in der Frankfurter Kinderschule diese Art von Erfahrungen nicht gesammelt wurde, führt Monika Seifert darauf zurück, dass sich die Kinder ihre Sexualpartner entweder im Kinderkollektiv suchten oder aber von der Verklemmtheit der Erwachsenen abgeschreckt wurden. Eine klare Grenzziehung findet aber auch hier nicht statt, stattdessen wird betont, dass »diese Fragen […] nur in permanenter Zusammenarbeit kollektiv gelöst werden« können (Seifert 1970, S. 162). Auch die Stimulierung der kindlichen Sexualität durch einen Erwachsenen wurde nicht thematisiert.

6. Wie befreit ist die kindliche Sexualität nach 68?

Seit dem Beginn der 60er-Jahre wurde die Bundesrepublik von sexuellen Liberalisierungstendenzen aus den USA erfasst, die sich sehr schnell in Film und Werbung widerspiegelten, aber auch in veränderten gesetzlichen Regelungen zur Pornographie oder auch in der Legalisierung der Homosexualität und der Abschaffung des Kuppeleiparagraphen. Kaum zu unterschätzen ist die Bedeutung, die die Erfindung der »Pille« in diesem Zusammenhang einnahm. Die Bewegung von 68 griff diese Befreiungstendenzen auf und radikalisierte sie. Besonders innovativ war hierbei die Konzentration auf die infantile Sexualität. Im Rückgriff auf die Psychoanalyse wurde dabei die Befreiung der kindlichen Sexualität als Voraussetzung für einen angestrebten Gesellschaftswandel betont. Kinder sollten nicht nur aufgeklärt werden, sondern auch in der Entdeckung ihrer Sexualität aktiv unterstützt werden. Auf der Suche nach Konzepten für die Sexualaufklärung wurden hier neue Wege eingeschlagen, aber auch Grenzen überschritten.

Im historischen Verlauf betrachtet, müssen diese Bemühungen der 68er als Zäsur in der Geschichte der Sexualaufklärung in der Bundesrepublik aufgefasst werden. Bis Mitte der 60er-Jahre wurde das Thema Sexualaufklärung sehr repressiv angegangen. Zwar tauchen vereinzelt Hinweise auf die psychosexuellen Entwicklungsstadien auf, aber das Höchstmaß an Verständnis war durch Ignorieren dieser Aktivitäten erreicht. Kindliche Onanie oder auch »Doktorspiele« sollten nur bis zu einem sehr begrenzten Rahmen toleriert werden; besser war es, wenn man die Kinder davon überzeugen konnte, derartige Spielereien doch zu unterlassen. Wenn auch im Anschluss an die 68er-Bewegung nicht von einer Rückkehr zu diesen repressiven Methoden gesprochen werden kann, sondern im Rahmen der Entwicklung pädagogischer Konzepte zur emanzipatorischen Sexualerziehung sogar gegenteilige Bestrebungen zu verzeichnen sind, fällt dennoch auf, dass das Kind in den meisten gegenwärtigen Aufklärungsschriften wieder in den Status von Unschuldigkeit zurückgehoben wird. Gerade durch die Erfahrungen der 68er, aber auch infolge der allgemeinen sexuellen Befreiung wurden Grenzen neu hinterfragt und neu festgeschrieben – insbesondere mit dem Ziel, Kinder zu schützen. Diese Tendenz verstärkte sich, als in den 80er-Jahren im Zuge der Konfrontation mit Aids die Sexualaufklärung wieder an Bedeutung gewann, und sie besteht bis heute. Der Gefahrensektor, der eine Aufklärung zwingend notwendig macht, ist seitdem um die Aspekte des sexuellen Missbrauchs, der Pornographie, aber auch durch die öffentliche Debatte um ungewollte Teenagerschwangerschaften angestiegen. Die Idee der Förderung des Auslebens infantiler Sexualität ist dabei beinahe verloren gegangen. Sexuelle Aufklärung dient in erster Linie dem Schutz des Kindes vor den negativen Seiten der Sexualität. Die Bemühungen der 68er, die kindliche Lustfähigkeit aktiv zu fördern, kann also als historischer Sonderweg betrachtet werden. Mit der Reinszenierung der kindlichen Unschuld ist das Prinzip der sexuellen Lust des Kindes der Abschreckung vor der dunklen Seite der Sexualität gewichen. Kinder sollen nicht primär befähigt werden, ihre Wünsche zu äußern, sondern sich zunächst einmal vor sexuellen Übergriffen zu schützen, indem sie einstweilen nicht lernen, »JA« zu sagen, sondern »NEIN«.

Peter Cloos

Die Neu-Entdeckung der frühen Kindheit?

Konjunkturen der frühkindlichen Bildung und Erziehung um 1968

Entdeckungen geschehen eher selten absichtslos und zufällig. Sie sind zumeist mit spezifischen Interessen verknüpft und sind daran gebunden, dass bestimmte Bedingungen erfüllt sind, damit die Entdeckung überhaupt geschehen kann. Und: Entdeckungen sind zumeist kein einmaliges Ereignis. Etwas, was entdeckt wird, muss auf verschiedene Weisen erschlossen werden, muss immer wieder neu entdeckt werden, bevor es annähernd ergründet ist. Erst durch Veröffentlichung und Verbreitung gewinnen Entdeckungen Bedeutung. Somit sind sie auch nicht davor gefeit, die Aura des Neuen zu verlieren und schon nach kurzer Zeit wieder aus dem Zentrum öffentlichen Interesses zu rücken. Und schließlich: Das Entdeckte wird als etwas Bestimmtes entdeckt; als ein besonderes Phänomen, das aus einer spezifischen Perspektive betrachtet wird.

Auch die frühe Kindheit wurde nicht an einem Tag entdeckt – zumal fraglich ist, ob geschichtlich überhaupt ein Ereignis, ein Jahr oder eine Person hierfür verantwortlich gemacht werden kann. Vielmehr lassen sich innerhalb der Erziehungswissenschaft und ihrer benachbarten Disziplinen wie auch in der politischen und medialen Öffentlichkeit Konjunkturen der (Neu-)Entdeckung der frühen Kindheit beobachten. Für die Pädagogik der frühen Kindheit gelten u. a. Friedrich Fröbel, Maria Montessori und die ReformpädagogInnen als ProtagonistInnen einer neu entdeckten frühen Kindheit. Aber auch die Bildungsreformen der späten 1960er und der frühen 1970er können als eine Phase betrachtet werden, in der die frühe Kindheit als Thema breites öffentliches Interesse erlangte. Deutlich zeigt sich aber auch, dass sich diese

Konjunkturen der (Neu-)Entdeckung der frühen Kindheit zumeist auch in Zeiten gesellschaftlicher Umbrüche vollziehen. Erst in Zeiten gesellschaftlicher »Krisen« – oder müsste besser gesagt werden: Krisenrhetoriken – können die Bildung und Erziehung in der frühen Kindheit aus ihrem Schattendasein heraustreten und finden in der politischen Arena, aber auch in der erziehungswissenschaftlichen Diskussion eine erhöhte Aufmerksamkeit. Gerade hier wird darum gerungen, welche Funktion der institutionellen frühkindlichen Bildung zugesprochen werden muss.

Zur Funktionsbestimmung des Kindergartens

Die Erziehungswissenschaft hat sich jenseits der benannten Konjunkturen mit Fragen der frühkindlichen Bildung insgesamt nur mäßig beschäftigt. Das mag auch daran liegen, dass hier – im Gegensatz zu anderen Teildisziplinen der Erziehungswissenschaft – die Ausbildung weitgehend nicht an der Hochschule, sondern an Fach- und Berufsfachschulen stattfindet. Im Hochschulsystem bestand also auch jenseits der wenigen genuin frühpädagogischen Lehrstühle und jenseits des Engagements einzelner Lehrender auch kein dezidiert formulierter Forschungsauftrag (vgl. Schmidt/Roßbach/Erning 2006; Fried/Roux 2006). Vielleicht auch gerade deshalb kann sogar im Fall der Frühpädagogik – möglicherweise viel stärker als bei anderen erziehungswissenschaftlichen Teildisziplinen – eine spezifische Abhängigkeit der Disziplin von öffentlichen Debatten und politischen Programmen festgestellt werden (vgl. Liegle 2006).

Interessant ist, dass sich im Sinne von Anselm Strauss (vgl. Strauss 1982) entlang diesen Konjunkturen frühkindlicher Bildung soziale Arenen um ihre gesellschaftliche Funktion zwischen öffentlicher und privater Verantwortung spannen. Der Begriff soziale Arena betont die Auseinandersetzung und das Diskursive als zentrales Moment des Alltaghandelns. Bezogen auf die frühkindliche Bildung bedeutet dies, dass von verschiedenen Seiten betont wird, der Kindergarten

- solle den Kindern einen Schonraum bewahren, der sie vor allzu früher und schädlicher Konfrontation mit den gesellschaftlichen Herausforderungen und Zumutungen schützen soll;
- solle demgegenüber den Kindern die grundlegenden Kompetenzen vermitteln, die sie benötigen, um im späteren Leben erfolgreich bestehen zu können;
- oder solle ihnen einen Raum anbieten, der sie befähigt, sich von den vorfindbaren gesellschaftlichen Verhältnissen zu emanzipieren.

Diese Funktionsbestimmungen werden ergänzt um die Frage, ob der frühkindlichen Bildung und Erziehung

- eher eine kompensatorische Aufgabe zugesprochen wird, sie also insbesondere familiäre Erziehungs- und Bildungsmissstände auszugleichen habe oder diesen präventiv entgegentreten solle,
- oder ob sie eher allgemein zu formulierende Erziehungs- und Bildungsziele zu verfolgen habe.

Dabei ist immer auch die Frage bedeutsam, in welches Verhältnis Bildung und Erziehung zueinander gesetzt werden sollen. Diese Funktionsbeschreibungen frühkindlicher Bildung und Erziehung werden jeweils kombiniert mit Feststellungen dazu, wie hier das Verhältnis von privater und öffentlicher Verantwortung zu gestalten ist, ob die frühkindliche Bildung und Erziehung

- eine eher öffentlich verantwortete, für alle Kinder zugängliche, tendenziell professionalisierte und qualitativ hochwertige, jedoch freiwillige Veranstaltung sein solle;
- oder als eine für alle Kinder verpflichtend zu besuchende, staatlich geregelte Maßnahme gefasst werden muss;
- bzw. als caritatives Angebot eine Nothilfemaßnahme darstellt, die eigentlich in und von der Familie verantwortet geschehen sollte;
- oder jenseits der öffentlichen Institutionen im Raum sozialer Bewegungen zu gestalten ist.

Die Konjunkturen der Neu-Entdeckung der frühen Kindheit richten ihr Interesse jedoch nicht allein auf die Kinder und ihre individuelle Entwicklung, sondern fragen aus ökonomischer und gesellschaftspolitischer Perspektive danach, inwieweit durch die institutionellen Angebote der frühkindlichen Bildung

- die ökonomischen und praktischen Lebensverhältnisse von Familien verbessert werden können, indem Frauen durch die gewährleistete Kinderbetreuung die Möglichkeit geboten wird, der finanziellen Notlage der Familie zu entfliehen;
- die Partizipationsmöglichkeiten von Frauen am gesellschaftlichen Leben verbessert werden können, weil Kinderbetreuung Frauen freisetzt und ermöglicht, z. B. Beruf, Familie und/oder politisches Engagement besser zu vereinbaren (vgl. Büchel/Spieß 2002);
- dazu beiträgt, die Wirtschaftskraft hinreichend zu sichern, weil qualitativ hochwertige frühkindliche Bildung insgesamt als nachhaltige Investition in Humankapital betrachtet wird (vgl. u. a. Kluge 2005)
- oder eine Demokratisierung oder Veränderung der Gesellschaft vorangetrieben werden kann.

Die Frage danach, in welcher Weise die 1968er-Bewegung die frühkindliche Bildung für sich entdeckt hat, ist unabhängig von der Betrachtung dieser Aushandlungsarenen um die Funktionsbestimmung des Kindergartens kaum zu beantworten. Aus diesem Grund wird im Folgenden – eher exemplarisch als systematisch – der erziehungswissenschaftliche Diskurs um den Kindergarten, um seine Funktion, Weiterentwicklung und Professionalisierung um 1968 anhand dreier Positionen verdeutlicht. Diese vergleichende Vorgehensweise ermöglicht, die Positionen der 68er zur frühkindlichen Bildung innerhalb der damaligen Diskussionszusammenhänge und die sozialen Auseinandersetzungsarenen um die Funktion des Kindergartens konturierter herauszuarbeiten.

Erika Hoffmann und die retardierende Funktion des Kindergartens

Erika Hoffmann war Fröbel-Forscherin und langjährige Leiterin des Fröbel-Seminars in Kassel. Sie hat zahlreiche Fröbel-Schriften herausgegeben und eigene Schriften zur Pädagogik des Kindergartens veröffentlicht. In den hier zitierten Aufsätzen »Die Bedeutung der Erziehung des Kleinkindes« von 1966 (vgl. Hoffmann 1968a) und »Frühkindliche Bildung und Schulanfang« von 1964 (vgl. Hoffmann 1968b) beschreibt sie die Grundzüge einer Kindergartenpädagogik in Ergänzung zur Familienerziehung und im Kontrast zur schulischen Bildung.

Ihre Thesen zur Bildung und Erziehung von Kindern entwickelt sie entlang der grundlegenden Theorie Friedrich Fröbels, auch in dem Sinne, dass sie diese um damalige entwicklungspsychologische Erkenntnisse ergänzt. Aufbauend auf der biologischen Theorie Portmanns, verweist Erika Hoffmann darauf, dass die menschliche Geburt eine Frühgeburt sei. Ähnlich wie bei Vogelarten, die als Nesthocker geboren werden und eine »aufopfernde Brutpflege benötigen«, geschehe beim Kleinkind im sozialen Mutterschoß »eine seelisch-geistige Formung, ehe das Kind sich mit Eigenkraft an die Eroberung der Umwelt mache« (Hoffmann 1968a, S. 18 f.). Die Eroberung der Umwelt und die Lösung von der »emotionalen seelischen Einheit mit der Mutter« (ebd., S. 23) geschehe genau in dem Alter, wenn das Kind mit drei Jahren in den Kindergarten eintritt. Hieraus leitet sie ab: »Seit 125 Jahren gibt es den Kindergarten (…) mit dem Auftrag, die Familienerziehung zu ergänzen. Es ist gemeint, dass auch die beste und die heilste Familie Werte solcher Ergänzung nötig habe. Die Einsicht, dass es so ist und sie deshalb nicht gekränkt zu sein braucht, setzt sich erst in unseren Jahren durch« (ebd., S. 18).

Neben dieser entwicklungspsychologisch begründeten Funktionsbeschreibung geht sie jedoch insgesamt von veränderten gesellschaftlichen und familiären Bedingungen des Aufwachsens von Kindern aus. So stellt sie fest: »Das Kind vor zweihundert Jahren im Raum der bäuerlichen und handwerklichen Welt brauchte vor der Schule keine bewusste pädagogische Zuwendung. Es gedieh in seiner Umwelt, die ihm sein zukünftiges Leben bildhaft spiegelte und in die es helfend hineinwuchs« (ebd., S. 28). In der heutigen Zeit fehle dem Kind jedoch diese Anschaulichkeit: Das Feuer im Ofen sei einem Heizungssystem gewichen wie die Kerzen dem elektrischen, Licht. So sei das Funktionieren der Glühlampe für die Kinder nicht mehr nachvollziehbar. Ähnlich sei dies auch in anderen Lebensbereichen der Kinder: Die sich aus der Situation selbst ergebende Autorität des Vaters sei nicht mehr gegeben. Die Kinder seien auf der Straße mit älteren Kindergruppen konfrontiert, die ihnen nicht die Gelegenheit böten, sich altersgemäß einzuordnen.

Im Gegensatz hierzu ist die frühe Kindheit für Erika Hoffmann »die Zeit der vorrationalen Bewältigung der Welt durch ein Erleben und Erfahren, das noch nicht in Begriffen begreift, sondern Dingliches mit den Händen greifen muss und so Material anhäufen für ein späteres Begriffebilden in der nächsten Stufe« (ebd., S. 30). Eine Welt, in der bildliche Erfahrung nicht mehr unmittelbar gegeben, in der der Haushalt mit für das kindliche Verstehen ungeeigneten Maschinen angefüllt sei, beschleunige die kindliche Entwicklung. So schlussfolgert Erika Hoffmann, dass Kinder zwischen drei und sechs Jahren einen pädagogischen Schonraum benötigen, der ihnen Möglichkeiten für diese unmittelbaren Erfahrungen bietet. Dieser Raum müsse der Beschleunigung »retardierend entgegenwirken« (ebd., S. 30). Hinzu komme – so Erika Hoffmann –, dass die moderne Gesellschaft durch nebeneinander herlebende Kleinfamilien mit Kann-Beziehungen zu anderen Familien geprägt sei und nicht mehr durch den dörflichen Verband. Somit würden den Kindern kaum mehr die Möglichkeiten einer altershomogenen Spielgemeinschaft geboten werden. Diese müsse nun – so Erika Hoffmann – durch den Kindergarten hergestellt werden.

Auf die Frage, welche Bedeutung nun die frühe Kindheit habe, kommt sie zu dem Schluss: »Es ist die Zeit des Anfangs, die voll genutzt werden muss, um die richtigen Konturen des Menschseins anzulegen. Im begrenzten Raum die Freiheit gebrauchen zu lernen, das muss hier sinnenfällig erlebt werden. Im tätigen Schaffen erlebt der kleine Mensch seine Fähigkeit, Erlebnisse durch Bildgestalt zu ordnen – und diese Fähigkeit müssen wir erwecken, indem wir der kindlichen Ordnung Raum geben durch Bildung und Gestalt« (ebd., S. 32 f.). Der Kindergarten hat damit die Funktion, den gesellschaftlich vorgegebenen Beschleunigungen der kindlichen Entwicklung retardierend entgegenzuwirken, indem er einen Erfahrungsraum anbietet, in dem das Kind in tätiger Auseinandersetzung mit der Welt grundlegende Erfahrungen machen kann. Auch wenn sie – eher in einem Nebensatz – formuliert, dass der Kindergarten keine »museale Welt« darstellen solle und Kinder hier auch Erfahrungen mit elektrischen Geräten machen sollten – »andernfalls käme es in dieser Welt der Hebel und Schrauben und elektrischen Kontakte zu Schaden« (ebd., S. 32) –, solle der Kindergarten doch dem Kinde »rücklaufende Erfahrungen vermitteln, die ihm ein Hantieren nach seiner Art ermöglichen und es handgreiflich in die Grundgesetze der Welt einführen« (ebd.). Kleine Kinder sollten somit im Kindergarten noch kleine Kinder sein dürfen. Der Kindergarten habe deshalb gegen das »zu früh angepasste rationale Umgehen mit den Dingen der Welt ein Gegengewicht« zu bieten (Hoffmann 1968b, S. 348).

Andreas Flitner: Der Reichtum des kindlichen Lernens und der freie Raum unbeschwerter kindlicher Entfaltung

Seit ca. Mitte der 1960er-Jahre spitzte sich in der Bundesrepublik eine bildungspolitische Debatte zu, die eine Neubestimmung der frühkindlichen Bildung und eine Abkehr von Positionen forderte, wie sie von Erika Hoffmann und anderen vertreten wurden. Diese Debatte stand in engem Zusammenhang mit dem ökonomischen Aufschwung und den damit veränderten Anforderungen an die Bildung und Qualifikation der Bevölkerung in der westlichen Welt. Hierauf bezogen wurden der Bundesrepublik im internationalen Vergleich nur schlechte Prognosen attestiert. Angesichts der »Bildungskatastrophe« (vgl. Picht 1964) wurde das gesamte

Bildungssystem unter die Lupe genommen. »Früherziehung wurde für wenige Jahre zu einem Topthema der Bildungspolitik, von der Reform des Kindergartens schien die Zukunft des deutschen Bildungswesens und damit nichts weniger als die Zukunft der Bundesrepublik als weltweit konkurrenzfähiger Industrienation abzuhängen«, stellt Franz-Michael Konrad (2004) vierzig Jahre später fest. Hier wurde dem Postulat gefolgt, dass eine möglichst frühe Förderung sich positiv auf die Entwicklung der Kinder auswirke. Die frühe Kindheit wurde somit als zentrale Phase der Entwicklung im Lebenslauf eines Menschen (neu) entdeckt – auch wenn fast die gesamten Klassiker und Referenztheorien der Pädagogik der frühen Kindheit die große Bedeutung der frühen Kindheit unlängst beschrieben haben. Zentral war hier erstens die Frage, wie stark die auf die frühe Kindheit bezogenen Bildungsziele die kindlichen Entwicklungsstufen oder die gesellschaftlichen Anforderungen als Maßstab nehmen sollten. Zweitens wurde in diesem Zusammenhang zentral verhandelt, in welchem institutionellen Setting, mit welchen Methoden und Verfahren und wie systematisch und wie stark angeleitet die frühe Förderung geschehen solle.

In dieser Auseinandersetzung um Gestalt und Funktion der frühkindlichen Bildung stand der Streit um die so genannten Vorschulkinder im Zentrum. Hier wurde die Frage gestellt, inwieweit der Kindergarten die Kinder hinreichend auf die schulischen Anforderungen vorbereiten könne. Andreas Flitner, seit 1958 Professor für Pädagogik an der Universität Tübingen, veröffentlichte 1967 in der Zeitschrift für Pädagogik den Aufsatz »Der Streit um die Vorschulerziehung« (vgl. Flitner 1968) und nahm damit auch direkt Bezug auf Erika Hoffmann. Seiner Analyse vorgeschaltet vertritt er die These, dass die Erziehung der frühen Kindheit im internationalen und im deutschen Raum »stark in den Vordergrund getreten« sei (Flitner 1968, S. 364). Ohne dass er zunächst auf die Auswirkungen der politischen Debatten um die frühkindliche Bildung eingeht, begründet er dieses neuerliche Interesse mit den Fortschritten der Entwicklungspsychologie. Diese habe sich, kurz gefasst, von einem Entwicklungsmodell »eines intern gesteuerten, im ganzen festliegenden Ablaufs von Entwicklungsschritten« (ebd., S. 365) verabschiedet – ein Modell, wie es noch bei Erika Hoffmann zu finden ist und zur Begründung eines eigenständigen Bildungsauftrages des Kindergartens gegenüber der Schule und der Familie herangezogen wird. Auch wenn dieses Entwicklungsmodell – so Flitner – davon ausgegangen sei, dass Entwicklung »von der Umwelt ermöglicht und realisiert« werde, beschreibe es sie vor allen Dingen »in strenger Analogie zu biologischen Wachstums-, Differenzierungs- und Reifungsprozessen« (ebd.). In der Debatte um die Vorschulkinder sei der veränderte Blick auf die frühkindliche Bildung vor allen Dingen auf die These von der »Milieubedingtheit und Plastizität der kindlichen Entwicklung und ihrer Bedeutung für den ganzen späteren Entwicklungsverlauf« zurückzuführen (vgl. ebd., S. 367). In diesem Zusammenhang wurde – so Andreas Flitner – insbesondere auch die Annahme der konstanten Intelligenz weitgehend in Frage gestellt. Wurde bis dahin weitgehend an die Konstanz des Intelligenzquotienten im Laufe der Entwicklung geglaubt, untermauerten Studien, dass »etwa 50 % der Intelligenzentwicklung, bezogen auf den Stand eines 17-Jährigen, sich in den ersten vier Lebensjahren vollziehen« (ebd., S. 366).

Auslöser dieser Debatte um die angemessene Förderung der Kinder durch Vorschulerziehung waren jedoch weniger die neueren Forschungsergebnisse als vielmehr die US-amerikanische Diskussion um die Wirtschafts- und Innovationskraft des Landes angesichts sozialer Benachteiligung weiter Bevölkerungsteile. So rückten das benachteiligte Kind, die Potentiale der Förderung und Erziehung in das politische, pädagogische und wissenschaftliche Interesse. Insbesondere in den USA folgte eine nie gekannte Anzahl an Forschungen zu diesem Thema. Von großem Interesse waren dabei spezifische Programme zur Förderung der kindlichen Entwicklung und zum Abbau von Benachteiligungen. Insbesondere das Projekt »Head-Start« – übersetzt: Guter Anfang – zur Förderung von Kindern zwischen fünf und sechs Jahren, »mit dessen Hilfe erzieherische und gesundheitliche Vernachlässigungen geprüft und ausgeglichen, die Eltern pädagogisch angesprochen und vor allem die Kinder durch ein kurzes Spiel- und Förderungsprogramm der Schulreife nähergebracht werden sollen« (ebd., S. 368), erzielte eine beachtliche Aufmerksamkeit und Anerkennung.

Andreas Flitner argumentiert nun – ohne auf Erika Hoffmann an dieser Stelle direkt Bezug zu nehmen –, dass auch das »Kindsein keine feste Größe« (ebd., S. 370) sei, und verweist dabei auf die »Geschichtlichkeit der moralischen Entscheidung, die jeder Erziehungskonzeption letztlich zu Grunde« läge (ebd.). Die Entscheidung für eine eher stimulierende und verfrühende oder eine nachgehende und behütende Pädagogik müsse jedoch in dem Sinne empirisch fundiert sein, dass sie sich immer auf das *gesamte* Spektrum der vorliegenden Forschungsergebnisse beziehe. Grundlegend zeigten die Forschungsergebnisse, dass die elterliche Einstellung, die Förderung des kindlichen Spiels und die Sozialerziehung bedeutenden Einfluss auf die kindliche Entwicklung hätten. Gleichzeitig hebt er hervor, dass »das kulturelle und intellektuelle Niveau der Kinder mit der Ausbildung ihrer Sprache zusammenhängt« (ebd., S. 374). Einer generellen Leseförderung im Vorschulalter durch Trainings steht Andreas Flitner eher skeptisch gegenüber. So schlägt er vor, den vermeintlichen Gegensatz zwischen einer frühen Förderung und einer nachgehenden Pädagogik dialektisch zu lösen, mit anderen Worten: Auf der einen Seite müsste der frühen Förderung im Vorschulalter eine viel größere Aufmerksamkeit zukommen, zumal tatsächlich versäumt worden sei, die vorhandenen Potentiale der Kinder zu fördern und soziale Benachteiligungen auszugleichen. Auf der anderen Seite zeige die Forschung, dass »ein gewisses Maß von Ausgliederung des Kindes aus der Erwachsenenwelt unumgänglich« sei (ebd., S. 382). So kommt er zu dem Schluss: »Dabei gilt es nicht nur die Möglichkeit und den Reichtum des kindlichen Lernens zu überdenken, sondern vor allem auch den freien Raum unbeschwerter kindlicher Entfaltung und Selbstbetätigung zu sichern« (vgl. ebd., S. 382).

Reinhart Wolff: Ich-Stärkung und Erziehung zum Klassenkampf

Die heute vorliegenden Texte, Dokumente und Protokolle der antiautoritären Erziehungsbewegung nehmen trotz der zeitlichen Nähe kaum Bezug auf die Debatte um eine eher retardierende oder fördernde Funktion des Kindergartens. Dies mag auch damit zusammenhängen, dass die Bewegung sehr stark mit der Entwicklung neuer Konzepte, der (Wieder-)Entdeckung von Autoren wie z. B. Sigmund Freud, Wilhelm Reich und Karl Marx und mit der Ausarbeitung und Umsetzung der neu entstandenen Ideen beschäftigt war. Mehr mag jedoch zu Buche geschlagen haben, dass der Kinderladenbewegung Konzepte wie die von Erika Hoffmann als zu rückwärtsgewandt und zu nah an jene institutionalisierte Kindergartenpädagogik angelehnt waren, der die Bewegung den »Kampf« angesagt hatte. Einer der wenigen Autoren, die die Debatte um die Vorschulkinder und eine stärkere Förderung der Kinder im Vorschulalter aufgriff, war Reinhart Wolff. In seiner Rede auf dem 4. Deutschen Jugendhilfetag in Nürnberg 1970 setzt er sich kritisch mit der bisherigen Entwicklung der antiautoritären Bewegung auseinander. Er entwickelt in Abgrenzung gegenüber den »begrenzt gültigen antiautoritären Erziehungsexperimente(n)« (Wolff 1972, S. 210) eine antiautoritäre Erziehung als *»Klassenkampf im Erziehungs- und Ausbildungssektor«* (ebd., i. O. kursiv). Dabei verweist er auf Siegfried Bernfeld, der die Erziehung als Summe der Reaktionen einer Gesellschaft auf die Entwicklungstatsache bezeichnet hat. In diesem Sinne sei die öffentliche Aufmerksamkeit für die frühkindliche Bildung der »Reflex auf die Schwierigkeiten des westdeutschen Kapitalismus, ohne nennenswerte Investitionen im Ausbildungssektor weiterhin die Entwicklung des Produktionsprozesses auf einer Ebene entfalteter Technologie zu garantieren« (ebd., S. 204). Er kommt zu dem Schluss: »Ohne bessere Arbeiter, die länger und besser ausgebildet sind, als dies bislang üblich war, wird der westdeutsche Kapitalismus langfristig nicht konkurrieren können« (ebd.). In diesem Sinne deutet er auch Vorschulreformvorschläge zumeist als technokratische Leistungskonzeptionen, »die zugleich der politischen Anpassung ans System das Wort reden« (ebd., S. 205). Somit hätte auch ein Wandel in der Bewertung der Bedeutung der Familie als zentrale Instanz für die frühkindliche Erziehung stattgefunden. Die damit verbundene gleichzeitige Höherbewertung der institutionellen Vorschulerziehung würde jedoch mit der Gefahr einhergehen, dass diese »zu einem Instrument der Disziplinierung in der Hand des Bürgertums und nicht der Emanzipation der Arbeiterklasse wird« (ebd.).

Antiautoritäre Erziehung entziehe sich jedoch diesen Verwertungsinteressen, weil sie »individuelles wie kollektives Glück, Realitätstüchtigkeit und Widerstandfähigkeit gegen Herrschaft und Ausbeutung über die physische, psychische wie intellektuelle Befriedigung und Entfaltung des Kindes erreichen will«.

So radikal seine Kritik an den politisch-ökonomischen Zusammenhängen zwischen Gesellschaft und Vorschulerziehung auch ist, korrespondieren seine von ihm nachfolgend erläuterten Prinzipien durchaus mit den oben beschriebenen Diskursen um die Funktion des Kindergartens. Die Aufgabe antiautoritärer Erziehung wird hier zwar nicht als retardierend beschrieben. Jedoch lassen sich durchaus Parallelen zu Erika Hoffmann entdecken – wenngleich beide Konzepte auf unterschiedlichen Gesellschaftsbeschreibungen basieren und mit unterschiedlichen Zielen verbunden sind. Beide konzipieren frühkindliche Bildung und Erziehung als einen Schonraum, der die Kinder vor allzu früher und schädlicher Konfrontation mit den gesellschaftlichen Zumutungen schützen soll. So geht Wolff gegen eine Verinnerlichung der herrschenden, neuen Leistungstechniken an. Eine antiautoritären Erziehung sei in diesem Sinne »Ich-Pädagogik, die (...) dem Kind Befriedigung seiner Bedürfnisse« ermögliche (ebd., S. 207, vgl. auch Nyssen 1972, S. 215). Im Gegensatz zu den von ihm kritisierten antiautoritären Erziehungsexperimenten ergänzt er eine psychoanalytisch begründete Betonung der Erziehung als Schonraum um die These, dass sie versuche, »realitätstüchtige Abwehrformen gegen Triebe und Umwelt zugleich (...) zu vermitteln« (ebd.). Dies bedeutet nichts anderes, als dass in diesem Schonraum weniger dem Lernen und der Bildung eine besondere

Gewichtung, sondern vielmehr der Erziehungsaufgabe eine besondere Bedeutung zugeschrieben wird. Jenseits einer »Strategie herrschaftlicher Unterwerfung« habe antiautoritäre Erziehung eben die »Sicherung, Beeinflussung und Veränderung« des Kindes im Blick (ebd.).

Freilich reicht Reinhart Wolff dies noch nicht aus, um die antiautoritäre Erziehung auch als eine sozialistische Praxis zu begründen. Diese würde erst Bedeutung erlangen, »wenn sie die Grenzen, die ihr die Klassengesellschaft setzt, angeht, wenn sie eine Erziehung proletarischer Kinder zum Klassenkampf wird« (ebd., S. 209). Sie habe deshalb die Bedingungen der heutigen Erziehung und damit auch die Klassengesellschaft zu skandalisieren und anzugreifen. Sie habe die Erziehung der Erzieher zum Ziel. Diese müssten sich als »Quelle systematischer Gefährdung des Erziehungsprozesses« (ebd.) erkennen und sich im Marxismus, in der Psychoanalyse und der kritischen Erziehungswissenschaft schulen (ebd., S. 210). Dem übergeordnet ist das Ziel, dass die Arbeiterkinder die bürgerliche, sie unterdrückende Gesellschaft aufhörten zu lieben, ihre soziale Lage erkennen und hierdurch ausgelöst den revolutionären Kampf aufnehmen.

Reinhart Wolff folgt damit aber nur bedingt den Konzeptionen einer sozialistischen bzw. proletarischen Erziehung, wie sie z.B. von E. Hoernle (1969) entwickelt wurde. Diese geht davon aus, die Proletarierkinder in ihrer sozialen Misere zu belassen, um die Bewusstwerdung der Misere zu ermöglichen und hierdurch zum politischen Kampf zu motivieren. Wolff – darauf verweist Friedhelm Nyssen (1972, S. 215) – geht davon aus, dass das proletarische Kind, »zunächst die Gelegenheit bekommen muss, zum Bewusstsein seines individuellen Eigenwerts zu gelangen«. Erst dann könne es zum Klassenbewusstsein gelangen. Weil nicht angenommen werden kann, dass die »im Produktionsprozess verbrauchten Proletariereltern« (ebd.) dieses Bewusstsein beim Kinde hervorbringen können, ist antiautoritäre und sozialistische Erziehung zugleich emanzipatorisch und kompensatorisch angelegt. Wie stark die antiautoritäre Erziehung jedoch kompensatorisch die Defizite des Arbeiterkindes auszugleichen habe oder wie stark solch ein

Ansinnen eine bürgerliche Sicht auf die proletarische Erziehung spiegle, war freilich umstritten.

Soziale Arenen frühkindlicher Bildung gestern und heute

Die Zeit um 1968 kann sicherlich als eine Phase angesehen werden, in der die gesellschaftliche Bedeutung der frühkindlichen Bildung und Erziehung und die Funktion der institutionellen Betreuung neu ausgelotet wurden. Um dies aufzeigen zu können, wurden hier exemplarisch drei AutorInnen ausgewählt, die als »Kontrastfälle« drei unterschiedliche »Typen« und Positionen innerhalb der sozialen Welt der wissenschaftlichen Beschäftigung mit frühkindlicher Bildung vertreten.

Als soziale Welten können wissenschaftliche Fachdisziplinen, Regierungen usw. angesehen werden. Die Akteure in den sozialen Welten teilen bestimmte Aktivitäten, Formen der Arbeitsteilung, Technologien, Ziele und Werte. Soziale Arenen sind als Pendant von sozialen Welten konzipiert. Sie beschreiben den Wandel in sozialen Welten: »Arenas can serve as a microscope for arriving at a clearer understanding how social worlds change – in what ways and directions – and how their members experience that change too. (…) In that sense, arenas are central to an understanding of ›social order‹« (Strauss 1993, S. 242). Soziale Arenen – »as whirlpools of argumentative action« (Strauss 1993, S 227) – entstehen entlang bestimmten Themen und Problemen, über die sich die Mitglieder in sozialen Welten nicht einigen können. Dabei wird jedoch nicht davon ausgegangen, dass diese sozialen Welten und Arenen getrennt voneinander existieren. Vielmehr werden die Verbindungslinien, Interaktionen und Diskussionsstränge zwischen ihnen zum Gegenstand der Analyse.

So lassen sich für die Zeit um 1968 auch die Verbindungs- und Diskurslinien zwischen den drei hier dargestellten Positionen entdecken. Nur oberflächlich erscheinen sie als voneinander losgelöste Positionen. Vielmehr lässt sich beobachten, dass hier Themen behandelt werden, die erstens ganz allgemeine erziehungswissenschaftliche Fragen berühren und zweitens konstitutiv für das Feld institutioneller frühkindlicher Bildung sind. Im »whirlpool of argumentative action« werden sie nur neu gemischt, konturiert und akzentuiert und ermöglichen somit die Veränderung der Kontur bisheriger sozialer Welten.

Allen drei Positionen ist gemeinsam, dass sie die institutionelle frühkindliche Bildung und Erziehung im Rahmen eines Schonraumes konzipieren. Der Schonraum wird jedoch auf je unterschiedliche Weise akzentuiert: Erika Hoffmann führt die innere Logik der kindlichen Entwicklung gegen den gesellschaftlichen Fortschritt ins Felde. Andreas Flitner hebt, den kindlichen Schonraum beachtend, zusätzlich die Bedeutung des neu entdeckten Reichtums des kindlichen Lernens und einer kompensatorischen Erziehung hervor. Reinhart Wolff strebt jedoch eine Erziehung an, die auf Basis der Ich-Stärkung und der »Erziehung der Erzieher« dem Kind ermöglichen soll, sich von den gesellschaftlichen Verhältnissen zu emanzipieren.

Alle drei Positionen gehen also auch davon aus, dass institutionelle Bildung und Erziehung in früher Kindheit notwendig ist, und zwar in Gestalt eines Raumes, der die kindlichen Bedürfnisse in den Mittelpunkt stellt und so ein Gegengewicht zu gesellschaftlichen Herausforderungen und Zumutungen institutionalisiert. So hebt Andreas Flitner hervor: »Das Kind hat nicht nur ein Anrecht auf gute Bildung, sondern auf eine druckfreie, seiner Eigentümlichkeit und seiner Altersstufe entsprechende Entfaltung« (Flitner 1972, S. 382). Damit grenzen sich auch alle drei AutorInnen gegenüber Positionen ab, die – ausgehend von einem eher traditionellen Modell geschlechtsspezifischer Arbeitsteilung – die Bewahrung eines kindlichen Schonraumes der Familie, das heißt hier vorwiegend den Müttern, überantworten. Kindliche Bildung und Erziehung werden hier als notwendig familienergänzende Maßnahme konzipiert. Dabei wird gleichzeitig in Frage gestellt, ob die Familie den für die Kinder als notwendig erachteten Schonraum ausreichend gewährleisten könne – ohne dass hier damit gleichzeitig auch die frauenpolitischen Komponenten eines veränderten Verhältnisses Familie und Kinderbetreuung reflektiert werden (vgl. Baader 2008). Die Beantwortung der Frage, welchen gesellschaftlichen Herausforderungen und Zumutungen nun ausgleichend entgegengetreten werden soll und wo Bildung und Förderung als familienergänzende Maßnahme ihren Schwerpunkt legen sollen, ist dabei jedoch abhängig von der jeweiligen gesellschaftspolitischen Analyse und damit von der jeweiligen Position der AutorInnen innerhalb der sozialen Arena: Soll der Kindergarten seinen Schwerpunkt auf die Ich-Stärkung, auf die Ermöglichung von unmittelbarer Erfahrung oder auf die Förderung von grundlegenden Kompetenzen legen, die das Kind benötigt, um den späteren Bildungsverlauf zu meistern?

Konzeptionen frühkindlicher Bildung und Erziehung haben notwendigerweise die hier aufgezeigten Positionen zwischen kindlichen Bedürfnissen und gesellschaftlichen Herausforderungen, zwischen allgemeiner Bildung und Kompensation zwischen gesellschaftlicher Reproduktion und Fortentwicklung und damit auch die Frage nach ihrem Verhältnis zur Familie zu bearbeiten. Sinnvoll erscheint es – und darauf verweist Andreas Flitner –, dies nicht als unversöhnliche, kaum vermittelbare Positionen zu kennzeichnen, sondern sie in einem dialektischen Verhältnis als Spannungsverhältnisse zu konzipieren, die frühkindliche Bildung und Erziehung grundsätzlich zu bearbeiten haben. Ausgangspunkt der Überlegungen müssen jedoch immer das Kind und seine Familie sein und damit auch die gesellschaftlichen Verhältnisse, in denen kindliche Entwicklung möglich ist.

Die hier aufgezeigten Diskurslinien durchziehen bis heute die Diskussion um die Funktion der Kindertagesbetreuung. Dabei wird in den sozialen Aushandlungsarenen die eine Position gegen die andere ausgespielt: Der Kindergarten werde nun endlich als Bildungseinrichtung anerkannt, er habe die frühe Förderung zu sehr vernachlässigt, er habe einen eigenständigen Bildungsauftrag, der nicht mit vorschulischer Bildung zu verwechseln sei, und er müsse zuallererst Ich-Stärkung betreiben.

Zumindest besteht mittlerweile weitgehend Konsens darüber, dass Kindertageseinrichtungen als Erziehungs-, Bildungs- *und* Betreuungseinrichtungen für alle Kinder zu gelten haben. Statistisch ausgewiesen ist, dass der Kindergarten die erste öffentliche Einrichtung ist, in die (fast) alle Kinder für immer mehr Stunden am Tag gehen. Die Rede vom 3- bis 6-jährigen Kind als Kindergartenkind belegt diese »Normalität«. Konkret findet diese Normalität ihren Ausdruck in einer zwar langsamen, jedoch stetig wachsenden Versorgungsquote. In Zahlen: Während 1965 für hundert Kinder im Kindergartenalter in der Bundesrepublik ca. 28 Plätze angeboten wurden, hat sich diese Quote 2002 auf 92 Plätze pro hundert Kinder in Westdeutschland erhöht (vgl. DJI 2005). 2006 liegt die Inanspruchnahme eines Kindergartenplatzes in diesem Alter bei 86,5 % (vgl. DJI 2008).

Damit hat sich die Normalisierung des Kindergartenbesuchs im Lebenslauf eines Kindes, wie sie Friedrich Fröbel anvisierte und später Erika Hoffmann und Andreas Flitner anstrebten, erst heute realisiert. Eine Nothilfemaßnahme stellt er damit heute nicht mehr dar. Jenseits der Frage danach, ob er ein allgemeines Angebot für alle Kinder und ein kompensatorisches Angebot für nur einen Teil der Kinder sein solle, hat sich die Pädagogik der frühen Kindheit in der Nachfolge der PISA-Debatte ähnlichen Fragen zu stellen wie vor vierzig Jahren. Im Unterschied zu damals kann sie dabei jedoch insgesamt auf eine größere Vielfalt an Forschungsergebnissen zurückgreifen. Damals wie heute bleibt es weiterhin problematisch, dass diese Ergebnisse im Rahmen der Aushandlungsarenen um die frühkindliche Bildung immer wieder eher strategisch als systematisch herangezogen werden, um entweder die eine oder die andere Seite stärker zu betonen. So stellen die international vergleichenden Leistungstests mit ihrem begrenzten Fokus auf einzelne Kompetenzbereiche nur eine Bezugsgröße dar, auf die sich die Pädagogik der frühen Kindheit beziehen kann. Wie Andreas Flitner 1968 angemahnt hat und Rainer Dollase (2007) vierzig Jahre später kritisch einbringt, ist die Vielfalt der teils unterschiedlichen Forschungsergebnisse im Rahmen der Entscheidung, welche Richtung eine institutionelle vorschulische Betreuung von Kindern einzuschlagen hat, zu berücksichtigen. So stellt Andreas Flitner (1968, S. 380) vollkommen richtig fest: »Man kann für die stärkere Betonung der einen Seite plädieren und das Gewicht neuerer Entdeckungen für sie geltend machen, nicht aber vorgeben, dass die wissenschaftlichen Argumente nur in dieser Richtung sprächen.«

Ausdruck dieser unausgewogenen Auslegung der Forschungsergebnisse ist, dass am Anfang des 21. Jahrhunderts nun wieder von der Entdeckung der Potentiale der frühen Kindheit gesprochen wird. Richtig ist, dass die frühkindliche Bildung öffentlich und wissenschaftlich nach den Jahren um 1968 und nach den Bildungsreformen der 1970er kaum mehr in den öffentlichen Debatten zum Thema wurde. Eine Neuentdeckung der frühen Kindheit drängte sich nach fast dreißig Jahren wieder auf. Damals wie heute war sie jedoch weniger eine erziehungswissenschaftliche als eine politische und ökonomische (Wieder-)Entdeckung. Wesentlich ist dabei das Argument, dass nichts weniger als die wirtschaftliche Fortentwicklung des Landes von den »Investitionen« in die frühe Bildung abhänge.

Im Rahmen dieses neuerlichen Interesses für die frühkindliche Bildung wird erneut gefragt, ob der Kindergarten seinem Anspruch, eine Bildungseinrichtung zu sein, genügend nachkomme. Diskutiert wird, inwieweit er lebensweltliche Defizite einzelner Kinder auszugleichen und sich eine Praxis der Kindergartenpädagogik an den zukünftig erwartbaren Kompetenzen einer sich fortentwickelnden Gesellschaft auszurichten habe. Auch wenn Klassenkampf und revolutionäre Praxis im Rahmen der Diskussion der frühkindlichen Bildung und Erziehung kaum mehr eine Rolle spielen, so hat die 1968er-Bewegung doch darauf aufmerksam gemacht, dass sich die Pädagogik der frühen Kindheit darüber hinaus weiter die Frage zu stellen hat, inwieweit ihre Konzepte einen Beitrag zur gesellschaftlichen Weiterentwicklung liefern können. Und sie hat noch einmal konsequent darauf hingewiesen, dass eine Pädagogik der Ich-Stärkung hierfür grundlegende Voraussetzung ist.

Die in den Bundesländern vorgelegten Orientierungsrahmen und Pläne für die frühkindliche Bildung und die damit verbundenen Diskussionen zeigen noch einmal deutlich auf, in welchen Spannungsfeldern sich eine frühkindliche Bildung vollzieht. Insgesamt stellen sie jedoch Versuche dar, zwischen den sozialen Aushandlungsarenen die bestehenden Spannungsfelder auszubalancieren. So heißt es in dem von der Jugend- und Kultusministerkonferenz gemeinsam verabschiedeten »Gemeinsamen Rahmen der Länder für die frühe Bildung in Kindertageseinrichtungen«: »Der Bildungsprozess des Kindes umfasst alle Aspekte seiner Persönlichkeit« (JMK/KMK 2004, S. 2). So wird dann ausgeführt: »Der Schwerpunkt des Bildungsauftrags der Kindertageseinrichtungen liegt in der frühzeitigen Stärkung individueller Kompetenzen und Lerndispositionen, der Erweiterung, Unterstützung sowie Herausforderung des kindlichen Forscherdranges, in der Werteerziehung, in der Förderung, das Lernen zu lernen, und in der Weltaneignung in sozialen Kontexten« (ebd.). Auch wenn der gemeinsame Rahmen anerkennt, dass für Kindertageseinrichtungen, bildende, erzieherische und betreuende Aspekte nur gemeinsam zur Geltung kommen können, wird hier der Schwerpunkt auf »die Konkretisierung und qualifizierte Umsetzung des Bildungsauftrags gelegt« (ebd., S. 3). In den nachfolgenden Ausführungen kann jedoch die Differenz zwischen Erziehungs-, Bildungs- und Betreuungsaufgaben kaum aufrechterhalten werden. Mit anderen Worten: Die frühkindliche Bildung und Erziehung haben ihre unterschiedlichen Anforderungen, die Spannungsfelder, in denen sie sich bewegen, stets auszubalancieren. In den Zeiten besonderer gesellschaftlicher Aufmerksamkeit stehen sie stets in Gefahr, die eine Aufgabe gegenüber den anderen Aufgaben auszuspielen. Dies war 1968 nicht anders als heute.

Schule/Hochschule

Oskar Negt

Schule als Erfahrungsprozess? Gesellschaftliche Aspekte des Glocksee-Projekts

Einleitung: Die Glocksee-Schule – Geschichte und Konzept einer Schulgründung.

Die Glocksee-Schule in Hannover ist eine heute noch existierende staatliche Angebotsschule von der 1. bis zur 10. Klasse. Ihre Gründung im Jahre 1972 ging unmittelbar auf die antiautoritäre Bewegung zurück. Damit gehört diese Schule, die als »Grundschulversuch Glocksee« begann, zu denjenigen pädagogischen Projekten, die aus den antiautoritären Aufbrüchen um 1968 hervorgingen und bis heute Bestand haben. Heute ist die Schule eine einzügige Gesamtschule. Die Veränderungsprozesse im Konzept der Schule, die sich seither vollzogen haben, reagierten auf den gesellschaftlichen Wandel seit den 70er-Jahren, insbesondere auf die veränderten Bedingungen des Aufwachsens von Kindern (Köhler/Krammling-Jöhrens 2000). Schule grundsätzlich als Institution im Wandel zu verstehen ergibt sich aus einem Ansatz, der »Schule als Erfahrungsprozess« denkt. Diesen erläutert Oskar Negt, der maßgeblich an der Schulgründung beteiligt war, in einem Text aus dem Jahre 1975, den wir hier – in gekürzter Version – erneut abdrucken. Er diskutiert die Motive für das Experiment, seine gesellschaftspolitischen und pädagogischen Grundlagen sowie die Konzeption der Schule.

Die pädagogische Bezugnahme auf einen Begriff der »Erfahrung« verbindet die Glocksee-Schule mit einer anderen Alternativschulgründung in der ersten Hälfte der 70er-Jahre, mit der von Hartmut von Hentig 1974 gegründeten Laborschule in Bielefeld, die gleichfalls heute noch existiert. Zwar wird »Erfahrung« bei von Hentig und bei Negt durchaus unterschiedlich gefasst, aber die verstärkte Reaktivierung des Erfahrungsbegriffes in der Päd-

agogik der frühen 70er-Jahre reagiere, so Negt, auf einen verengten Blick auf Schule als Curriculum. Dieser Befund hat nichts an Aktualität eingebüßt, so wird auch gegenwärtig gerne auf den Erfahrungsbegriff rekurriert, wenn auf die Gefahr einer kognitiven Verengung im Anschluss an die Rezeption der PISA-Ergebnisse verwiesen wird (Killius/Kluge/Reisch 2004). Wie bei von Hentig wird hier an John Dewey angeknüpft.

Zwei Jahre nach der Gründung der Glocksee-Schule verfasst, macht der Text zugleich deutlich, dass das historische Zeitfenster für das Zusammenspiel von Bildungsreform und antiautoritärer Pädagogik begrenzt war. Die Schulgründung ging, wie viele andere pädagogische Initiativen im Kontext von 1968, auf engagierte Eltern zurück, die für ihr Projekt Unterstützung seitens der Politik wie der staatlichen Schulbehörden erfuhren. Wie andere Experimente auch (siehe Schmid in diesem Band) wurde der Schulversuch wissenschaftlich begleitet. Dieses enge Zusammenwirken von pädagogischen Aufbrüchen, Bildungsreform und Bildungsforschung kann als ein Charakteristikum der späten 60er- und frühen 70er-Jahre festgehalten werden.

Der Schulversuch knüpft an pädagogische Konzepte der Aufklärung, der Reformpädagogik, an internationale, insbesondere englische Schulexperimente sowie an solche aus nordischen Ländern an. Die Bundesrepublik der 70er-Jahre hingegen wird in dieser Hinsicht als »Entwicklungsland« beschrieben. Zugleich verzichtet die Glocksee-Schule bewusst auf eine konkrete Orientierung an einem der großen Vorbilder der Vergangenheit. Stattdessen positioniert sie sich in einem konstruktiven Spannungsfeld von Bewahren und Erneuern im Rahmen des Erziehungsgeschehens moderner Gesellschaften (Köhler/Krammling-Jöhrens, S. 9). In diesem Zusammenhang wird auch darauf verwiesen, dass eine antiautoritäre Pädagogik keine genuine Erfindung der späten 60er-Jahre ist, sondern durchaus in der pädagogischen Tradition aufgehoben ist.

Schule, so Negt, stehe im Spannungsverhältnis von Leistungsorientierung einerseits und sozialen und emotionalen Lernprozessen der Kinder wie ihrer Rhythmen andererseits. Er nimmt eine »Umdefinition« des Leistungsbegriffes vor, versucht ihn vom Kind her zu definieren und diskutiert Veränderungen von Schule vor dem Hintergrund veränderter Familienerziehung und Sozialisationsbedingungen sowie im Zusammenhang mit dem gesellschaftlichen Status von Kindern. Von deren Lebenslagen und Erfahrungen auszugehen bildet das Fundament des pädagogischen Konzeptes der Schule. Dabei werden differente ökonomische Ausgangsbedingungen und soziale Herkunft nicht übersprungen, sondern die Funktion von Schule für die Reproduktion von sozialer Ungleichheit benannt. Die Gestaltung des schulischen Lernens folgt dem Auftrag, soziale Ungleichheiten abzubauen und nicht zu verstärken. Auch deshalb wird in der alltäglichen schulischen Praxis die Zusammenarbeit mit den Eltern großgeschrieben.

Zentral für den pädagogischen Ansatz der Glocksee-Schule ist der Begriff der »Selbstregulierung«, der in Negts Text als ein Prinzip der Auseinandersetzung mit der Realität begriffen wird und der auch für die antiautoritäre Kinderladenbewegung maßgeblich war (siehe Baader und Sager in diesem Band). Negt grenzt ihn von einer romantischen Rückwendung auf Rousseaus »negative Erziehung« und auch von einer Praxis des Laisser-faire ab, um ihn dann als bewusstes, strukturiertes Eingreifen in das unbewusst kooperierende Verhalten der Kinder zu fassen, das »aber nicht im Zuteilen und Reglementieren, sondern in der eingreifenden Koordination von Schwerkraftzentren der Eigentätigkeit« bestehe (Negt 1997, S. 201). Aufgegriffen wird auch die Idee der »Entschulung«, die im gleichen Jahr von Ivan Illich aufgebracht wurde und von Negt im Zusammenhang mit der »Öffnung« von Schule diskutiert wird. Diese Debatte um »Entschulung« ist in den letzten Jahren noch einmal von von Hentig aufgenommen und in die pädagogische Diskussion eingebracht worden (Hentig 2006).

Am nachstehenden Text lässt sich die Wirkungsgeschichte der pädagogischen Umbrüche, die von der antiautoritären Bewegung ausgingen, beispielhaft nachvollziehen. Es musste, nachdem die erste Generation von antiautoritär erzogenen Kindern die »Kinderläden« durchlaufen hatte, eine Grundschule erfunden werden, die nichtrepressive Erziehungs- und Lernkonzepte verwirklichte. Die Ausführungen aus dem Jahre 1975, die hier in gekürzter Fassung abgedruckt sind, vervollständigen das Bild der pädagogischen Aufbrüche im Kontext von 1968, verdeutlichen deren gesellschaftlich-historische Kontexte, zeigen, wie im Anschluss an die Kinderläden Schule in den Fokus von Reformbemühungen geriet und enthalten zudem eine ganze Reihe von Aspekten, die nach wie vor aktuell sind und in den pädagogischen Debatten von heute immer wieder auftauchen, etwa, dass schulisches Lernen im Spannungsverhältnis von kognitiver Orientierung und sozioemotionalen Entwicklungs- und Lernprozessen angesiedelt ist.

Meike Sophia Baader

Ausgangsbedingungen

Wer an einem Projekt wie dem Schulversuch Glocksee aktiv teilnimmt, schwimmt heute gegen den Strom. Noch vor fünf Jahren wäre es nicht nötig gewesen, für jede Einzelheit eines solchen Projekts mühsame Erklärungs- und Überzeugungsarbeit zu leisten. Eine allgemeine Vorschusserwartung, die bei pädagogischen Unternehmungen dieser Art stets notwendig ist, damit Informationen nach dem Grundsatz aufgenommen werden: Im Zweifel für den »Angeklagten«, im Zweifel *für* den Versuch, gibt es nicht mehr. Das verschlingt viel Energie und erschwert die Alltagsbedingungen der pädagogischen Praxis und der wissenschaftlichen Begleituntersuchung. Durch all dies wird aber die Legitimation des Schulversuchs nicht berührt. Angesichts der gegenwärtigen ökonomischen Krise und der dadurch bedingten Existenzunsicherheit der Eltern und aller im Ausbildungssektor Arbeitenden ist es nicht erstaunlich, dass sich Resignation ausbreitet. Theoretisch fundierte Analysen haben das Eindringen von Leistungskonkurrenz, Arbeitslosigkeit und politischer Repression in bisherige »Schonbereiche« als überfällige Normalisierung des kapitalistischen Herrschaftssystems der Bundesrepublik bestimmt. In diesen Analysen werden die Widersprüche und Konflikte, denen die Lehrer der Schule unterworfen sind, als notwendige Ausdrucksformen der gesellschaftlichen Realität beschrieben; meist bleiben sie aber auf dieser Ebene stehen. Denn wo es um den konkreten pädagogischen Arbeitsprozess geht, der allein Grundlage der Bildung des politischen Bewusstseins der Lehrer ist und Wege aus der Resignation zeigen könnte, fällt diese radikale Kritik häufig in die eingeschliffenen Bahnen von Didaktik, feinmaschiger Planung von Lernzielen und Resultaten zurück – allerdings mit der Zielsetzung, sie für emanzipatorische Lernprozesse umzufunktionieren. Bisher ist mir kein Beispiel bekannt, wo das gelungen wäre. Wenn der Schulversuch eine politische Substanz hat – und wir sind davon überzeugt –, so gewinnt er sie nur durch seine konkrete Arbeit und durch die Ergebnisse, die von anderen aufgegriffen und unter je spezifischen Bedingungen umgesetzt werden. Eine handliche politische Lokalisierung des Glocksee-Projekts im Spektrum der Parteien und Fraktionen erscheint uns nicht möglich und auch nicht notwendig. *Ein in sich unpolitisches Projekt wird durch eine äußerliche Zuordnung zu politischen Organisationen ebenso wenig politisch, wie ein politisches Projekt dadurch, dass es sich unter den bestehenden gesellschaftlichen Verhältnissen nur schwer an eine politische Gruppierung binden lässt, unpolitisch wird.* Wir waren uns dessen bewusst, dass dieses Projekt *einen Vorgriff über die bestehenden Verhältnisse* hinaus macht, also ein Stück politischer Antizipation darstellt.

Ein starkes Interesse Außenstehender richtet sich darauf, genauer erfahren zu wollen, an welchen Vorbildern sich der Schulversuch orientiert und worin eigentlich sein origineller Beitrag besteht. In die Alltagsarbeit des Schulversuchs sind auf vielfache Weise Erkenntnisse der kritischen Gesellschaftstheorie, der Bildungsökonomie, der Pädagogik und der Schulgeschichte eingegangen; es ist jedoch nicht unser hauptsächliches Interesse, durch den Schulversuch Material für theoretisch befriedigendere, praktisch aber unverbindliche Analysen bereitzustellen, wie sie im akademischen Wissenschaftsbetrieb arbeitsteilig in weit ausholenden Spezialuntersuchungen durchgeführt werden. Was Theorien und Konzeptionen betrifft, so fällt es angesichts der breiten Tradition von Gegenschulen, revolutionären Schulexperimenten und wissenschaftlichen Einsichten schwer, in Erziehungsfragen ganz neue Ideen zu fassen. Grob gesprochen, lässt sich feststellen, dass der Schulversuch Glocksee in seiner ursprünglichen Programmatik auf *Uneingelöstes der Reformbestrebungen* des vergangenen Jahrzehnts ebenso zurückgreift wie auf die *unabgegoltenen,* auf Realisierung drängenden Ideen der klassischen bürgerlichen Pädagogik. Alle grundlegenden pädagogischen Ideen sind schon einmal als antiautoritäre gedacht worden; was fehlt, ist nicht die Originalität von Ideen, sondern ihre Verwirklichung. Zu diesen »Urideen« der Erziehung gehören zum Beispiel Vorstellungen über Selbstregulierung, Entschulung der Schule, Lernen ohne Angst und Zwang, Projektunterricht, Erfahrung als Grundlage des Lernbegriffs.[32]

Zweifellos gibt es aber auch aktuellere Herkunftsbeziehungen des Schulversuchs Glocksee zu pädagogischen Strömungen. Da ist zunächst die antiautoritäre Bewegung zu nennen, die u. a. politischer Ausdruck veränderter gesellschaftlicher Sozialisationsbedingungen war und deshalb in ihren Erziehungsvorstellungen nicht einfach als ausgestanden und widerlegt oder gar aus innerer Logik heraus als gescheitert betrachtet werden kann. Diese Ansätze sind abgebrochen worden, bevor wissenschaftlich fundierte Ergebnisse vorgelegt werden konnten.

Hinzuweisen ist auch auf das breite und reichhaltige Spektrum von Schulexperimenten, das es in den angelsächsischen und zum Teil in den nordischen Ländern gibt. »Open Schools«, die meist von kommunalen Selbstverwaltungsgremien getragen werden, legen das Schwergewicht auf die informelle Lernsituation, mit dem Ziel, selbständiges Lernen auf der Basis hoher intrinsischer (innengeleiteter) Motivation zu ermöglichen. Von den »Free Schools«, die meist privat organisiert sind und mit den Schulbehörden nur

32 Der spezifische Gehalt solcher Ideen ergibt sich immer erst aus der konkreten Konstellation von Projekten und pädagogischen Konzeptionen. So scheint mir einer der Gründe für die Reaktualisierung des Erfahrungsbegriffs im pädagogischen Denken darin zu liegen, dass die fetischisierte Produktion von Curricula in eine Sackgasse geraten ist. Hartmut von Hentig hat 1972 eine beachtenswerte Studie zum pädagogischen Erfahrungsbegriff geschrieben: Schule als Erfahrungsraum?« Stuttgart 1973. Was im Schulversuch Glocksee unter Erfahrung verstanden wird, habe ich an anderer Stelle systematisch erörtert: Oskar Negt/Alexander Kluge, Öffentlichkeit und Erfahrung, Frankfurt 1972, Kapitel I.

wenig Kontakt pflegen, unterscheiden sie sich durch straffere Curricula und feste Kursangebote; »Free Schools« kennen im Allgemeinen keine Jahrgangsklassen, keine festen Curricula, keine Schulstunden und keine Prüfungen. »Community Schools« (stadtteilorientierte Schulen) stellen sich dagegen ausdrücklich die Aufgabe kompensatorischer Erziehung, die sich auf unterprivilegierte Bevölkerungsschichten bezieht und deren Grundlage eine intensive Elternarbeit ist. Schließlich sei die »First Street School« von Dennison genannt, mit der der konsequente Versuch einer kompletten Entschulung der Schule gemacht wurde. Allen diesen Versuchsansätzen ist gemeinsam, dass die staatlichen Behörden in der Regel weder in den pädagogischen Arbeitsprozess eingreifen noch seine einzelnen Schritte kontrollieren; was für sie ausschließlich von Interesse ist, sind die Resultate.

Es ist nicht zufällig, dass die Bundesrepublik – gemessen an der inhaltlichen und organisatorischen Variationsbreite praktisch erprobter pädagogischer Fragestellungen – ein Entwicklungsland geblieben ist. Da das deutsche Schulsystem wesentlich ein *Schulaufsichtssystem* ist, bestehen von vornherein Barrieren für die wirkliche Freisetzung pädagogischer Initiativen, die über Regelungen formal-demokratischer Mitbestimmung und Vorstellungen zum Gruppenlernen hinausgehen und *Schule als Gesamtprozess der Erfahrungsverarbeitung und der Erfahrungsbildung* begreifen.

Es ist nicht schwer, eine Reihe von Fragestellungen der erwähnten ausländischen Schulversuche in der Glocksee-Schule wiederzuerkennen. Unter den spezifisch deutschen Verhältnissen ist es allerdings erforderlich, diese einzelnen Momente in *einem* Projekt zusammenzufassen. Dieses Projekt ist ein öffentlicher Schulversuch und schließt daher in seiner Weiterentwicklung und in der politischen Tragweite seiner Resultate private Lösungen aus. Er stellt grundsätzliche Fragen an die Organisationsform und den pädagogischen Arbeitsprozess der Grundschule insgesamt und sucht konkrete, durch Praxis ausgewiesene oder doch in ihr perspektivisch angelegte Antworten zu geben. Der Grundschulversuch Glocksee ist also keine Gegenschule, die das bestehende Schulsystem abstrakt negiert und sich damit direkter Einwirkungsmöglichkeiten begeben würde. Abgetrennt vom Zusammenhang der Glocksee-Schule gestellte Fragen nach der Herkunft pädagogischer Konzeptionen befriedigen vor allem das Erkenntnisinteresse derjenigen, die von jeder Sache wissen, woher sie kommt, aber von keiner, was sie ist. Auch deuten die scheinbar politischeren Fragen, wie die, ob der Schulversuch zur Veränderung der Massenschule beitragen könne oder ob er gar Perspektiven einer proletarischen Erziehung enthalte, häufig eher eine Verlegenheit gegenüber dem Projekt an als ein unterstützendes Interesse an unserer Arbeit. Dass alle diese und ähnliche Fragen beantwortet und ausführlich behandelt werden müssen, steht außer Zweifel, ist aber an dieser Stelle und zu diesem Zeitpunkt noch nicht zu leisten. Wichtiger für die Geschichte und die Struktur des Schulversuchs sind die gesellschaftliche Situation, in der das Projekt entstand, und unsere politischen Erfahrungen, die es bestimmt haben.

Als der Schulversuch im Herbst 1972 begann, herrschte ein gesamtgesellschaftliches Klima, in dem die mit großen Erwartungen begonnene Reformarbeit auf allen Ebenen des Ausbildungssystems bereits wieder ins Stocken geraten war und die zweite politische Restauration der westdeutschen Nachkriegsgeschichte spürbar ihre Schatten vorauswarf. Gleichwohl war ein Überschuss von Erwartungen an eine Veränderung der schulischen Erziehung geblieben, der sich in dem Interesse an alternativen Schulkonzeptionen niederschlug. Als in Hannover, im breiteren Rahmen der »Aktion Kleine Klasse«, eine öffentliche Veranstaltung über den vom Norddeutschen Fernsehen aufgenommenen Film über das »Rödelheimer Projekt« gemacht wurde, fanden sich an zwei Abenden jeweils über 600 Interessierte ein – vorwiegend Lehrer und Eltern, und zwar keineswegs nur Mittelschichteltern.

Es wurde mehrere Stunden über Erziehungsfragen diskutiert. Dieses Interesse war bei vielen sicherlich kein politisches Interesse in dem Sinne, dass es bewusst gerichtet war auf eine Veränderung des gesamten Schulsystems oder gar der Gesellschaft: Es war zunächst ein fundamentales Interesse an der besseren Erziehung ihrer Kinder. Das ist aber auch sonst die Ausgangsbasis für die langfristige Bindung der Eltern an die Schule. Wenn diese Basis verlassen wird, verlieren sie jedes Interesse an Schulprojekten, wie gut sie auch politisch begründet sein mögen.

Die Eltern, die wir für die Glocksee-Schule gewinnen konnten, kamen mit einer *Vorschussidentifikation* zu uns; das galt besonders für Arbeitereltern, die, nachdem sie die Entscheidung getroffen hatten, ihr Kind im Schulversuch anzumelden, häufig in Auseinandersetzung mit Arbeitskollegen, Nachbarn, Verwandten gerieten und dadurch veranlasst wurden, auch Formen der politischen Argumentation zu entwickeln. Wenn diese Argumentation auch von Erziehungsproblemen ausgeht, so ist sie im Allgemeinen doch nicht darauf beschränkt. Ein kollektives politisches Bewusstsein kommt immer dann zum Ausdruck, wenn es um Grundprobleme des Schulversuchs und um Angriffe geht, die das Versuchsprojekt als Ganzes betreffen.

Da der Schulversuch keine Weltanschauung hat, auf die die Beteiligten eingeschworen sind, wie etwa die Waldorfschule oder Summerhill, ist es nicht erstaunlich, dass in ihm die gesellschaftlichen Konflikte, die ökonomische Krisensituation mit allen ihren Folgen, deutlich spürbar sind. Aber es sind nicht nur die von den Eltern in das Schulprojekt hineingetragenen Konflikte und Auseinandersetzungen, die das politische Diskussionsklima bestimmen, sondern die widersprüchlichen Ausgangsbedingungen, die den Schulversuch als selbständige Institution in seiner Struktur prägen.

Widersprüche der Bildungsreform

Der Schulversuch steht im Spannungsfeld einer nicht durchgeführten, in ihren Ansätzen und Absichten blockierten Reform. Die Widersprüche dieser Reform sind durch die gegenwärtige ökonomische Krise und die finanziellen Einschränkungen nicht erzeugt, sondern nur verschärft, zum Teil auf deutlich polarisierte Positionen gebracht. Das schlägt sich unmittelbar in den häufig völlig konträren Erwartungshaltungen vieler Eltern des Schulversuchs nieder: Sie erwarten unter dem Druck von Jugendarbeitslosigkeit, Numerus clausus und erhöhten Leistungsanforderungen im Beruf relativ rasche und kontrollierbare Lernleistungen. Gleichzeitig sehen sie aber, dass solche kognitiven Lernleistungen ohne Entwicklung des emotionalen und sozialen Unterbaus der Kinder labil bleiben und als Lern- und Arbeitsstörungen vielleicht erst in einer lebensgeschichtlichen Entwicklungsphase hervorbrechen, in der nichts mehr zu reparieren ist.

Beide Prozesse verlaufen in der Regel aber nicht gleichzeitig, sondern haben verschiedene Zeitstrukturen. Die »ökonomische« Zeitstruktur bei rein kognitiven Lernleistungen, auf die sich Curriculum-Forschung, Lernzielbestimmungen und säuberliche Koordination von Lernschritten stützen, ist nicht auf emotionale und soziale »Lernleistungen« zu übertragen, ohne neue Blockierungen im Verhalten zu schaffen. Einfacher ausgedrückt: Man kann zwar nach Stundenplänen einem Kind die Techniken des Lesens und Schreibens beibringen, nicht aber nach demselben Zeitmaß dazu beitragen, Aggressionen und Ängste zu verarbeiten.

Bei diesen Erwartungshaltungen der Eltern handelt es sich nicht um bloß individuelle Konflikte, sondern um gesellschaftliche Widersprüche, die durch alle Reformprojekte im Bildungsbereich hindurchgehen, wenn sie auch in der Planungsphase, zum Beispiel in den Gutachten des Bildungsrats, noch nicht so deutlich sichtbar waren. Schon die Tatsache, dass ein Grundschulversuch mit Problemstellungen, die den Gesamtprozess des Lernens und der Verhaltensentwicklung zum Inhalt haben, nur als Produkt einer mehr oder minder privaten Initiative von Eltern, Lehrern und Wissenschaftlern zustande gekommen ist, ist nur verständlich, wenn sie auf diesen strukturellen Widerspruch der Bildungsreform selber zurückgeführt wird.[33]

---

33 In der Zeit der Planungseuphorie begrenzte Schulversuchsprojekte zu planen und zu fördern bedurfte keiner großen Anstrengungen. Umso mehr gilt der Dank der am Schulversuch Beteiligten denjenigen, die von Anfang an mit Interesse und Hilfe in einer völlig unbürokratischen Verfahrensweise die Glocksee-Schule unterstützten: dem niedersächsischen Kultusministerium, der Stadt Hannover und dem Regierungspräsidium. Mit allen Personen dieser Behörden, die für Finanzierung und Gestaltung von Schulversuchen verantwortlich sind, bestand und besteht weiter ein intensiver und direkter Kontakt, der nicht nur die verwaltungstechnische Seite des Projekts, sondern auch Diskussionen über inhaltlich-pädagogische Fragen betrifft.

Dieser Widerspruch besteht darin, dass eine Organisationsform der Schule entwickelt wurde, die Bedingungen für eine technische Rationalisierung des Lernens schaffen und *gleichzeitig* »Soziales Lernen« ermöglichen sollte.

1. Auf der einen Seite tritt diese Reform nach dem Gesetz der »Ökonomisierung« des Aufwandes für die Grundqualifikation der menschlichen Arbeitskraft an. Weitgehend vorindustriell strukturierte Bereiche, wie Bildung und Ausbildung, standen unter öffentlicher Aufsicht, ohne dass sie bereits wesentlich durch Kriterien kapitalistischer Rationalität bestimmt waren (Effektivität, Standardisierung usw.). Durch allen nach oben weisenden Glanz von Bildungsidealen und von menschlicheren Lernformen hindurch setzen sich jetzt Gesetze der Kapitalverwertung, des Marktes, des ökonomischen Wachstums, der Konjunkturen und Krisen durch.

Man kann im Zusammenhang der Veränderungen des pädagogischen Arbeitsprozesses mit Recht von einer Taylorisierung der Ausbildung, von der genauen Bestimmung des Arbeitseinsatzes pro Zeiteinheit sprechen.

Diese Entwicklung ist aber auf Kostenfragen im engeren Sinn nicht zu beschränken. Tendenzen der Zentralisation und der Konzentration des Kapitals erfassen das Bildungssystem und schaffen eine *Betriebsförmigkeit* der Bildungsinstitutionen, die leistungsdifferenzierten Unterricht und objektiviertere Kontrollen ermöglicht. Diese Synchronisierung von Industriebetrieb und schulischem Großbetrieb scheint gegenüber dem in sich abgekapselten dreistufigen Bildungssystem größere innere Differenzierung der Lernformen und breitere Durchlässigkeit der Ausbildungsgänge zu erlauben. Sie enthält jedenfalls das Versprechen von Chancengleichheit und Bildungsgerechtigkeit.

Die Forderung Dahrendorfs nach Aufhebung des »Modernitäts-Rückstandes« des westdeutschen Bildungssystems beinhaltet im Grunde diesen Glauben an die emanzipatorische Wirkung technischer Rationalisierung, wie sie sich im erhöhten Mitteleinsatz (von Unterrichtstechnologie z. B.), in der Beseitigung »unproduktiver« Umwege, in der wissenschaftlichen Betriebsführung und nicht zuletzt in der normierten Objektivierung der Lern- und Planungsschritte ausdrückt.

2. *Auf der anderen Seite* hatten viele Hochschulpädagogen und Lehrer in der Gutachterphase ein Bewusstsein davon, dass auch innerhalb der großbetrieblichen Organisation der Schule, die langfristig ja keineswegs auf die Gesamtschulen beschränkt bleiben sollte, *der pädagogische Arbeitsprozess strukturell nach einer anderen Logik abläuft als der industrielle Produktionsprozess.* Es werden hier nicht Waren, materielle Güter erzeugt, sondern Bewusstsein, Fertigkeiten, Verhalten, Sprache, Fähigkeiten des Wirklichkeits- und Selbstverständnisses des Menschen. Selbst wenn dieser Unterschied nicht immer klar als Verschiedenheit der *Produktionsweisen* verstanden worden ist, so ist er doch unschwer in Formeln wie Kreativität, soziales Lernen, selbst in dem zwiespältigen Begriff »Lernen des Lernens«, der die Abtrennung der Methode von den Inhalten und gleichzeitig die Verarbeitungsfähigkeit von Informationen bezeichnet, zu erkennen. Diese von der industriellen Produktion radikal verschiedene Logik der Erziehung muss in ihren Ergebnissen keineswegs im Widerspruch zum kapitalistischen System stehen; sie kann sogar Bestandteil der »Kapital-Logik« als eines gesamtgesellschaftlichen Prozesses sein. *Die Logik der Erziehung* in allen in ihr angelegten Entwicklungsformen zu entfalten und praktisch zu erproben würde dann allerdings das Brechen mit dem auf Effizienz und spezialisierte Kompetenz reduzierten Leistungsbegriff und die Überwindung bürokratischer Organisationsformen des Lernens voraussetzen. Hierin liegt die *politische* Grenze dieser emanzipatorischen Seite der Reformperiode.

Immer bringt die Reformperiode teilweise veränderte Arbeitsanforderungen des kapitalistischen Produktionsprozesses zum Ausdruck, vor allem aber veränderte Sozialisationsbedingungen, deren neue Formen in fast allen westlichen Industrieländern die Rebellion der Studenten und Jugendlichen in den Sechzigerjahren angezeigt hat. Geht man nämlich von der Tatsache aus, dass die traditionellen Muster der Familiensozialisation: ödipale Konflikte, Funktionalisierung des Triebaufschubs der Kinder im Hinblick auf zukünftige Belohnungen, in Frage gestellt sind, so lässt sich der Übergang von der privaten Sozialisation zur ersten Stufe öffentlicher, bewusst vergesellschafteter Sozialisation nicht mehr in einem bruchlosen Kontinuum von herkömmlichen Lernleistungen bewerkstelligen. Den neuen Sozialisationsmechanismen, die vorwiegend durch narzisstische Störungen und Identifikationsschwierigkeiten bestimmt sind,[34] müsste eine veränderte Organisationsform der Schule entsprechen. Die bestehende Organisation der Schule setzt dagegen ein Maß gesamtgesellschaftlicher Verdrängungsleistungen voraus, das die Familie, die durch den Funktionsschwund der Vaterrolle gekennzeichnet ist, in einer Umwelt, die gleichzeitig von Verschwendung, von verwertungsnotwendigem Abfall und künstlich produzierter Armut geprägt ist, nicht mehr aufbringen kann. Da hilft keine noch so gut organisierte Didaktik. Deren Übergewicht in der schulpolitischen und pädagogischen Diskussion ist vielmehr eine ohnmächtige Reaktion auf eine Situation, die nicht in der Schule entsteht und die von ihrer gegenwärtigen Organisationsform nicht bewältigt werden kann.

[…]

Umdefinition und Erweiterung des Leistungsbegriffs

Eine der bedrängendsten Fragen, mit denen der Schulversuch Glocksee konfrontiert ist, nicht nur von Außenstehenden, sondern auch von den Eltern, ist die: Lernen die Kinder etwas? Die eindeutige Antwort darauf lautet: Ja. Aber sie reicht nicht aus. Die Kinder lernen genug, aber anders: in ungleichzeitigen Rhythmen und Dinge, die über definierte schulische Lernprozesse hinausgehen. Deshalb ist es notwendig, weiter auszuholen, vor allem, um den gängigen gesellschaftlichen Leistungsbegriff zu klären.

Solange die bürgerliche Gesellschaft besteht, gibt es die Auffassung, dass durch den Abbau einer ständischen, die gesellschaftliche Position des Einzelnen von Geburt an vorausbestimmenden Glie-

34 Vgl. dazu die Studie von Thomas Ziehe, Pubertät und Narzißmus, Köln 1975.

derung der Gesellschaft jeder durch individuelle Leistung seines Glückes Schmied sei. Inzwischen hat eine Reihe von empirischen Untersuchungen nachgewiesen, dass die Verteilung sozialer Lebenschancen auch heute noch viel stärker an vorgegebene Besitz- und Herrschaftsverhältnisse geknüpft ist als an das Kriterium der Leistung. Der objektive Zusammenhang, der durch das Kapitalverhältnis konstituiert ist, bestimmt die Stellung, die der Einzelne im gesellschaftlichen Produktions- und Reproduktionsprozess einnimmt. In letzter Instanz sind in diesem Zusammenhang also gesellschaftliche Herrschaftsverhältnisse begründet. Da aber für die breite Masse der Menschen die formelle Schulbildung die einzige Form ist, in der sie sich sozialen Aufstieg vorstellen können (und einzelne Beispiele zeigen immer wieder die Berechtigung dieser Hoffnung), kann sich die Ideologie einer durchgängigen Leistungsgesellschaft so hartnäckig halten, obwohl doch offensichtlich ist, dass ein Arbeiter, wenn er auch noch so viel leistet, seine Stellung als Lohnarbeiter nicht aufheben kann. Die Koppelung von Leistung und sozialen Aufstiegschancen bestimmt in entscheidendem Ausmaße die Schulerwartungen von Eltern.

Dieser mit Aufstiegsmobilität verknüpfte Leistungsbegriff ist aber durchaus zwiespältig: Zum einen ist er am Modell industrieller Produktion gebildet, mit Kontrolle und Objektivierung der einzelnen Leistungsschritte, wobei der Lernfortschritt in vergleichbarer Weise, wie die Arbeitsleistung im industriellen Produktionsprozess, am Zeitmaß gemessen wird. Was an lebendiger Arbeitskraft, der einzigen Quelle von Wert und Mehrwert, eingebracht wird, soll eindeutig und quantitativ in ihren Produkten messbar sein. Objektives Ergebnis hierbei ist, dass mit den »unproduktiven« Lernwegen im Allgemeinen gleichzeitig die produktiven abgeschafft werden.

Zum anderen sieht man aber, dass gerade in denjenigen gesellschaftlichen Positionen, die Leistungen nach Maßgabe der Stechuhr nicht zulassen, die Gratifikationen, das heißt Lohn, Gehalt, gesellschaftlicher Einfluss, am größten sind. So berechtigt die Erwartung der Eltern ist, dass ihre Kinder einen normalen Ausbildungsstand in den Kulturtechniken haben, so merkwürdig ist doch das widersprüchliche Verhalten, dass dieselben Eltern, die ihren Kindern gegenüber die größten Aufstiegserwartungen haben, am entschiedensten eine Organisation von schulischen Lernprozessen vertreten, die in ihren Folgen allenfalls eine Qualifizierung für abhängige Lohnarbeit sein kann. Von allen extrafunktionalen Fähigkeiten, die im Allgemeinen positiv bewertet werden, wie Flexibilität, Kritikfähigkeit, Initiative, sozialem Verhalten, Disziplin, bleibt jedoch am Ende nur die Disziplin übrig, wenn Lernen ausschließlich im Sinne messbarer Leistung verstanden wird.

Der Schulschock, den viele Kinder bei der Einschulung, manchmal schon beim Schuleignungstest erleiden, entspringt nicht nur der Angst vor einer fremden gesellschaftlichen Institution oder vor der Zwangsgemeinschaft der Kinder, sondern hat vor allem seinen Grund in der von außen aufgezwungenen »Umwertung aller Werte«, der totalen Umkehrung der Tendenzen und Fähigkeiten, die sich aus der bisherigen Sozialisation ergeben haben: Was vorher weitgehend anerkannt war, spielen, Freundschaften schließen, phantasieren, sich zwanglos sprachlich verständigen, wird plötzlich stigmatisiert, zum Gegenstand von Strafdrohungen und Strafen, sobald es nicht durch die Gasse objektivierbarer Leistung geht.

Die *spezifische Produktionsform von Erfahrungen,* welche das Kind ausgebildet hat, wird vielleicht noch einige Monate toleriert. Dann aber wird das Kind in einem mehr oder minder gewaltsamen Akt der radikalen Trennung von seinen Produktionsmitteln, den objektiven Bedingungen seiner Selbstdarstellung und Realitätsauffassung, enteignet.

Diesen Bruch zwischen Familiensozialisation und Schule gibt es selbstverständlich nicht in allen Fällen. Bei Mittelschichtkindern finden sich die verschiedensten Grade der Kontinuität und des Bruchs. Bei manchen Arbeiterkindern kann dieser Bruch sogar eine positive Funktion haben: Für Kinder, die aus Elendsquartieren oder aus zerrütteten Familienverhältnissen kommen, kann die Schule, selbst wenn sie auf deren emotionale und soziale Bedürfnisse kaum eingeht, der einzig stabile und entlastende Ort sein, der ihnen Schutz und innere Sicherheit bietet, ein Zufluchtsort.

Psychologen und Pädagogen sind sich heute darüber einig, dass ohne Entwicklung des emotionalen und sozialen Unterhauses des Kindes langfristig Störungen des kognitiven Lernens unvermeidlich sind, ganz abgesehen von der Einschränkung und Verkümmerung der Erfahrungsfähigkeit des Kindes. Da es in der Glocksee-Schule wesentlich um die Überwindung des Bruchs von Primärsozialisation und Schule geht, das heißt um die Weiterentwicklung der spezifischen Produktionsform von Erfahrungen des Kindes, ist es nicht ausreichend, die Schule lediglich den Alltagskonflikten und -erfahrungen zu öffnen. Abgesehen von der Notwendigkeit einer intensiven Elternarbeit, kommt es vielmehr auch darauf an, den Leistungsbegriff *vom Kinde her* neu zu definieren und die Organisationsformen des Lernens dementsprechend zu verändern.

Es wäre jedoch völlig falsch, wollte man uns, weil wir in abgekürzter Form häufig vom »Kind« sprechen und nicht in jedem Satz die klassenspezifischen und historischen Bedingungen nachschieben, einen ungeschichtlichen oder gar naturhaften Begriff von Kindheit unterstellen. Kinder haben, Klassenbedingungen der Sozialisation und der Erziehung einmal unterstellt, im Spätkapitalismus, etwa im Unterschied zu vorbürgerlichen oder frühbürgerlichen Entwicklungsstufen, auch ein gemeinsames Schicksal. Sie stehen in einem Dilemma, das sich an ihrer Stellung in der *Öffentlichkeit* einer Gesellschaft am deutlichsten zeigt. Das Kind gilt in der Öffentlichkeit einer Gesellschaft, in der produktive, das heißt mehrwertschaffende Arbeit Grundlage der Produktion des gesellschaftlichen Reichtums, Lohnarbeit das Schicksal der Masse der Bevölkerung ist, als ein Wesen, das hauptsächlich durch Störungen Beachtung findet. Es ist laut, behindert den Verkehr, verhält sich häufig unangepasst in Lokalen, in der Straßenbahn, auf der Straße. Da Kinder in dieser Gesellschaft keine Selbstverständlichkeit im öffentlichen Umgang der Erwachsenen sind, ist »Kinderöffentlichkeit«, wo sie überhaupt zugelassen ist, auf das Ghetto der Kinderspielplätze zurückgedrängt.

Damit nicht genug. Da Kinder öffentlich keine produktive Arbeit leisten dürfen – was allerdings nicht ausschließt, dass nach statistischen Angaben z. B. in Italien noch etwa eine Million Kinder mehr oder minder legal als Lohnarbeiter tätig sind –, Lebensrechte im Grunde aber nur durch diese Form der Arbeit erworben werden, wird der Anspruch auf Produktivität in die Schule und in die Privatsphäre verschoben. Durchschnittlich hat ein Schulkind in der Bundesrepublik mindestens einen Achtstundentag.

Worin besteht eine Umdefinition des Leistungsbegriffs, der die Realität des Kindes berücksichtigt? Für ein Kind, das zum Beispiel Schwierigkeiten in der Kontaktaufnahme mit anderen Kindern hat oder diese Kontakte nur durch aggressives Verhalten zustande bringt, ist die Beseitigung dieser Schwierigkeit *die* fundamentale Leistung, die es erbringen kann und die es erbringen muss, wenn psychische Konflikte nicht zu viele Energien auch von der kognitiven Leistungsfähigkeit abziehen sollen. Werden diese, manchmal zu einem harten Knoten verdichteten, Konfliktlinien des Kindes nicht an einem möglichst frühen Punkt seiner Schullaufbahn gelöst, so verschieben sie sich, bis sie nicht mehr erkennbar sind: Es ist nicht selten, dass derart ungelöste Konflikte erst im Erwachsenenalter als Leistungszusammenbruch und als totale Privatisierung auftreten.

Leistungen, die zur Lösung gerade solcher Konflikte führen, liegen aber nicht im Bereich des Tauschprinzips, der Verwertbarkeit und der objektiven Messung. Sie gehen in das traditionelle Benotungssystem der Schule nur dann ein, wenn sie sich in der Reduktion von Störungen pro Zeiteinheit niederschlagen. Was sie aber zur Freisetzung von Energien für Phantasie, Erweiterung der Erfahrungsfähigkeit und intellektueller Entwicklung des Kindes beitragen, fällt unter den Tisch.

Wenn daher die Glocksee-Schule die Idee der Entschulung aufgreift, Konflikte und Widersprüche der Alltagsrealität in das schulische Geschehen einbezieht und so das Inseldasein der bestehenden Schule nicht teilt, so unterscheidet sie sich nicht primär durch den Versuch, Lernen und »Leben« wieder miteinander zu verbinden oder kognitives Lernen mit emotionalem und sozialem zu verknüpfen, auch nicht in der Reduktion der Leistung zu Gunsten des Glücks der Kinder (in dieser Gesellschaft wird auch der

Glückliche unglücklich, wenn er nicht durch seine spezifischen Leistungen anerkannt wird). Der grundlegende Unterschied besteht vielmehr in der Veränderung dessen, was Lernen und Leistung in seiner ganzen Komplexität vom Aufbau der Persönlichkeit her bestimmt. Ein auf die Grundausstattung der Gesamtperson bezogener Leistungs- und Lernbegriff setzt eine Konkretisierung des Verhältnisses des schulischen *Vergesellschaftungsprozesses* des Kindes zur gesellschaftlichen Wirklichkeit voraus.

Wir haben es mit einer widersprüchlichen Situation zu tun: Zum einen dringt zwar die Öffentlichkeit mit ihren Forderungen immer stärker in den Sozialisationsbereich, in die Mechanismen der gesellschaftlichen Grundausstattung des Kindes, vor allem in Gestalt von Vorschulen und Massenmedien, ein. Die »reelle Subsumtion« von gesellschaftlichen Produktionsprozessen unter das Kapital, was so viel bedeutet wie die »Kapitalisierung« der jeweiligen Produktionsprozesse in ihrer Struktur, erfasst tendenziell auch den pädagogischen Arbeitsprozess. Darin wird sichtbar, dass die naturwüchsigen und privaten Organisationsformen der Sozialisation und der schulischen Ausbildung immer stärker in Konflikt geraten mit der tatsächlichen Vergesellschaftungsqualität der Produktivkräfte.

Nun gibt es aber eine absolute, von der entwickelten kapitalistischen Gesellschaft selber produzierte Grenze für die Taylorisierung von Leistungen und Lernen. Technologische Veränderungen und Vergesellschaftungsgrad stellen nämlich spezifische und teilweise neue Qualifikationsanforderungen an die Arbeitskraft. Eine vollständige »Kapitalisierung« der Sozialisation und der Ausbildung führt unter den Existenzbedingungen einer fortgeschrittenen Industriegesellschaft unvermeidlich zur Zerstörung der Substanz der Arbeitskraft. Andererseits dringen aber die Formen bewusster Vergesellschaftung, wie sie im bestehenden Schulsystem zugelassen werden, nicht bis zu dem Punkt vor, wo der ganze Reichtum der Anlagen und Fähigkeiten des Kindes in seiner Realitätsauffassung und in seiner Kommunikation aktiv entwickelt werden. Das würde die in der Grundausstattung des Kindes mitgelieferte Systemloyalität gefährden. [...]

Selbstregulierung als Realitätsprinzip

Selbstregulierung ist sicherlich der schwierigste und missverständlichste Begriff in unserer Konzeption – nicht deshalb, weil wir Mühe gescheut hätten, ihn zu präzisieren, sondern weil der *Praxisinhalt* ab einer bestimmten Reichweite pädagogische Begriffe undefinierbar macht – ganz entsprechend der Einsicht Nietzsches, dass wirkliche historische Begriffe nicht in Definitionen zu fassen sind. Klar definierbar ist nur die tote Abstraktion. Darin liegt eben die *Nuance,* die den Unterschied *ums Ganze* ausmacht: Selbstregulierung als Kategorie und rein methodisches Prinzip oder Selbstregulierung als Praxis. In der Umschreibung der Selbstregulierung treten deshalb nicht zufällig häufig negative Abgrenzungen auf, Aussagen über das, was sie *nicht* ist. Die entfaltete Definition der Selbstregulierung, wie wir sie verstehen, wäre die Glocksee-Schule selber, in allen ihren Aspekten dargestellt und vom Endergebnis des Versuchs aus betrachtet. Einige gesonderte Erläuterungen sind gleichwohl notwendig.

Selbstregulierung kann nicht als bloßes politisches oder pädagogisches Postulat verstanden werden, das von außen an die Schule und an die Kinder herangetragen wird, etwa mit der Forderung: »Reguliert euch selbst!«, oder: »Ihr sollt machen, was ihr wollt und was euch gerade einfällt!« Der Versuch, Selbstregulierung in solche normativen Forderungen umzusetzen, würde die alte, von inhaltlichen Lernprozessen abgetrennte Struktur der Postulat-Didaktik reproduzieren. Zwar dürfen die Kinder im Schulversuch prinzipiell tun und lassen, was sie wollen, *was sie aber tatsächlich tun, ist in der Regel alles andere als willkürlich und zufällig,* und wo es dem Beobachter willkürlich und zufällig erscheint oder auch faktisch ist, da setzt die Aufgabe der Lehrer und der wissenschaftlichen Begleitung ein, Gründe und Erscheinung auseinanderzuhalten, den Schein als Ausdruck wesentlicher Bedürfnisse zu begreifen, das heißt die Gründe dieses Verhaltens zu untersuchen. Die Befürchtung, dass dabei jedes Kind eine eigene Bezugsperson haben müsste, weil sich doch Kinder von Grund auf verschieden verhalten und ganz unterschiedliche Probleme haben, ist unbegründet. Die gesellschaftliche Standardisierung von Verhaltens- und Denkweisen, die sich aus der kapitalistischen Warenproduktion herleitet, schafft eine begrenzte und überschaubare Zahl von Problemlinien in einer Schule. Grundlegend würde sich das erst ändern, wenn die Menschen wirklich freie und autonome Subjekte wären.

Dass diese Verlaufsformen unter gesellschaftlichen Normen und Zwängen stehen, ist eine Selbstverständlichkeit; nicht selbstverständlich ist dagegen, dass das Wesen der Erziehung darin besteht, mit eigens dafür ausgedachten Mitteln diesen Zwang und diese Gewalt fortzusetzen. Was die Glocksee-Schule tut, ist keineswegs die Herstellung einer illusionären Gemeinschaft von Lehrern, Eltern, Schülern, die ohne Konflikte auskommt und die sich von den gesellschaftlichen Gesetzen des Zwangs und der Gewalt völlig befreit weiß, einer Oase gewaltfreier Kommunikation. Die Glocksee-Schule kann, wie im Übrigen jede andere Schule, keine prinzipiell neue Realität schaffen. Sie verarbeitet, strukturiert, entwickelt die vorhandene, freilich in einer Weise, dass damit auch neue Erfahrungsdimensionen für die Kinder und die an diesem Prozess beteiligten Personen aufgeschlossen werden. Das gilt vor allem im Hinblick auf die Ausbildung *kollektiver, gesellschaftlicher Fähigkeiten.* Die ständige Einmischung, ja moralisierende Haltung der Erwachsenen gegenüber den Kindern befestigt auf sehr subtile Weise die ohnehin vorhandene Fragmentierung des Wissens und des Verhaltens. Sie verhindert das selbsttätige Auslaufen von Prozessen, so dass nicht einmal mehr erkennbar wird, welches Verhalten, welche Motivationen, welche Konflikte die Kinder tatsächlich mitbringen und mit welchen Methoden die vorhandenen Bildungsprozesse und das Neugierverhalten weitergetrieben, die *autoritätsgebundene Abhängigkeit* von den äußeren Normen und Geboten überwunden werden können.

Denn Selbstregulierung bedeutet ja keinen Zustand, der mit abzählbaren Lernschritten und mit dem Einsatz geschliffener Methoden herzustellen wäre, oder ein fertiges Resultat, sondern sie bezeichnet einen Prozess, der im Aufbrechen von Blockierungen des Verhaltens und des Bewusstseins zugleich seinen Zielinhalt realisiert: die Erweiterung der Erfahrungsfähigkeit des Kindes und der Bildung von Autonomie. Dass diese Erfahrungsfähigkeit und Autonomie nicht die der Erwachsenen sein kann und sein soll, ist völlig unbestreitbar, nicht zuletzt deshalb, weil Autonomisierungsprozesse bei Kindern nie rein sachbezogen sind, sondern in der Regel nur vermittelt durch sinnliche Präsenz, Beobachtung und Aktivität der Bezugspersonen zustande kommen; aber sie gelingen nur dann, wenn sie auf Ablösung zielen. Diese Autonomie und Erfahrungsfähigkeit, die es im Prozess der Selbstregulierung zu erweitern gilt, bestehen nicht in der Erziehung kindlicher Einzelpersönlichkeiten.

Selbstregulierung ist eine Form der *bewusst gemachten Vergesellschaftung* und damit der Freisetzung und Ausbildung kollektiver Bedürfnisse und Interessen, die in der Entwicklung der Produktivkräfte einer hochindustrialisierten Gesellschaft angelegt, aber im Herrschaftsinteresse auf privatistischem Niveau gehalten werden. Dass sie in privatistisch verengten und verkümmerten Formen so wirkungsvoll gehalten werden können, hat freilich objektive Gründe. Der Produktionsprozess ist zwar ein gesellschaftlicher, aber der gesellschaftliche Zusammenhang konstituiert sich über die Realisierung von Privatarbeiten unter Bedingungen des Privateigentums an Produktionsmitteln. Kollektivität vollständig zu unterdrücken wäre gleichbedeutend mit der Lahmlegung des materiellen Produktionsprozesses. Aber kollektive Bedürfnisse und Interessen sind weder etwas Natürliches, die als solches revolutionäre Sprengkraft haben, noch lassen sie sich von außen, als politische Ansprüche zu solidarischem Verhalten und zur Selbstaufopferung individueller Bedürfnisse und Interessen an die Kinder herantragen. Auch die kollektiven Interessen und Bedürfnisse der Kinder sind gesellschaftlich produziert, und das heißt, dass ihre Form von der gegebenen Gesellschaft abhängt. Die Ausbildung der Gesellschaftlichkeit des Kindes, die mit dem ersten Tage seines Lebens angelegt ist, muss durch die individuellen Bedürfnisse und Selbsterhaltungsinteressen, als wie immer entfremdet sie betrachtet werden mögen, hindurchgehen, sich mit ihnen konkret vermitteln, wenn sie nicht einfach ins Unbewusste verdrängt werden sollen.

Selbstregulierung bedeutet also nicht, dass sich die Kinder auf mitgebrachtem Niveau ihrer geistigen Interessen und ihres Verhaltens zur Ruhe begeben, sondern dass die Dialektik zwischen Subjekt und Objekt, zwischen Erwachsenen und Kindern, im pädagogischen Arbeitsprozess wie in der Organisationsform der Schule, tatsächlich ausgetragen wird. Damit das keine bloße Scheinvermittlung bleibt, weil die eine Seite immer im Recht ist, weil die Erwachsenen die richtige Didaktik, die richtige Planung und die richtigen Ziele haben, müssen, wie in jeder wirklichen dialektischen Beziehung, beide Seiten ein Stück Selbständigkeit und eigene Artikulationsfähigkeit haben. Selbstregulierung lässt sich daher nicht *autoritär* herstellen, indem man sagt, die ganze Didaktik und das pädagogische Verfahren bestehe ja darin, dem einzelnen Kind Kompetenzen der Realitätsverarbeitung und der autonomen Regulierung des Verhaltens zu vermitteln. *Solche Kompetenzen sollen tatsächlich vermittelt werden, aber Inhalt und Methode, Didaktik und realer Lernprozesse sind nicht technisch miteinander zu verknüpfen.* Die Glocksee-Schule muss daher, begreift man sie als einen institutionellen Prozess der gesellschaftlichen Erfahrungsverarbeitung, Handeln und Denken im Sinne der Herstellung *objektiver Denk- und Handlungsmöglichkeiten* definieren.

An diesem Punkt wird nun spätestens die Frage gestellt, was ein durch das Klima von Selbstregulierung hindurchgegangenes Kind mit diesen Erfahrungen von innerer Lernmotivation und solidarischem Verhalten in der Realität, in der ganz andere Normen gelten, anfängt. Das ist im Sinne einer für das Lebensschicksal eines einzelnen Kindes gültigen Prognose mit Sicherheit nicht zu beantworten. Allerdings lässt sich sagen, dass Lernen als Fähigkeit der gesellschaftlichen Orientierung und Möglichkeit der Konfliktverarbeitung in dem Maße zunimmt, in dem bereits in der Primärsozialisation und dann in der Schule ein breiteres Spektrum von Denkmöglichkeiten und *erfahrenen* Verhaltensweisen vorhanden gewesen ist. Eine hochindustrialisierte Gesellschaft mit ihren Klassenkonflikten, mit ihren Widersprüchen zwischen hochtechnisierter Entwicklung und verarmter Alltagsrealität der Menschen, macht traditionelle Orientierungen, die durch ein verständnisschwaches Einpauken von Kulturtechniken und Kenntnissen zustande kommen, immer fragwürdiger. Bereits diese Generation steht, ganz abgesehen von der Notwendigkeit der politischen Orientierungsfähigkeit für die Stabilität demokratischer Verhältnisse und für den Widerstand gegen autoritäre oder auch faschistische Entwicklungen, immer stärker vor Alltagsproblemen, zu deren Lösung selbstreguliertes, innengeleitetes Handeln und Denken lebensnotwendig sind.

Denken und Verhalten

Ich greife das Problem der Realitätstüchtigkeit an einem anderen Punkt noch einmal auf. Es gibt eine Form der Realitätstüchtigkeit, die insbesondere für die Geschichte des deutschen Erziehungssystems charakteristisch ist und die die gesellschaftlichen Katastrophen in Deutschland mit verschuldet hat, nach denen man immer Neuansätze versucht hat, die aber nicht konsequent durchgeführt wurden: nach dem Ersten Weltkrieg, nach Faschismus und Zweitem Weltkrieg.

Es geht dabei immer um dasselbe: dass nämlich die *Form* der Erziehung genauso wichtig ist wie ihre Inhalte. Zum Beispiel ist es unmöglich, genuine, das heißt politisch bewusste, kritik- und erfahrungsfähige Demokraten zu erziehen, wenn der Unterricht zwar kritische gesellschaftliche und politische Gehalte didaktisch gut aufbereitet vermittelt, die Kinder mit ihren Interessen und Bedürfnissen aber bei jeder Eigeninitiative und bei jedem nach Selbständigkeit aussehenden Schritt ihres Verhaltens auf unverrückbare Schranken der Schule stoßen.

Es bedarf gar keiner inhaltlich autoritären Erziehung alten Stils, um autoritätsgebundene, den Typus des Mitläufers kennzeichnende Charaktere heranzubilden. Wenn es keine gegenstandskonstitutive Praxis in der Schule gibt, wenn die Alltagsrealität von den Kindern als entfremdete Umwelt erlebt wird, in der sich also nichts von dem, was *sie* für richtig und schön halten, sichtbar und greifbar niederschlägt, dann ist eine wesentliche subjektive Bedingung für Vorurteilsbildung bereits geschaffen: die Aufspaltung von Denken und Verhalten, abstraktem Politikverständnis und unmittelbaren Interessen und Bedürfnissen.

Um das zu verdeutlichen, bedarf es eines kurzen geschichtlichen Rückblicks. Wirtschaftliche Prosperität in der westdeutschen Nachkriegsgesellschaft und die verspätet zustande gekommene, aber mit großen Hoffnungen auf »zivile« Lebensformen verbundene erste bürgerlich-demokratische Gesellschaftsordnung auf deutschem Boden (in der weder der Adel noch das Militär nennenswerten Einfluss hatten), hat sehr schnell in Vergessenheit geraten lassen, dass die Erziehungsinstitutionen im Wesentlichen dieselben geblieben sind, auf die sich der Nationalsozialismus hatte stützen können, und zwar ohne grundlegende Veränderung ihrer Struktur und ohne das Mittel gewaltsamer *äußerer* Gleichschaltung nötig zu haben. Die von den Besatzungsmächten zögernd eingeleitete Re-Education, die oft nur im Auswechseln besonders belasteter Personen und in der appellativen Verpflichtung des Unterrichts auf »demokratische Ideen« bestand, zeigte so wenig Tiefenwirkung, dass unterhalb der Zensur öffentlich installierter Ideen Mechanismen der Vorurteilsbildung im praktischen Verhalten und im Alltagsdenken nahezu unangetastet waren. Sie wurden auf mannigfaltige Weise weitervermittelt. Manifeste Vorurteile retten sich, wie die Vorurteilsforschung zeigt, ins Verhalten, das in scheinbar Privatem viel deutlicher wird als im Bereich von Ideen und Weltanschauungen, die den gegebenen politischen Verhältnissen leicht angepasst werden können. Diesen Bruch zwischen Denken und Verhalten, Öffentlichem und Privatem so weit wie möglich zu überwinden bleibt eine notwendige Aufgabe demokratischer Erziehung.

Die Glocksee-Schule versucht diese geschichtlichen Erfahrungen aufzugreifen. In diesem Sinne ist Selbstregulierung als ein *politisches* Prinzip der Realitätsauseinandersetzung zu begreifen. Denn die bloß repräsentative Mitbestimmung von Schülern, ohne ein bestimmtes Maß vorgängiger Artikulation der Interessen aller Schüler im Unterricht und ohne Möglichkeiten der Selbstbestimmung und der Selbstorganisation im Verhalten, hebt den Objektcharakter der Kinder gegenüber dem pädagogischen Arbeitsprozess nicht auf und verkommt schließlich zur zusätzlichen Disziplinkontrolle. Ähnliches gilt im Übrigen auch für die Mitbestimmungsrechte der Eltern in der herkömmlichen Schule; sind sie nicht von intensiver Elternarbeit getragen, das heißt aber: durch den konkreten pädagogischen Arbeitsprozess vermittelt, schlagen sie meist in blockierende Kontrollen jeder unbotmäßigen pädagogischen Phantasie der Lehrer um und verkümmern zu politischem Konservativismus.

Zum Problem der Verwissenschaftlichung

Ist Selbstregulierung ein Organisationsprinzip der Schule, so bildet sich eine eigentümliche Dialektik heraus: *Je entschiedener Verhaltens- und Lernprozesse freigesetzt werden, von ständigen administrativen Eingriffen frei ablaufen, desto größere Bedeutung gewinnen inhaltliche Planung und didaktische Organisation, vorab geleistete Arbeit der Lehrer.* Würden wir an die Stelle der starren, von Motivationen und Bedürfnissen der Selbsttätigkeit der Kinder völlig unabhängigen Unterrichtsorganisation eine Situationspädagogik treten lassen, so wäre nichts gewonnen; denn Situationspädagogik ist nur die abstrakte Kehrseite der herkömmlichen Schule. Das hätte zur Konsequenz, dass deren Methoden unreflektiert in die Alltagspraxis des Schulversuchs eindrängen.

Zweifellos ist die Gefahr, dass eine Situationspädagogik entsteht, in Schulversuchen wie der Glocksee-Schule besonders groß. Das Abwarten und Sehen, worauf sich Aktivität und Aufmerksamkeit der Kinder lenken, kann leicht dazu führen, dass sich die alten Lernhaltungen und Verhaltensweisen der Lehrer wieder einspielen. Tatsächlich besteht eine der Hauptschwierigkeiten in der jetzt einsetzenden zweiten Verlaufsphase des Schulversuchs Glocksee in der Frage: *Wie kommen die Angebote zu den Kindern?* Es sind gegenwärtig offensichtlich mehr Lernmotivationen vorhanden, als befriedigt werden können. Es wäre aber falsch, wollte man daraus den Schluss ziehen, jetzt einfach auf die Fachlehrer-Kompetenz zurückzugreifen, um mit vollen Segeln auf kognitive Angebote zuzusteuern.

Das Problem besteht eben darin, dass die geschaffenen Lernmotivationen nicht in beliebiger Weise aufzugreifen und fortzuführen sind. Es geht vielmehr darum, eine ihnen angemessene Didaktik und Stofforganisation zu entwickeln. Diese Diskussion muss zweifellos in der Schule geführt werden, die Kriterien können jedoch nicht *isoliert* aus der Schule heraus entwickelt werden. Hier wird das Schwergewicht der zukünftigen Arbeit des Schulversuchs liegen. Was wir heute darüber schon sagen können, ist nichts weiter als eine Zwischenbilanz: Erfahrungen aus gelungenen und gescheiterten kleineren Projekten, Ansätze und Perspektiven, für einzelne größere Projekte auch konkrete Arbeitsprogramme.

Die soziologische Problematisierung von Verhalten, aus der die Notwendigkeit selbstregulierter Erziehungsprozesse zu begründen ist, hat auch unmittelbare Folgen für den Inhalt und die Form der Lernprozesse. Es gibt keinen gesicherten Kanon von Wissen mehr, der mit Hilfe technisch-didaktischer Mittel in den Vorstellungshorizont von Kindern umgesetzt werden könnte. Nicht nur die Hierarchie der Kulturtechniken untereinander, sondern auch deren innere Struktur, aufgebaut nach dem Induktionsprinzip, vom Einfachen zum Komplexen, ist in ihrer allgemeinen Geltung in Frage gestellt. Damit auch die Auffassung, dass all das, was in einem einzelnen spezialisierten Wissensgebiet arbeitsteilig entwickelt und zum Lehrstoff zusammengerafft ist, für Prozesse der Bewusstseinsbildung von Kindern unbedingt Bedeutung hat. Solange man davon ausgehen konnte, dass das Einschleifen der Kulturtechniken (Einmaleins, Rechtschreibung usw.) völlig problemlos Grundlage aller übrigen Wissensaneignung ist, gab es allenfalls technisch-didaktische Probleme. Mit anderen Worten: *Solange der traditionelle Wissenskanon in der Schule noch weitgehend als unproblematisch galt, waren Lehrstoff und Didaktik aufeinander abgestellt. Heute drohen sich Didaktik wie Unterrichtstechnologien gegenüber den zu vermittelnden Lehrgehalten zu verselbständigen.* Sie nehmen damit eine andere Funktion an: Im Grunde ersetzen sie eine Vermittlung von Methode und Inhalt, die nicht geleistet wird. Der Anspruch auf Verwissenschaftlichung wird auf die Seite des Mitteleinsatzes geschoben. Die Verwissenschaftlichung der materiellen Produktionsprozesse hat dagegen den pädagogischen Arbeitsprozess als Ganzen erfasst und schafft mindestens bei den Lehrern den ständigen Druck, alles, was sie inhaltlich vermitteln und *wie* sie es didaktisch bringen, wissenschaftlich begründen zu müssen, und erzeugt damit ein schlechtes Gewissen. Praktisch wird das nicht überall der Fall sein, aber im Prinzip dringen Formen der Verwissenschaftlichung bis in die letzten Poren der Pädagogik hinein.

Diese Tendenz zur Verwissenschaftlichung der gesellschaftlichen Produktionsprozesse führt zum einen zu einer gewaltigen Anhäufung von Wissen, was eine immer stärkere Spezialisierung zur Folge hat, zum anderen aber auch zu einem schnelleren Veralten von Informationen, die etwa zu Zeiten der handwerklichen Produktionsweise noch über Jahrzehnte unverändert blieben. Was sich auf akademischer Ebene zeigt, dass nämlich ein Arzt oder ein Anwalt oder ein Techniker, der heute über die gegenwärtig neuesten Verfahren informiert und darin ausgebildet wird, nach 10 Jahren schon damit rechnen muss, dass dieser Ausbildungsstand veraltet ist, gilt natürlich nicht in gleicher Weise für die Lerninhalte bei Kindern. Im Prinzip handelt es sich aber um dieselbe Sache.

Es geht heute in den Schulen nicht nur um das allbekannte Problem der Stoffreduktion, sondern um die Frage, nach welchen Prinzipien überhaupt Lehrstoff zusammengefügt und reduziert werden soll. Und nicht nur das: Zunehmende Arbeitsteilungen in bestimmten Bereichen haben dazu geführt, dass die produktive Intelligenz im Umgang mit der Realität und dem verfügbaren Wissensstoff verloren geht. Es ist ein alter Satz, dass man selbst ein schlechter Mathematiker ist, wenn man *nur* etwas von Mathematik versteht. Insbesondere in den Naturwissenschaften und auch in anderen wissenschaftlichen Bereichen gibt es daher gegenwärtig die Tendenz, Arbeitsteilungen rückgängig zu machen, das heißt: Die Vermittlung der einzelnen Fächer mit den je anderen, die zur Arbeitsteilung *gegenläufige* Tendenz im Wissenschaftsprozess wird allmählich auch als eine methodische Forderung an die Erziehung und an die Ausbildung begriffen. Die Zerfaserung des Unterrichts in streng voneinander abgedichtete Fächer ist heute in der Pädagogik vielfach eine ohnmächtige Widerspiegelung dieser gesamtgesellschaftlichen Tendenzen der Arbeitsteilung, während die entgegenwirkenden Zusammenhänge, die unter der Oberfläche liegen, aber keine geringe Bedeutung haben, in der Schulrealität kaum wahrgenommen und praktiziert werden.

Allerdings kommt diese gesellschaftliche Problemsituation in der Unterrichtsrealität einzelner Schulen, sofern sie überhaupt einen kritischen Gedanken gegenüber dem reinen Fachlehrer-Prinzip zulassen, im *Nebeneinander* von Fachunterricht und fächerübergreifendem Projektunterricht zum Ausdruck. Zusammengehalten wird das Ganze allenfalls durch pädagogische Postulate, nicht durch die inhaltliche und organisatorische Vermittlung dieser Unterrichtsformen. So hält sich eine Weile ein labiles Gleichgewicht, welches aber regelmäßig die Tendenz hat, zur Seite des herkömmlichen, scheinbar sichere Orientierungen verbürgenden Fachunterrichts zu neigen. Eine Lösung durch äußerliche Kombination dieser Unterrichtsformen ist auch nicht möglich. Schon in dem Begriff »fächerübergreifend« ist angedeutet, dass man auf halbem Wege stehen bleibt.

Die Glocksee-Schule macht den Versuch, diese zur Arbeitsteilung gegenläufigen Tendenzen bewusst zu machen und in didaktische Konzepte umzusetzen, die der notwendig gewordenen Neuorganisation des Lehrstoffs entsprechen. Alte, im Grunde auf Arbeiten von John Dewey Anfang der Zwanzigerjahre zurückgehende Methoden des Projektunterrichts sind in den letzten zehn Jahren wieder diskutiert worden. Die angedeutete gesellschaftliche Tendenz zur Zurücknahme von Arbeitsteilungen ist die objektive Basis der Requalifizierung von Wissensvermittlung. Dem kommen bei den Lernprozessen der Kinder Ansätze und Dispositionen entgegen, die weitergeführt werden sollten.

Das bedeutet keineswegs, dass durch Projektunterricht systematischer Unterricht über spezifische Gegenstände (also in der gewohnten Terminologie: Fachunterricht) zwangsläufig überflüssig wird. Es bedeutet vielmehr, dass dieser systematische Unterricht erst im Zusammenhang bestimmter Projekte seinen Stellenwert bekommt, nämlich in der Weiterführung, der Vertiefung, der Präzisierung des angeeigneten Gegenstandes oder der angedeuteten Zusammenhänge, die von dem tatsächlichen kognitiven Assoziationshorizont der Kinder ausgehen. Kein Kind erfährt die Realität aufgeteilt in fachspezifische Gegenstandsbereiche. Das, was den Kindern als ausgewiesene wissenschaftliche Erkenntnis über die Gegenstände auseinandergerissen in Disziplinen entgegengebracht wird, führt ihren Interessen- und kognitiven Assoziationshorizont in der Regel nicht weiter, sondern zerstört, fragmentiert ihn; damit wird auch das zu Grunde liegende Erkenntnisinteresse ausgetrieben, häufig für immer.

Exemplarisches Lernen: didaktische Perspektiven

Wir halten das Entwicklungsprinzip als für Lernprozesse zentral. Was ist damit gemeint?

In einer kapitalistischen Gesellschaft mit entfalteter Warenproduktion stellt sich das Problem, dass sich den Menschen die Verhältnisse vorwiegend in der dinglichen Gestalt von fertigen Produkten darstellen. Niemand reflektiert, wenn er eine Gabel oder ein Messer gebraucht, im Ernst auf den Produktionsprozess, der zu ihrer Erzeugung notwendig ist. Die normale Funktion dieser Gegenstände dichtet das Bewusstsein gegen ihre Entstehungsbedingungen ab, erst wenn Gabel und Messer zerbrechen, macht man sich Gedanken darüber, wie sie entstanden sind, oder stellt Vermutungen über die Fehler im Produktionsprozess oder im Material an. Nimmt man die Massenmedien, so sind die Menschen auch hier mit abgeschlossenen Resultaten konfrontiert, die auf dem Bildschirm mit der Suggestion von Unmittelbarkeit erscheinen und weder einen Eingriff des Zuschauers zulassen noch die dahinterliegenden Prozesse sichtbar werden lassen.

Aus objektiven Voraussetzungen der Verkehrung der Verhältnisse und der damit einhergehenden Ideologiebildung ergibt sich die Klage, dass das individuelle und kollektive Gedächtnis der Menschen, ihr historischer Sinn schwinden. Diese Bedingungen sind sicherlich nicht alleine durch Erziehung aufzuheben, ohne die Gesellschaft zu verändern, in der sie existieren. Aber eine Erziehung, die zu demokratischem Verhalten und autonomer, Vorurteile durchbrechender Denkweise führen soll, ist notwendig darauf abgestellt, *geschichtliches Gegenwartsbewusstsein* zu erzeugen.

Erst auf dieser inhaltlichen Grundlage, die ein relativ breites Wissen des Lehrers vom Gegenstand des Unterrichts voraussetzt, können Differenzierungen von Altersstufen und didaktische Prinzipien eingesetzt werden, die der Entwicklung des Lehrstoffes durch Versinnlichung, durch Aneignung der Arbeitsmittel dienen.

So, wie auf der *Ebene* der *Gegenstände* ihr Produktcharakter, ihre gesellschaftliche Konstitution, reflektiert wird, bedeutet das Prinzip des exemplarischen Lernens gleichermaßen die Reflexion des *Produktionscharakters des Lernprozesses selbst.* Exemplarischer Unterricht besteht nicht in der Entfaltung einzelner zufälliger Vorstellungen der Kinder (das ist aussichtslos), sondern des bei den Kindern andeutungsweise vorhandenen *Zusammenhangs* dieser Ideen in systematisch vorbereiteten und vorgreifenden Projekten, die an der Unmittelbarkeit von Vorstellungen nicht kleben bleiben, sondern deren Vertiefung und Erweiterung zum Inhalt haben. Exemplarisches Lernen kann sich nicht darauf beschränken, die im Assoziationshorizont der Kinder vorgezeichneten Bahnen nachzuzeichnen, sondern es muss immer einige Schritte weiter sein, um auch die Begrenztheit des einzelnen Schrittes mitreflektieren zu können, um den Hintergrund der einzelnen Information, der einzelnen Antwort aufdecken zu können. Die unmittelbaren Erfahrungen des Kindes müssen als vermittelte erkennbar werden, die Erfahrungen im Hause, in der Wohnung, auf der Straße und in der Schule als Ausdrucksformen gesellschaftlicher Konflikte und Widersprüche, die auch andere Menschen betreffen. Es geht hierbei um Lebenszusammenhänge, nicht um einzelne Tatsachen und Informationen, die additiv zusammengefügt werden. Die Informationen selber liegen heute auf der Straße, was aber fehlt, sind Orientierungsmöglichkeiten, sind die Motivation und Fähigkeit, diese Informationen zu verwenden und das eigene Leben in Zusammenhang mit den zu Grunde liegenden Verhältnissen zu bringen.

Die Kinder bringen ihre eigenen Erfahrungen und Konflikte in exemplarische Lernprozesse ein, aber diese Erfahrungen und Konflikte wie auch die Institutionen, von denen sie bestimmt werden, bedürfen der doppelten Erklärung: Sie haben einen Entstehungsprozess in der Vergangenheit, dessen Resultat sie sind, und sie weisen in ihren Tendenzen im Allgemeinen über den gegenwärtigen Zustand hinaus. Sie lassen, wo es um empfundenes Unrecht, um Unterdrückung, aber auch um Glück geht, eine *utopische Dimension* erkennen, den Tagtraum besserer Verhältnisse. Im Erziehungsprozess für das Kind Partei ergreifen, nicht nur als Schutz gegen Unrecht und Gewalt, sondern um es mit Kreativität und sensibler Realitätsauffassung, mit Urteilsvermögen und neuen Lernmotivationen auszustatten, bedeutet gleichzeitig, diese beiden Dimensionen inhaltlich zu entfalten. Der Realitätsgehalt von *Tendenzen* ist größer als der von Tatsachen.

Carola Groppe

»Die Universität gehört uns«. Veränderte Lehr-, Lern- und Handlungsformen an der Universität in der 68er-Bewegung

Walter Rüegg, dem Rektor der
Johann Wolfgang Goethe-Universität
Frankfurt am Main von 1965–1970,
zum 90. Geburtstag gewidmet

1. Einleitung

Zu Beginn des Wintersemesters 1968/69 legte ein Student namens Gerhard Stamer an der Johann Wolfgang Goethe-Universität Frankfurt am Main ein »Paper« zum philosophischen Hauptseminar von Jürgen Habermas mit folgendem Titel vor: »Argumentationszusammenhänge, aus denen ein anderes Konzept für ein Seminar über materialistische Erkenntnistheorie hervorgehen soll, als Prof. Habermas es entworfen hat«. Auf mehreren Seiten wird an Habermas' theoretischem Konzept harte Kritik geübt: »Für die Subjekte springt bei Habermas nichts raus. Ihm geht es allein darum, den *allgemeinen* Zusammenhang der Wissenschaft mit der dieser vorgelagerten *allgemeinen* Gattungsgeschichte zu vermitteln« (Zoller 1969, S. 25). Auf das Paper war von Habermas offenkundig eine scharfe mündliche Reaktion erfolgt. Auf Beschluss der Basisgruppe Philosophie wurde daraufhin ein Brief des Studenten an Habermas veröffentlicht: »Ich wollte exemplarisch vormachen, dass es möglich ist, Sie ohne Scheu etwas lässig anzupacken, ohne dass es Strafe setzt. [...] Ich wollte zeigen, dass es mehr die Projektion der Verängsteten ist, die den Zwang im Seminar bewirkt, als der um seine Autorität besorgte Professor. [...] Kurzum: [...] Ich wollte zeigen, dass nichts zu befürchten ist, wenn man sich aggressiv und unhöflich gegen Sie verhält. […] Naiv war ich auch darin, anzunehmen, Sie hätten mit uns erkannt, dass dieser Angriff auf Ihre Autorität erforderlich sei, um die Veränderungen im Seminar, die wir intendierten, wirklich vorzunehmen. […] Was stattfand, war eine psychische Regression, eine furchtbare Einschüchterung, Bestätigung dessen, was man schon immer erlebt hatte« (Zoller 1969, S. 29).

An dieser Episode, wie sie sich in Universitätsseminaren zur Zeit der Studentenbewegung vermutlich in ähnlicher Form vielfach wiederholte, wird deutlich, dass der Student nicht lediglich einen kritischen Diskussionsbeitrag hatte liefern wollen. An der Kritik an Habermas' Seminar sollte der Anspruch der Studierenden auf eine mindestens gleichberechtigte inhaltliche Mitgestaltung der Seminare verdeutlicht werden. Zugleich sollte jegliche Amtsautorität kritisiert und beseitigt werden. Bemerkenswert ist, dass auf die Habermas'sche Reaktion nicht mehr mit sachbezogener Kritik – also innerhalb der Kommunikationsregeln eines Seminars – geantwortet wurde, sondern auf deren psychische Folgen rekurriert wurde. Das Recht der Studierenden, Professoren »aggressiv und unhöflich« anzusprechen, wurde abgeleitet aus einer systembedingten Notwendigkeit, nämlich Zwänge aufzubrechen, um eine »andere Universität« zu schaffen und eine Bewusstseinsänderung und psychische Befreiung der Studierenden herbeizuführen.

Im Folgenden soll an Beispielen aus der Johann Wolfgang Goethe-Universität Frankfurt und der Freien Universität Berlin, den beiden Zentren der Studentenbewegung, dargestellt werden, welche Bedeutung die Universität für die Studierenden in der 68er-Bewegung besaß, welche Ziele sie mit einer veränderten Universität inner- und außeruniversitär verfolgten und welche Wege sie an der Universität einschlugen, um diese Ziele zu erreichen. Besondere Beachtung finden dabei die Lehr- und Lernformen (auch in ihrem weiteren Sinne als bewusstseinsbildende Handlungsformen), die die Studierenden dazu an den Universitäten entwickelten. Angesichts der Tatsache, dass momentan rund 36 % eines

Altersjahrgangs ein Studium aufnehmen und die Universitäten und Fachhochschulen dadurch eine immer größere Bedeutung als Qualifizierungs- und Sozialisationsinstanz der jungen Generation erhalten, wird abschließend überlegt, welche Auswirkungen auf die heutigen Hochschulen der Studentenbewegung und ihren Aktionen zugesprochen werden können.

2. Die Funktion der Universität für die Studentenbewegung

Obwohl die Studentenbewegung unzweifelhaft der öffentlichkeitswirksamste Teil der 68er-Bewegung war, wird die zentrale Bedeutung der Universität für die Studentenbewegung kaum thematisiert (vgl. Hodenberg/Siegfried 2006; Aly 2008; Frei 2008). Dominant sind in den Darstellungen, die sich mit der Studentenbewegung befassen, zwei Perspektiven: die auf den Staat und seine Reaktionen und die auf die Studierenden als Einzel- und Gruppenakteure sowie ihre zentrale Organisation, den SDS (Sozialistischer Deutscher Studentenbund). Die Universitäten waren 1968 aber nicht nur Orte, an denen Aktionen diskutiert und geplant wurden und demonstrativ (neben anderen Schauplätzen wie Straßen, Kommunen usw.) umgesetzt wurden, sondern die Umgestaltung der Universitäten war selbst ein zentrales Ziel der Studentenbewegung.

In den Nachkriegsjahren waren an den Universitäten zunächst Wiederaufbauprogramme umgesetzt worden. 1955 legte dann die Westdeutsche Rektorenkonferenz ein neues Studienförderungsprogramm (»Honnefer Modell«) vor, das besondere Leistungen mit sozialen Gesichtspunkten verband; 1962/63 wurden gemeinsam mit der Studienstiftung des Deutschen Volkes bereits 23,7 % aller Studierenden staatlich gefördert. Waren 1955/56 123.000 Studierende an den Hochschulen eingeschrieben, so waren es 1961/62 206.500 (vgl. Jarausch 1984, S. 215ff.). Es wäre jedoch verfehlt, die wachsende Studierendenzahl allein auf staatliche Reformprogramme zurückzuführen. Gleichermaßen dafür verantwortlich waren geburtenstärkere Jahrgänge, wachsender ökonomischer Wohlstand und zunehmende soziale Sicherheit seit den 50er-Jahren (vgl. Drewek 2006). Zugleich aber hatten sich die Herkunftsmilieus der Studierenden nicht nachhaltig verändert, stellten höhere Beamte, alter und neuer Mittelstand, Freiberufler und Unternehmer über 80 % der Familien der Studierenden (vgl. Jarausch 1984, S. 216f.). Eine bildungssoziologische These lautet daher, dass die Studentenbewegung eine verspielte Selbstverwirklichungsrevolte der Bürgersöhne (und -töchter) angesichts ihrer sich abzeichnenden herausragenden Chancen auf dem akademischen Berufsmarkt darstellt (vgl. Müller 1985; Zymek 2007).

Dabei war die Studentenbewegung, deren Dauer man ungefähr auf die Zeit von 1965 bis 1970 (mit einem Höhepunkt in den Jahren 1967–69) datieren kann, in ihren Aktionen und Zielen keineswegs einheitlich. Es gab antiautoritäre Gruppen (vornehmlich repräsentiert und gestützt vom SDS), die in spielerisch-subversiven Aktionen autoritäres Bewusstsein und autoritäre Handlungsformen entlarven und auflösen wollten, und traditionell marxistische Gruppen, die in der Verbindung von Marx und Freud und in der den Studierenden zugeschriebenen Avantgarde-Funktion nichts weiter als romantische Relikte bürgerlicher Intellektueller sahen (vgl. Mosler 1977, S. 21ff., 64ff.). Wenn, wie Heinz Bude festhält, 1968 weder »marxistische Revolutionsträume« noch »adornitische Verzweiflung« die unterschiedlichen Gruppen verband, sondern »der Protest gegen die Institutionen der bürgerlichen Gesellschaft das organisierende Motiv der Studentenbewegung« darstellte (Bude 2003, S. 128), dann bedeuteten die Universitäten mehr als eine der vielen Institutionen, gegen die sich der Protest richtete. Unter dem Schlagwort »technokratische Hochschulreform« fassten die Studierenden Reformen zusammen, die aus ihrer Sicht nur eine effektivere »Abrichtung« zum Zweck der beruflichen Verwertung zum Ziel hatten (vgl. Lefèvre 1968; Zoller 1969, S. 35). In der Gesellschaftskritik der 68er traf dies auf alle Reformen zu, die nicht im Kern auf eine radikale Umgestaltung der Gesellschaft zielten, letztlich somit auf alle staatlichen Reformprogramme. In der Übernahme der »Produktionsstätte Universität« durch die Studierenden sollte daher ein Vorbild für die Übernahme der Betriebe durch die Arbeiter entwickelt werden und darüber hinaus an den Universitäten eine kritische Elite und politische Avantgarde entstehen, welche die revolutionäre Rolle übernehmen sollte, die die Arbeiterschaft für die Studierenden aufgrund eines kollektiven Verblendungszusammenhangs durch Wohlstandszuwachs nicht mehr einnehmen konnte.

1965 hatte Herbert Marcuse, einer der Doyens der Studentenbewegung, den theoretischen Zusammenhang dargelegt, der die Bedeutung der Universität für den Kampf gegen den »autoritären Staat« fundierte und dabei die Anwendung unrechtmäßiger Mittel nicht ausgeschlossen: »In dieser Gesellschaft, für welche die Ideologen ›das Ende der Ideologie‹ verkündet haben, ist das falsche Bewusstsein zum allgemeinen Bewusstsein geworden – von der Regierung bis hinunter zu ihren letzten Objekten. Den kleinen und ohnmächtigen Gruppen, die gegen das falsche Bewusstsein kämpfen, muss geholfen werden: ihr Fortbestand ist wichtiger als die Erhaltung missbrauchter Rechte und Freiheiten, die jenen verfassungsmäßige Gewalt zukommen lassen, die diese Minderheiten unterdrücken. [...] So kann das Durchbrechen des falschen Bewusstseins den archimedischen Punkt liefern für eine umfassendere Emanzipation – an einer allerdings unendlich kleinen Stelle, aber von der Erweiterung solcher kleinen Stellen hängt die Chance einer Änderung ab« (Marcuse 1965/2008, S. 159ff.). Rudi Dutschke ergänzte 1968 für die Studierenden: »Gerade diese Durchbrechung des falschen Bewusstseins haben wir begonnen. Die Kontrolle und Verwaltung der Individuen durch das System wird durch unsere politische Arbeit, durch unsere Aufklärung, durch unsere Provokationen und Massenaktionen strukturell in Frage gestellt. [...] Unsere historisch richtige Beschränkung auf die Arbeit in der Universität darf nicht fetischisiert werden. Eine revolutionäre Dialektik der richtigen Übergänge muss den ›langen Marsch durch die Institutionen‹ als eine praktisch-kritische Tätigkeit in allen gesellschaftlichen Bereichen begreifen« (Dutschke 1968, S. 89f.). Den Studierenden kam die Funktion zu, diesen Weg an den Universitäten vorzubereiten und in der Gesellschaft dann exemplarisch zu beschreiten.

3. Demokratisierung der Universitäten – Revolution durch Aktion

Rückblickend ist kaum noch nachzuvollziehen, welchen Respekt und welche Anerkennung die Mehrheit der Studierenden ihren Professoren bis dahin entgegengebracht hatte, aber auch nicht, in welcher Ordinarienherrlichkeit sich viele Professoren gewähnt hatten. Man muss sich in Erinnerung rufen, dass die »Ordinarienuniversität« praktisch keine verfassten Organe der Mitbestimmung anderer Gruppen als der Professoren kannte. An den Vorlesungsverzeichnissen der Universität Frankfurt (http://publikationen.ub.uni-frankfurt.de) lässt sich ablesen, wie die Universität in den 60er-Jahren organisiert war. Im Senat waren die Dekane der Fakultäten sowie Wahlsenatoren aus dem Kreis der Professoren vertreten. Die Fakultäten bestanden aus Instituten, deren Direktoren die jeweiligen Lehrstuhlinhaber waren. Die Fakultätsangelegenheiten wurden in einer Versammlung der Ordinarien geregelt. Vor diesem Hintergrund bezog sich eine zentrale Forderung der Studierenden auf die Demokratisierung der Hochschule als gleichberechtigte Mitwirkung aller an der Universität beteiligten Gruppen; den Professoren sollte ihre Handlungsautonomie entzogen werden. Die zweite Forderung richtete sich auf eine gesellschaftskritische Reform der Wissenschaft: Sie sollte nicht mehr in einer »Schein-Objektivität« dem bestehenden System zuarbeiten, sondern eine »neue Wissenschaft« sollte in neuen Lehr- und Lernformen zu einem kritischen Bewusstsein der Studierenden und schließlich zu gesamtgesellschaftlichen Veränderungen führen.

Die studentischen Lehr-, Lern- und Handlungsformen hießen dementsprechend »Satzungsentwürfe und -diskussionen«, »Basisgruppenarbeit«, »Seminarkritik«, »Vorlesungssprengung/Go-in«, »Teach-in« und »Sit-in«. Dazu kamen Seminar- und Bibliotheksbesetzungen und Streiks. Auf Tafeln, Flugblättern und Spruchbändern wurde festgehalten: »Zerschlagt die Wissenschaft«; »Studium ist Opium«; »Alle Professoren sind Papiertiger«; »Schlagt die Germanistik tot – färbt die blaue Blume rot«;

»Nehmt euch die Freiheit der Wissenschaft – entdeckt was ihr wollt«; »Alle Macht den Räten« usw. Die Leichtigkeit, mit der diese Ziele zunächst inneruniversitär angegangen werden konnten, berauschte viele Studenten. Die meisten Professoren waren bereit, mit den Studenten zu diskutieren (vgl. Wolff/Windaus 1977, S. 113ff.), oder aber verzichteten nach wiederholten »Go-ins« auf die Weiterführung ihrer Lehrveranstaltungen (vgl. Zoller 1969, S. 225f.). Eine deutliche Gegenwehr fanden die Studierenden kaum; zumeist überließen die Professoren dies wie in Frankfurt dem Rektorat oder einzelnen Dekanen, so dass sie sich wahlweise mit Forderungen der Studierenden solidarisch erklären konnten oder sich an das Rektorat zur Verteidigung ihrer Interessen wenden konnten (vgl. Kraushaar 1998a, S. 334ff.). Im Folgenden werden die Lehr-, Lern- und Handlungsformen der Studierenden an Beispielen vorgestellt.

3.1 Satzungsentwürfe und -diskussionen

An der Universität Frankfurt legte die Fachschaft Philosophie im Dezember 1968 eine Präambel für eine Fachschaftsordnung vor, die Folgendes enthielt: »Eine Institutsvollversammlung, die aus allen Lehrenden und Lernenden, die dem Institut angehören, besteht, soll die bei der Durchführung des Wissenschaftsprozesses zu beachtenden Richtlinien festlegen. [...] Das Studium ist von den reproduktiven Vollzügen, die Prüfungen genannt werden, zu befreien, denn sie dienen lediglich der herrschaftlichen Kontrolle. [...] Die Fachschaft hat hochschulpolitisch die Aufgabe, auf Politisierung der Studenten, Abschaffung von Prüfungen jeder Art (Pflichtprüfungen) und Überführung der bestehenden Veranstaltungsformen in kollektive Arbeitsformen hinzuarbeiten« (Zoller 1969, S. 32). Und eine Basisgruppe Soziologie ergänzte: »Wir haben es satt, mit den kritischen Ordinarien [gemeint sind die Mitglieder der Frankfurter Schule, C. G.] über Hochschulreform zu diskutieren, ohne dass den Studenten eine Kontrolle über die Produktivkraft Wissenschaft zugestanden wird. [...] Wir haben es satt, uns in Frankfurt zu halbseidenen politischen Linken ausbilden zu lassen, die nach dem Studium das integrierte Alibi des autoritären Staates abgeben« (Zoller 1969, S. 40).

Nach einem Satzungsentwurf der Studenten für das Soziologische Seminar sollte künftig ein Institutsrat, halbparitätisch mit Studenten besetzt, den Lehr- und Forschungsplan des Soziologischen Seminars zusammenstellen und den Haushaltsplan ausarbeiten, wobei den Studenten die Stellen für wissenschaftliche Hilfsassistenten und Hilfskräfte und mindestens 30 % der Sachmittel zur Verfügung gestellt werden sollten. Dem Institutsrat sollte die Einstellung der wissenschaftlichen Angestellten und Beamten (also auch der Professoren) obliegen. Die vorhandenen Lehrstuhlinhaber sollten nur noch mit der weiteren Verwaltung ihrer Lehrstühle beauftragt werden, ihre Entscheidungsbefugnisse aber an den Institutsrat abgeben (vgl. Zoller 1969, S. 60f.). Bezogen auf demokratietheoretische Analysen und die Sozialphilosophie der Frankfurter Schule (vgl. Horkheimer/Adorno, Dialektik der Aufklärung, 1944; Marcuse, Der eindimensionale Mensch, 1964) handelten die Studierenden konsequent und erzeugten erheblichen Handlungsdruck an den Universitäten. In Bezug auf die Universitätssatzungen konnten die Studenten gemeinsam mit den Assistenten und einigen reformbereiten Professoren Siege erringen. So sah eine Reihe von Satzungen drittelparitätische Stimmenverhältnisse für alle Entscheidungen der universitären Gremien vor (je ein Drittel Stimmen Professoren, Assistenten, Studenten), bis ein Urteil des Bundesverfassungsgerichts 1973 mit der Begründung der grundgesetzlich geschützten Freiheit von Forschung und Lehre eine notwendige ausschlaggebende Mehrheit der Professorenstimmen in Fragen von Forschung und Lehre festlegte. Die Mitbestimmungsrechte der Assistenten und Studenten blieben jedoch im neu implementierten organisatorischen System der »Gruppenuniversität« erhalten.

3.2 Basisgruppenarbeit und Streiks

1967 waren die beiden hessischen Pädagogischen Hochschulen mit den zweijährigen Studiengängen zum Grundschul- und Hauptschullehramt und dem dreijährigen Studiengang zum Realschullehramt in die Universitäten Frankfurt und Gießen als »Abteilung für Erziehungswissenschaften« (AfE) integriert worden. Ende 1968 führte ein Streik der AfE-Studierenden in Frankfurt zu einem universitätsweiten Streik und zur Besetzung von Instituten. Anlass war der Plan des hessischen Kultusministers Ernst Schütte (SPD), das Grund-, Haupt- und Realschullehramt auf eine Studienzeit von drei Jahren zu begrenzen, zugleich aber den Stufenlehrer statt des Typenlehrers einzuführen. Dies stand im Zusammenhang mit dem hessischen Vorhaben einer curricularen Angleichung der Bildungsgänge. Dem SDS gelang es, die Bedrohung des sechssemestrigen Studiums auf das Gymnasiallehramt auszudehnen, was zu keinem Zeitpunkt vorgesehen oder in Erwägung gezogen worden war. Am 3.12.1968 beschloss eine Vollversammlung der Fachschaft der AfE den Beginn eines unbefristeten Streiks bis zur Durchsetzung ihrer Forderungen: u.a. achtsemestriges Studium und Gleichstellung aller Lehrer. Dieser Beschluss hatte lawinenartige Folgen und führte zu Streikbeschlüssen bei den Anglisten, Germanisten, Slawisten, Romanisten, klassischen Philologen, Historikern, Philosophen und Soziologen. Im Rahmen des Streiks wurden studentische Arbeitsgruppen gebildet, die auf einem Flugblatt für das Soziologische Seminar Folgendes anboten: 1. Revolutionäre Theorie, 2. Qualitative Inhaltsanalyse, 3. Organisation und Emanzipation, 4. Berufschancen der Soziologen, 5. Materialistische Erkenntnistheorie, 6. Marxistische Rechtstheorie, 7. Autoritärer Staat und Rechtsstaat, 8. Autorität und Kommunikation, 9. Sozialisation, 10. Politische Ökonomie. Das Flugblatt endet mit der Kampfthese: »Die Universität gehört uns!« (vgl. Kraushaar 1998b, S. 502).

In den studentischen AGs sollten nichtautoritäre Lehr- und Lernformen entwickelt werden, die als Einübung in nichtautoritäre gesamtgesellschaftliche Handlungspraktiken verstanden wurden. Es gehe, so das Streikkomitee, nicht darum, ein »Habermas-Seminar ohne Habermas« abzuhalten, sondern »um die Erarbeitung von Projekten, wie unsere ›Seminare‹ denn überhaupt aussehen müssten, sollen sie unseren Bedürfnissen entsprechen. [...] Die allererste Aufgabe wäre wohl, dass möglichst alle in den Arbeitskreisen ihr noch relativ diffuses Problembewusstsein erst einmal artikulieren: die Diskrepanz von eigener Erfahrung und eigenem Studienbedürfnis zum bisher vorgesetzten Lehrangebot« (Zoller 1969, S. 90). Eine »Ad-hoc-Gruppe der Germanistik« hatte zur Besetzung des Germanischen Seminars an der FU Berlin im Mai 1968 in einem Flugblatt geschrieben: »Dies bedeutet nichts weniger als die Antizipation einer neuen Wissenschaft im Medium der Solidarität. Glück wird in Bibliotheksräumen vorstellbar, die uns bisher terrorisiert haben« (zit. n. Mosler 1977, S. 12). Die Studierenden verstanden Streiks und Besetzungen als Beginn einer neuen Verbindung von Theorie und Praxis, wobei sie Praxis als aus der Theorie ermittelte Handlungsanweisung zur Revolutionierung gesellschaftlicher Verhältnisse interpretierten (vgl. Mosler 1977, S. 18f.). Die »Fachidiotenfabrik« sei durch die studentische Selbstinitiative zerschlagen; eine emanzipatorische Wissenschaft trete an die Stelle »scheinrationaler Ausbildungsmodelle«, die Ordinarienuniversität, das »Kartell von Wirtschaft und Wissenschaft«, sei in Frage gestellt (Zoller 1969, S. 100).

Selbsterfahrung und Emanzipation aus repressiven Verhältnissen waren an den Universitäten Schlüsselbegriffe der Studierenden zur Interpretation und Verarbeitung von Basisgruppenarbeit und Streiks. »Prüfungsdruck« und »Scheinstudium« (im doppelten Sinne) sollten aufgehoben werden in befreienden Aktionen und in einer völligen Lösung des Universitätsbetriebs von fremdbestimmtem Qualifikationsdruck.

3.3 Teach-ins, Sit-ins

Unter Teach-ins verstanden die Studierenden Versammlungen, in denen Grundlagen und Ziele studentischer Aktionen von den Studierenden diskutiert und zur Abstimmung gebracht wurden. Oft handelte es sich um Massenveranstaltungen mit mehreren tausend Teilnehmern (vgl. Mosler 1977, S. 14). Die Teach-ins und Sit-ins (Sitzstreiks und -blockaden vor den Universitätsgebäuden oder in Eingangshallen) vermittelten den Teilnehmern das Gefühl, Teil einer massenhaften Bewegung zu sein. In großen Vorlesungssälen präsidierten vorn an aufgestellten Tischen, dort, wo ansonsten die Professoren am Katheder standen, zumeist Mitglieder des SDS und leiteten mit Megaphonen oder Mikrophonen die Teach-ins. Die stundenlangen Veranstaltungen waren einerseits gekennzeichnet durch Zwischenrufe, Unruhe, Gelächter und spontane Tumulte, andererseits durch eine hochbürokratische Regelung. Es wurden Geschäftsordnungen diskutiert, Rednerlisten geführt, Geschäftsordnungsanträge abgestimmt und auch – nicht zuletzt durch den SDS – Sitzungsverläufe durch lange vorbereitete Redebeiträge, Geschäftsordnungsanträge und gezielte Gruppenmobilisierungen manipuliert (vgl. Wolff/Windaus 1977, S. 113ff.). Für die Professoren und die Universitätsleitungen und -verwaltungen schien sich hier eine studentische Gegenöffentlichkeit zu etablieren, deren Entwicklung und Ziele kaum kalkulierbar erschienen.

Einen guten Eindruck von solchen Versammlungen verschafft der bei Kraushaar abgedruckte Protokollauszug eines Teach-ins mit dem hessischen Kultusminister Schütte am 7. Januar 1969, auf dem mit dem Kultusminister über seine Politik und die Ziele des Universitätsstreiks diskutiert werden sollte. Als der Kultusminister sich von den scharfen Angriffen der Studenten und ihrer Zahl (über 2.500) in die Enge getrieben fühlte und den Saal verlassen wollte, antwortete ihm ein Student: »›Genossen, wir bitten, die Fotografen möchten mal etwas zur Seite gehen und Ihr Euch wieder hinsetzen. Der Minister Schütte wird dort nicht rausgehen. Da stehen genügend Genossen. Wir fangen jetzt mit der Diskussion zur Resolution an.‹ […] Studentin: ›Herr Cohn-Bendit, was Sie hier gerade exerziert haben mit Herrn Schütte, ist genau das gewesen, was Sie Herrn Schütte nicht zu Unrecht und den Ordinarien, Herrn Rüegg und den Dekanen vorgeworfen haben. Sie haben nämlich Terror gemacht. (Schreien). […] Und Sie bilden sich ein, dass Herr Schütte während dieser Momente der Repression auch nur einen Moment zugehört hat. Dazu ist er auch nicht in der Lage gewesen. Er war körperlich total fertig. (Unruhe). […] Sie haben die ganze Aktion vorher geplant und Sie haben sie durchgeführt mit Hilfe Ihres verdammt guten, ja verflucht guten demagogischen Talents.‹ (Unruhe). […] Studentenführer: ›Moment, Moment. So eine Äußerung wird morgen ganz groß in der Presse stehen. Deswegen müssen wir auch ganz groß auf diese Äußerung antworten […] es ist doch ganz klar, dass von vornherein, wenn Studenten im Streik stehen, wenn Herr Schütte hier allein kommt […], dann darauf wartet, weil unsere Angriffe so massiv werden, dass so jemand wie Sie auftritt und sagt, aber dieser arme Mann ist alleine, der hat physisch Angst.‹ […] Neuer Sprecher: ›Ich glaube, wie sehr die Kommilitonin recht hat, […] zeigt sich unter anderem doch wohl daran, dass diese Resolution schon ausgearbeitet war und schon abgezogen war.‹ (Zwischenrufe)« (Kraushaar 1998b, S. 533ff.).

Da die massenhaften Versammlungen, Debatten und Aktionen aber nicht ständig als rauschhaftes Gemeinschaftserlebnis erfahren werden konnten, sondern auf die Dauer selbst wieder zum universitären Alltag mutierten, brachen sich dort auch zunehmend die unterschiedlichen Interessen der verschiedenen Gruppierungen Bahn. Diese äußerten gegenüber dem SDS zunehmend eigene Interessen und formulierten zugleich massive Kritik an dessen Vorgehen. Aus der Vollversammlung der AfE wurde im Januar 1969 verlautbart: »Wer Massenveranstaltungen im Stil von Fußballplätzen für eine demokratische Einrichtung hält – was will der? Wir lassen uns nicht als Stimmvieh vereinnahmen, aufhetzen und dumm machen. […] Wir wollen keine manipulierten Rednerlisten. Wir wollen keine endlosen, unsinnigen Geschäftsordnungsanträge. Die AfE ist kein Tummelplatz für radikale Ideologen. […] Wir wollen Studienreform – nicht Revolution! Wir wollen Demokratie – nicht Demagogie! Wir wollen konstruktive Zusammenarbeit mit reformwilligen Professoren – nicht Destruktion und sinnlosen Boykott!« (Zoller 1969, S. 207). Zudem konnte den Studierenden dauerhaft nicht plausibel gemacht werden, worin die Effektivität eines Universitätsstreiks bestehen sollte, da dieser anders als eine Fabrikbesetzung kaum direkte Auswirkungen auf Wirtschaft und Gesellschaft haben konnte. Auf die drohende Zerstreuung des Streikwillens folgte die nochmalige Besetzung des Soziologischen Seminars in der Myliusstraße durch den SDS, gegen die von Friedeburg und Adorno Anzeige wegen Hausfriedensbruchs stellten und die Polizei holten. Die polizeiliche Räumung am 31. Januar 1969 werteten die Studierenden als Verrat der kritischen Theoretiker an der gemeinsamen Sache (vgl. Kraushaar 1998a, S. 397ff.). Der Streik ging anschließend, begleitet von Reflexionen der Studierenden über den Streikverlauf und die weitere Arbeit, sang- und klanglos zu Ende.

3.4 Vorlesungssprengungen/Go-ins, Seminarkritik

Go-ins bei Vorlesungen und Seminaren waren eine in der Studentenbewegung oftmals geübte Praxis mit dem Ziel, Kritik an den vorgetragenen Inhalten zu üben, die Professoren zu ihren Seminarkonzepten zu befragen oder generell aktuelle politische Themen bzw. Aktionen des SDS oder der Fachschaften zu diskutieren. Ich will dies an einem Beispiel zeigen, dem Go-in bei Carlo Schmid. Des Weiteren möchte ich Form und Ziele der studentischen Seminarkritik am Beispiel der Vorlesung des Germanistikprofessors Martin Stern analysieren.

Carlo Schmid, Professor für Politische Wissenschaften an der Universität Frankfurt und im Kabinett Kiesinger Bundesminister für Angelegenheiten des Bundesrates und der Länder, hielt im Wintersemester 1967/68 eine Vorlesung »Theorie und Praxis der Außenpolitik«. Schmid redete nach Zeitzeugenberichten in einer gleichsam philosophischen Sprache über politische Vorgänge und verkörperte geradezu das Vorbild eines gebildeten Politikers, wie man sich ihn eigentlich immer gewünscht hatte. Das ständige Abdriften in die Darlegung eigener außenpolitischer Handlungen und eine generell fehlende theoretische Analyse bemängelte kaum ein Hörer. Schmid war ein großer, schwergewichtiger Mann, neben dem die SDSler, die ihn am 20.11.1967 über die Notstandsgesetze zur Rede stellen wollten, für die Mehrzahl der Hörer eher schwach und unterlegen wirkten. Das Go-in verlief mit bewährten Mitteln: Versammlung von SDSlern auf dem Podium, Störung des Vortrags durch Mikrofonentzug und eigene Redebeiträge, rhythmisches Klatschen und Skandieren von Parolen, Anbringen von Schriftzügen an der Tafel, Versuch der Verdrängung des Redners vom Podium (vgl. Kraushaar 1998b, S. 313ff.). Carlo Schmid weigerte sich, mit den Studenten über die Notstandsgesetze zu diskutieren, wobei er von einem Teil der Zuhörer mit Rufen wie »SDS raus« unterstützt wurde.

Obwohl Carlo Schmid natürlich das Recht besaß, das Go-in als Störung der Vorlesung zurückzuweisen und eine Diskussion über die Notstandsgesetze zu verweigern, ist doch zu fragen, ob seine Haltung angesichts seiner Position als Minister der Großen Koalition angebracht war. Carlo Schmid, außenpolitisch erfahren, reagierte gegenüber den Studierenden unsensibel und autoritär: »Meine Herren, an diesem Platz spricht von elf bis dreizehn Uhr nur einer – und das bin ich« (zit. n. Kraushaar 1998b, S. 314). Mit wem hätten die Studierenden über die Notstandsgesetze diskutieren sollen, wenn nicht mit Carlo Schmid? Selbstkritisch merkte ein Student hinterher an, dass das angekündigte Go-in, das zu einem vollkommen überfüllten Hörsaal geführt hatte, vermutlich für viele Anwesende Züge eines interessanten Happenings besessen hatte, als politische Aktion aber zu wenig erkenntlich geworden sei (vgl. Kraushaar 1998b, S. 319).

Im Juli 1968 forderten die Studierenden in der Expressionismus-Vorlesung des Frankfurter Professors Martin Stern, »die Grundsatzdiskussion über den desolaten Zustand unserer Wissenschaft bis zum Ende des Semesters in der Zeit der Expressionismus-Vorlesung fortzusetzen. […] wir halten dafür, dass Kunstwerken nicht methodisch mit heruntergekommener Metaphysik beizukommen ist. Literatur wird hier als bewusstlose Geschichtsschreibung der Gesellschaft begriffen« (zit. n. Mosler 1977, S. 197f.). In einer öffentlich abgegebenen Erklärung bezog sich Martin Stern mit der Überschrift »Politisierung der Germanistik – schon wieder?« auf die Indienstnahme der Germanistik im NS-Staat. Die Studierenden wiederum entwickelten die These, dass eine unpolitische Wissenschaft totalitären und kapitalistischen Systemen zuarbeite, indem sie ihre Funktionalisierung durch die Ideologie eines autonomen Reichs des Geistes verschleiern helfe (vgl. Mosler 1977, S. 198). Einen Eindruck vom Verlauf solcher Seminarkritik gibt ein Bericht über den Versuch der Seminarsprengung bei dem Horkheimer-Schüler Alfred Schmidt. Der das Seminar betretende Happening-Künstler Hans Imhoff fragte Schmidt, warum er »die abstrakte Kontinuität des Seminars« aufrechterhalte. Ein Augenzeuge hält fest: »Schmidt durchläuft alle Phase einer autoritären Reaktion – er fordert Imhoff auf, den Saal zu verlassen, er weigert sich, mit ihm zu diskutieren, er macht die Tür auf, er kommt zurück, er wehrt sich seiner Haut, er findet keine Argumente mehr, er fordert Abstimmung über die Entfernung von Imhoff, da niemand abstimmt, holt er nicht die Polizei, sondern verlässt sein Seminar. […] der Assistent von Imhoff stellt die entscheidenden Fragen: ›Wer hat eigentlich schon mit Schmidt über die Berechtigung eines solchen Seminars über Comte diskutiert? Macht nicht allein schon die traditionelle Form des Seminars neue Inhalte, z.B. die Emanzipation der Teilnehmenden unmöglich?‹« (zit. n. Kraushaar 1998a, S. 486).

Go-ins und Seminarkritik können durch die Regelverletzung akademischer Interaktions- und Kommunikationsformen auf Seiten der Studierenden als Selbstermächtigungsstrategie gewertet werden. Sie zeigten stärker noch als die studentischen Teach-ins und Besetzungen, dass der »autoritäre Lehr- und Prüfungsbetrieb« relativ einfach außer Kraft zu setzen war. Das führte aber zugleich dazu, dass die Studierenden nun darauf verwiesen waren, der Kritik konstruktive Gegenkonzepte folgen zu lassen (vgl. Basisgruppenarbeit). Da sich die studentischen Offensiven aber zunächst in Grundsatzdebatten ergingen, wurde bald zum zentralen Thema, in welcher Form (Seminar, freie Arbeitsgruppen, Zeitrahmen, Formen der Seminarleitung etc.) und über welche Inhalte überhaupt gearbeitet werden sollte. Die sich schnell abzeichnende Redundanz dieser Debatten ließ die studentischen Offensiven bald unwirksam werden.

4. Fazit und Bewertung: 1968 und die Universitäten

Für die Studierenden hatte die »repressive Gesamtstruktur« des Studiums aufgelöst werden sollen in einen neuen studentischen Kollektivismus und Individualismus. »Emanzipation des unterdrückten Subjekts« und kollektive Revolte gegen autoritäre Strukturen sollten verbunden werden. Da die politische Zielsetzung somit bereits bestimmt war, waren individuelle Äußerungen oder Zusammenschlüsse, die nicht diesem Ziel dienten, problematisch und wurden vom SDS als »privatistisch« gewertet (vgl. Zoller 1969, S. 229). Durch diesen immanenten Widerspruch brachen immer wieder Grabenkämpfe auf. Gegen die Dominanz und Deutungshoheit des SDS meldeten sich zudem immer mehr studentische Gruppen zu Wort: So formulierten SDSler auf der 23. Delegiertenkonferenz des SDS im November 1968 die Befürchtung, dass die antiautoritäre Revolte die eigene Organisation zerstöre (vgl. Kraushaar 1998b, S. 371). So konnten traditionelle marxistische Gruppen gegenüber den antiautoritären Gruppen immer mehr Raum gewinnen. Sie boten klare (autoritäre) Strukturen und Schulungen in marxistischer Theorie und der Möglichkeit des organisierten Klassenkampfs an. Viele Antiautoritäre wichen nach dem Motto »Das Private ist politisch« in private Refugien und »low politics« aus (Wohngemeinschaften, Ernährungsbewegung, Umweltschutz, Stadtteilprojekte etc.). Bereits 1970 löste sich der SDS auf.

Die Studierenden hatten die Demokratisierung der Universität als einen permanenten Prozess der Kritik, als ununterbrochene Widerstandsarbeit gegen die Ordinarienuniversität verstanden (vgl. Mosler 1977, S. 18; Zoller 1969, S. 123). In ihren Reden und Flugblättern konstruierten sie die Universität als einen pädagogischen Raum, in dem den Individuen nichts anderes mehr möglich sein sollte, als das gewünschte kritische Bewusstsein zu entwickeln. Unausgesprochen konzipierten die Studierenden die Universität als große Erziehungs- und Sozialisationsanstalt. Da dies angesichts der Hoffnungen, die mit einer »kritischen Universität und Wissenschaft« verknüpft waren, nicht scheitern durfte, entstanden in der andauernden Beschwörung von permanenter Hochschulkritik und ununterbrochener studentischer Aktion rasch Anzeichen des Zwanghaften, gegen die sich die studentische »Basis«, z.B. die AfE, zu wehren begann.

Die Demokratisierung der Universität hatten die Studierenden auch als kollektiven Aufbruch zu einer »neuen Wissenschaft« begriffen, die sich allerdings zunächst nicht als Aufbruch in eine empirische Erforschung der gesellschaftlichen Wirklichkeit präsentierte. Im Gegenteil ging es zunächst im Gefolge der Frankfurter Schule um eine marxistisch und freudianisch beflügelte »Kritik« der gesellschaftlichen Verhältnisse. Eine »interesselose Empirie« sei dagegen systemstabilisierend und fördere die Universität als »Fachidiotenfabrik« (vgl. Zoller 1969, S. 107f.). Ob die in den 70er-Jahren in den Geistes- und Sozialwissenschaften eintretenden theoretischen und methodologischen Entwicklungen (»realistische Wende« in der Erziehungswissenschaft; Sozial- und Strukturgeschichte in der Geschichtswissenschaft; Literatursoziologie in den Philologien) daher eine Fernwirkung der 68er-Bewegung sind, wäre zu untersuchen (vgl. Osterwalder 2007, S. 91f.).

Nachträglich erstaunt, wie wenig in den Dokumenten von sozialer Ungleichheit im Zugang zu Bildungsinstitutionen die Rede ist. Die Studierenden begriffen sich als kollektive Elite, die gemeinsam die Festung Universität stürmen und zugleich die Erziehung der Arbeiter zum Klassenkampf in Angriff nehmen würde. Fragen sozialer Ungleichheit konnten daher im Bewusstsein der Studierenden nicht durch Reformen gelöst werden, die ihnen als liberale Einbindung revolutionärer Energien in problematische Institutionen (Schulen und Universitäten in ihrer bestehenden Form) erschienen. Die großen pädagogischen Themen der 70er-Jahre: soziale Emanzipation und Chancengleichheit, stellen daher m. E. bereits Verarbeitungsformen der gescheiterten revolutionären Ambitionen der 68er dar. Bereits 1964 hatte die Kultusministerkonferenz aus Anlass ihrer 100. Plenarsitzung die langfristigen Ziele einer Bildungsreform in Deutschland beschrieben: »Anhebung des gesamten Ausbildungsniveaus der Jugendlichen durch vermehrte und verbesserte Schulbildung aller Art, Erhöhung der

Zahl der zu gehobenen Abschlüssen verschiedenster Art geführten Jugendlichen, Ausbildung jedes Einzelnen bis zum höchsten Maß seiner Leistungsfähigkeit, Angebot von Ausbildungsmöglichkeiten, die stärker auf die Befähigung des Einzelnen eingestellt sind« (zit. n. Führ 1997, S. 17). Ralf Dahrendorfs einflussreiches Plädoyer »Bildung ist Bürgerrecht« (1965) hatte Georg Pichts Rede von der »Bildungskatastrophe« (1964), die dieser auf den Zusammenhang von Bildung und internationaler ökonomischer Wettbewerbsfähigkeit bezogen hatte, eine politische Richtung gegeben, indem er eine aktive Bildungspolitik zur Realisierung von Chancengleichheit im Zugang zu Bildungseinrichtungen forderte. Es scheint daher fraglich, ob z.B. Schulversuche wie die Integrierte Gesamtschule tatsächlich unmittelbar mit 1968 gekoppelt sind bzw. direkte Reaktionen auf 1968 darstellen oder ob nicht vielmehr die 68er, z.B. in der Kritischen Erziehungswissenschaft (Wolfgang Klafki, Georg M. Rückriem, Klaus Mollenhauer u. a.), in den 70er-Jahren schließlich den Anschluss suchten an bereits existierende Reformprozesse und politische Bestrebungen. Es ist daher sowohl für die Universitätsentwicklung als auch für die Entwicklung der Pädagogik und Erziehungswissenschaft eine offene Frage, ob 1968 Auslöser oder Verarbeitungsform sozialer und struktureller Wandlungsprozesse und Reformen war (vgl. Bude 2003, S. 122f.).

Was bleibt von 1968 an den Universitäten außer der inneruniversitären Implementierung studentischer Arbeitsgruppen in Lehrforschungsprojekten und Tutorien? Nach einer im Gefolge der 68er-Bewegung zunehmend bürokratisierten Gremienarbeit an den Universitäten erfolgt nun der »Roll-back« zu effektiver und effizienzorientierter Hochschulsteuerung durch unternehmerisches Top-down-Management. Die von den Studierenden angestrebte Autonomie einer »anderen Universität«, die sie durch Beseitigung der Autokratie der Ordinarien hatten herstellen wollen und die im Gefolge der universitären Satzungsdebatten und Strukturreformen zugleich immer stärkere Eingriffe des Staats in die Universitäten mit Verwaltungsvorschriften und Hochschulgesetzen ermöglichte, kehrt gegenwärtig wieder in die Hochschulen zurück. Sie ist nun allerdings ein staatlich verfolgter Ausweg aus einer finanziellen Mangelsituation und stellt die Universitäten unter ökonomische Zwänge, die die 68er sich nicht hätten träumen lassen.

Die Studierenden hatten die »Praxis« in die Universitäten holen und diese aus ihrer Elfenbeinturmexistenz befreien wollen. Die »Einschüchterung« durch die Werke der abendländischen Hochkultur sollte z. B. in der Germanistik dadurch aufgebrochen werden, dass Gebrauchstexte denselben analytischen Wert wie diese beanspruchen konnten. Bereits 1977 hatte der frühere Germanistikstudent Peter Mosler (1977, S. 16f.) in einer Veröffentlichung über die 68er hellsichtig bemerkt: »Die Germanisten stürzten zu ihrem Erstaunen von den Höhen der Luxuswissenschaft in die Niederungen eines sozialtechnischen Ingenieurdaseins ab. Ein Literaturwissenschaftler soll ›Fachmann für Kommunikation in deutscher Sprache‹ werden [...] Schafft die Germanistik ab! hatten die Basisgruppen gerufen, und ihre Forderungen liefen fast alle ins Ziel – nur hatte es unterwegs einen Fahnenwechsel gegeben.«

Abschließend bedarf die Medienwirksamkeit, die 1968 momentan, 40 Jahre danach, entfaltet, einer Erklärung. Verglichen mit der gegenwärtigen Medienresonanz verlief der 30. Jahrestag der Bewegung 1998 nämlich wenig spektakulär, auch wenn einige wichtige Bücher erschienen, darunter der Band von Ingrid Gilcher-Holtey (Gilcher-Holtey 1998) und die dreibändige Dokumentation von Wolfgang Kraushaar (Kraushaar 1998). Ich möchte eine Hypothese aufstellen, die dies wiederum aus den Entwicklungen an den Universitäten erklärt. 1998 war der Generationswechsel an den Universitäten noch in vollem Gange. Universitätsprofessoren der Kohorte, die in den späten 60er- und frühen 70er-Jahren an die Universitäten berufen worden war, waren in irgendeiner Weise »dabei gewesen« und insofern biographisch verstrickt. Erst die jüngere Generation, ab den späten 90er-Jahren berufen, konnte 1968 zum historischen Gegenstand machen (vgl. Zymek 2007). Damit wurde jedoch eine potentielle Konfliktlinie geschaffen: Die Sozialisationserfahrungen und 68er-Erlebnisse der älteren

Generation konnten nun entmythisiert und in gesamthistorische Fragestellungen eingebunden werden. Über 1968 können daher momentan wissenschaftliche Generationskonflikte oder -debatten ausgetragen werden, die sich als Phänomen nicht viel anders darstellen als 1968, als die Assistenten und älteren Studenten mit ihren wissenschaftlichen Vätern und ihrer Verstrickung in den Nationalsozialismus ins Gericht gingen. Was in Frage gestellt wurde und wird, musste nicht zwingend die aktive Verstrickung in den Nationalsozialismus oder die aktive Partizipation an den Aktionen der Studentenbewegung sein; es ist eher das generationelle Selbstverständnis, eine Weltsicht, die zur Disposition steht. So stellt heute eine jüngere Wissenschaftlergeneration, wenn auch auf ganz anderen Wegen und mit völlig anderen Mitteln als die 68er, deren Selbstdeutung einer durch sie erfolgten zweiten, inneren Gründung der BRD in Frage (vgl. z.B. Hodenberg/Siegfried 2006). Aber eines hat sich verändert: Erfolgte die Schuldzuschreibung in historischen Generationskonflikten traditionell durch die Jüngeren an die Älteren, erscheint dies heute tendenziell anders: Enttäuscht sind die 68er, sie fühlen sich latent verraten durch die folgenden Generationen, die ihr Leben nicht antraten mit dem Ziel, die Träume der 68er zu erfüllen. Die »langweiligen« 70er- und 80er-Jahre als Zuschreibung an eine neue Generation, die aus ihrer Jugend in der Perspektive der 68er nichts gemacht hatte, das Unverständnis, das zwischen Schülern und 68er-bewegten Lehrern eintrat, waren Ausdruck dieses umgedrehten und stillen Generationskonflikts.

Generationen-/
Geschlechterverhältnisse

Lothar Böhnisch & Wolfgang Schröer

1968 – Politische Generation – 1988 – Unpolitische Generation – 2008?

Ein Rückblick: »Ende 1988 kam es in der Bundesrepublik zu einem eigentümlichen Zusammentreffen. Kaum war die Flut der publizistischen Erinnerungsstücke anlässlich des zwanzig Jahre zurückliegenden Ausbruchs der 68er-Studentenrevolte verebbt, begannen – wie aus heiterem Himmel – erneut Studentenproteste an vielen westdeutschen Universitäten. Offenkundig waren die Unterschiede zwischen den gesellschafts- und bildungspolitischen Konstellationen und den studentischen Ausgangsbedingungen der Ereignisse von 1968 und 1988. Damals erlebte die Republik den Aufstand einer vornehmlich der bürgerlichen Mittelschicht zugehörigen studentischen Elite, die ihren Protest in erster Linie als politisch aufgeladenen Autoritätskonflikt begriff und die ihre Gegner – von den Vätern über die Professoren bis hin zu Vertretern der (Welt-)Politik – benennen und deren Entmachtung als eigenen Anspruch formulieren konnte. Es war ein gesellschaftlicher Generationenkonflikt, in dem die Studenten die Machtverhältnisse ändern wollten: Sie forderten mehr Macht den Studenten und entsprechend weniger Macht den etablierten Autoritäten, Durchsetzung der neuen Ideen in der Gesellschaft, Überwindung der als überflüssig erkannten überkommenen Herrschaftsstrukturen in allen gesellschaftlichen Bereichen.

An der Jahreswende 1988/89 fehlen aber nicht nur namhafte studentische Führer, wie sie damals als öffentliche Persönlichkeiten den politischen Generationskonflikt symbolisierten. Auch die Gegner sind 1988 nicht mehr sichtbar und schwer benennbar: Nun Arm in Arm mit dem Dozenten auf der Straße, unter dem verständigen Beifall der Politiker… Dieses besonders von manchen Altlinken und Altliberalen der Universitätsszene gehässig kommentierte Bild der neuen Studentenproteste muss aber unscharf bleiben, wenn es allein aus der Perspektive des 68er-Bewusstseins gesehen wird. Es trifft so nicht die neue Realität dieser Protestszene. Denn der Protest 1988/89 entfaltete sich vor dem Hintergrund einer gegenüber 1968 völlig gewandelten universitären Szene, der der heutigen Massenuniversität (…). Aber auch die Gruppendynamik des Protests ist eine deutlich andere als damals: Nicht mehr eine studentische Avantgarde aus den geisteswissenschaftlichen Studienbereichen, die das reflexive Rüstzeug für die Politisierung des Autoritätskonflikts liefern konnten, führt den Protest an. Heute sind es vielmehr Studenten und Studentinnen aus allen Fächern – gerade auch die medizinischen und naturwissenschaftlichen Institute wurden erfasst. Es ist also müßig – auch wenn es manche Dozenten aus der 68er-Szene gerne so sehen würden –, eine studentische Generationenfolge von den 68er- zu den 88er-Ereignissen zu konstruieren. Die Frage: Was ist aus den Studenten geworden, ist deshalb falsch. Sie muss lauten: Was ist aus der gesellschaftlichen Studentenrolle geworden? Aber auch: Taugt die Studentenrolle noch als Modell für die generationsspezifische Dynamik der jungen Generation, wie sie in Deutschland immer wieder beschworen wurde?« (Böhnisch/Blanc 1989, S. 110–111).

Vor zwanzig Jahren, 1988, erinnerte sich die sozialwissenschaftliche Scientific Community schon einmal der Ereignisse um 1968. Auch damals waren wir – zumindest einer von uns, wie an dem Zitat zu sehen ist – gefordert, einen Brückenschlag zwischen dem Gestern und dem Heute zu liefern. Insgesamt geht es in derartigen Rückblicken darum, wie es der Historiker Eric Hobsbawm generell für die Geschichtsschreibung sagen würde, zwei Lichtkegel auf das Vergangene zu werfen. Einerseits wird sortiert, was in die Archive und in die Welt der Geschichte gehört, andererseits wird herausgearbeitet, was von der Geschichte noch in uns steckt (vgl. Hobsbawm 1989). Der Streit, welcher Lichtkegel welche Strukturen und Inhalte erfasst, ist ein Teil des politischen Auftrags, den die Geschichtsschreibung in demokratischen Gesellschaften mitbestimmt.

Wir haben nun den oben zitierten längeren Rückblick aus dem Jahr 1988 an den Anfang gestellt, da er einerseits in der strukturellen Analyse sehr aktuell ist, andererseits aber inhaltlich vollkommen überaltert erscheint. Denn zwanzig Jahre später zeigt sich umso mehr: Es existiert keine studentische Generationsfolge zwischen 1968, 1988 und jetzt 2008. Auch die Studentenrolle steht kaum mehr für eine generationsspezifische Dynamik der jungen Generation, wie sie in Deutschland immer wieder beschworen wurde. Die Universitäten haben sich radikal verändert: Der Student oder die Studentin von heute ist ein Kunde bzw. eine Kundin, die als Koproduzenten ihrer Kompetenzentwicklung Work-Loads ableisten. Von Bildung ist in diesem Zusammenhang nur unterschwellig die Rede. Auch die Dynamik der jungen Generation wird in dieser neuen Vergesellschaftungsform des Studenten eher marktökonomisch ausgelegt als politisch herausgefordert. So ist der Studierende heute keineswegs mehr die Idealfigur der jungen Generation als politischer Generation, wie sie seit 1968 und in vielen Jugendstudien immer wieder gesucht wird. Er ist vielmehr der Idealtypus eines jungen Erwachsenen in der Wissensgesellschaft, der zwischen ökonomischem Status- und Selbstbehauptungsdruck und jugendlichem Experimentierverhalten hin- und hergerissen ist. In den USA macht in diesem Kontext der Begriff der »millenials« für diese Altersgruppe der 18- bis 25-Jährigen die mediale Runde. Sie redeten nicht mehr von der Arbeit, sondern von Projekten, hätten noch keine feste Vorstellung von ihrer späteren Zukunft, seien interkulturell offen, neuen technologischen Entwicklungen gegenüber unbefangen, engagierten sich hier und dort, scheuten die etablierte Politik, möchten gerne mit Freunden ihr eigenes Business aufziehen, sagen lieber im Internet als in der politischen Arena ihre Meinung und hätten keine Probleme, auch noch weiter bei den Eltern zu wohnen.

So stellt sich die Frage, wie sich die Vergesellschaftungsform Jugend seit 1968 – und damit seit dem symbolischen Höhepunkt der Jugend als politischer Generation – entwickelt hat. Bereits in den 1920er-Jahren hatte Karl Mannheim erkannt, dass über das Verhältnis der Jugend zur Gesellschaft zentrale Fragen des gesellschaftlichen Wandels, der sozialen Integration und Desintegration moderner Gesellschaften thematisiert werden konnten, doch er verwies auch darauf, dass der politische Begriff der *jungen Generation* nur Sinn macht, wenn er in einen spezifisch historisch-soziologischen Kontext eingebunden, auf ihn rückbezogen ist: »Die Jugend gehört zu jenen unausgeschöpften Reserven, die jede Gesellschaft zu ihrer Verfügung hat [...]. Die Jugend ist ihrer Natur nach weder fortschrittlich noch konservativ, doch infolge der in ihr schlummernden Kräfte zu allem Neuen bereit« (Mannheim 1952).

1968 erreichte die Politisierung der jungen Generation in den westeuropäischen Ländern und eben auch in Westdeutschland einen epochalen Höhepunkt. Keine andere soziale Bewegung der neueren deutschen Sozialgeschichte hat die Jugend derart herausgehoben wie die Studentenbewegung und die ihr nachfolgenden Lehrlings-, Schüler- und Jugendzentrumsbewegungen. Im Rückblick zeigen sie sich auch als Kontexte außerinstitutioneller politischer Sozialisation, aus denen Funktionsträger hervorgingen, die später zu einem aktiven Faktor im Prozess der sozialen und demokratischen Modernisierung werden konnten. Dabei handelte es sich um eine doppelte Modernisierungsdynamik: Zum einen wurde im Zuge einer breiten Bildungsmobilisierung Jugend als »human capital« nachgefragt, gleichzeitig konnte sich ihr Drang zum Neuen gegen die erstarrten institutionellen Strukturen richten und sich damit in einem breiten Legitimationsrahmen politisieren. So konnte die Studentenbewegung als Agens der Geschichte erscheinen. Sie hat zum ersten Mal in der Nachkriegszeit der westdeutschen Bundesrepublik ein politisches Generationsbild von unten hervorgebracht. Mit dem Ausklingen des Modernisierungsschubs in den 1980er-Jahren löste sich das Bild dieser Protestgeneration auf. Sie wurde vom vermeintlichen Subjekt der Geschichte zum »Objekt historischer Reminiszenz« (vgl. Schefold 1982).

Seit den 1980er-Jahren also, angesichts des digitalen Strukturwandels der Arbeitsgesellschaft, ist die gesellschaftliche Vorstellung von Jugend als ökonomischem und politischem Kapital weitgehend verblasst. Mit der Entkoppelung von technisch-ökonomischem Fortschritt und breiter Bildungsmobilisierung sind zwar Qualifikationen weiter gefragt, aber sie werden nicht mehr von allen gebraucht. Die Ökonomie ist nicht weiter auf massenhaftes Bildungskapital angewiesen, sie substituiert Arbeit durch technologischen Fortschritt oder lagert sie im internationalen Verdrängungswettbewerb aus. Gleichzeitig hat Bildung ihren besonderen Generationenbezug eingebüßt: Jeder muss Kompetenzen erwerben und lebenslang aktivieren, um seine Chancen zum Mithalten zu bewahren, um sich vor der Gefahr der Deklassierung zu schützen. Die junge Generation tritt zwar weiter neu in die Geschichte ein, kann aber diesen Faktor experimentell wenig ausspielen, da sie sich sehr früh dem positionalen Wettbewerb (vgl. Brown 2004) und damit den Konkurrenzbedingungen der kapitalistischen Arbeitsgesellschaft ausgesetzt sieht.

In der Pädagogik und vor allem der politischen Bildung hielt sich das Bild von der jungen Generation als politischer Generation aber weiter. Indem man sich immer noch an der 1968er-Protestgeneration orientierte, wurden Maßstäbe gesetzt, an denen die nachfolgenden Jugendgenerationen gemessen wurden. Die Jugend der 1980er-Jahre wurde mit der Geschichte ihrer Vorgeneration konfrontiert und unter Druck gesetzt. Nicht dass sie unbedingt protestieren sollte, aber sie sollte sich politisch, aufgeklärt, emanzipiert und interessiert am reformierten demokratischen Staat verhalten. So entstand ein paradoxes Bild: Nicht die Jugend kämpft um Emanzipation, sondern der Staat und seine Pädagogen hielten Emanzipationsangebote bereit und – Ironie der Geschichte – etikettierten die Jugendlichen, die eben in diesem progressiven Dienstleistungsstaat sich individuell einrichten wollten, als unpolitisch, ja apathisch. Der Slogan von der »versorgten Generation« war geboren. Das Gespenst von der passiven Generation, die sich nur um ihr eigenes Glück und Wohlergehen und nicht um die Zukunft der Gesellschaft kümmere, geisterte durch die gesellschaftspolitische und pädagogische Landschaft. Die in den Jugendumfragen Ende der 1970er- und Anfang bis Mitte der 1980er-Jahre ermittelten Einstellungen, Orientierungen und Verhaltensweisen der durchschnittlichen bundesrepublikanischen Jugend wurden nun vor allem unter dem Aspekt gewertet, ob diese Jugend überhaupt noch in der Lage sei, die Gesellschaft in der Zukunft zu tragen, ihren Bestand zu sichern. Die Mutmaßungen darüber wurden in öffentlichen Diskussionen mit pessimistischen Einschätzungen über die Zukunft des Generationenvertrages präsentiert.

In den 1980er- bis in die 1990er-Jahre hinein kehrte sich das öffentliche Jugendbild allerdings wieder um. Jugend war nun nicht mehr Bühne der Gesellschaftspolitik. Angesichts des technologischen Strukturwandels der Arbeitsgesellschaft, wie er sich in den 1980er-Jahren vollzogen hatte, wurde die Vorstellung von Jugend als »human capital« ökonomisch nicht mehr gebraucht. Durch die weitgehende Entkoppelung von technisch-ökonomischem Fortschritt und breiter Bindungsmobilisierung sind zwar – wie bereits erwähnt – Qualifikationen weiter gefragt, aber sie werden einfach vorausgesetzt. Wie sie erworben werden, wer mit ihnen zum Zuge kommt, ist uneinheitlich geworden, von den Gesetzen der Märkte und nicht nur von der sozialstaatlichen Bildungspolitik bestimmt. Bildung ist natürlich auch für alle weiterhin wichtig; aber eben nicht mehr in dem Sinne, dass eine gleich gute Bildung für alle *die* Voraussetzung gesellschaftlichen Wachstums und gesellschaftlicher Wohlfahrt darstellt. Bildung hat so ihren gesellschaftlichen Mobilisierungscharakter verloren, ist individualisiert worden: Jeder muss sie erwerben, um sich seine Chance zum Mithalten zu schaffen oder zu wahren, um sich vor der Gefahr der Deklassierung zu schützen. Die Jugend wurde von nun an nicht mehr kollektiv als Bildungsjugend wahrgenommen.

Abweichendes Gruppenverhalten Jugendlicher – vor allem Gewaltverhalten – wurde aber in der öffentlichen Meinung und den Medien weiter kollektiv rückgebunden und »die Jugend« so unter der Hand zur Problem- und Risikogruppe abgestempelt. Nun musste die Jugend wieder als Bühne herhalten, auf der sich aber nun die Furcht der Gesellschaft vor den neuen Kräften der sozialen Ausgrenzung und Gewaltproduktion, wie sie vor dem Hintergrund einer nie gekannten Dynamik industrieller Arbeitsteilung freigesetzt wurden, entzündete.

Unter diesen bis heute anhaltenden Bedingungen ist das unbefangene Experimentieren, welches die jugendkulturelle Lebensphase kennzeichnet, für viele verwehrt. Die Jugendfrage hatte sich auf den Schauplatz der Kriminalpolitik verschoben. Es wurde öffentlich mehr über die Risikogruppe Jugend denn über die junge Generation als politisches Potenzial gesprochen. So ist es nicht verwunderlich, dass die Mehrheit der Jugendlichen früh beginnt, sich schon in der Jugendzeit strategisch auf das Erwachsenenalter vorzubereiten, sich früh durchzulavieren. Im Vordergrund steht das Interesse am eigenen Durchkommen und nicht so sehr die experimentelle Reibung an der Erwachsenengesellschaft. Und: Jugend scheint zunehmend im Innovationsoptimismus der neuen Technologien aufzugehen.

Die 13. Shell-Jugendstudie »Jugend 2000« hat in diesem Sinne einen Wendepunkt im Verhältnis von Jugend und Gesellschaft symbolisiert: Während in früheren westdeutschen Jugendstudien der 1980er- und 1990er-Jahre die Tendenz überwog, dass die Jugend eine gespaltene soziale Orientierung zeigte – gesellschaftlich-pessimistische versus persönlich-optimistische Einstellung –, schien für viele jetzt nur noch ein betont optimistischer Glaube an sich selbst orientierungsleitend zu sein. Heute reiben sich viele Jugendliche nicht mehr am Gesellschaftlichen, sondern übernehmen früh das Mithalte- und Flexibilisierungsmodell, das der digitale Kapitalismus vorgibt. Die Bereitschaft zum Neuen und die jugendkulturelle Unbefangenheit spielen sie dann nicht mehr im Bereich des Politischen, sondern in der Anwendung neuer Technologien aus, mit denen sie unbefangener und spektakulärer umgehen können als die Erwachsenen. Das politisch Gestaltbare wird dann oft nicht mehr in der demokratischen Teilhabe und im demokratischen Konflikt, sondern in den technischen Innovationen gesehen. So hat es den Anschein, dass die politische Generation Jugend zur Generation @ geworden ist.

So wird seit Jahren nicht mehr von der »politischen«, sondern eher von der »unpolitischen« Jugend geredet. Es bestätigt sich ein Trend, der seit den 1990er-Jahren anhält: Die Zahl der Jugendlichen, die sich in den Parteien als Mitglieder engagieren, ist seitdem um die Hälfte zurückgegangen. Gleichzeitig hat sich aber eine Entwicklung bestätigt, nach der Jugendliche sich in den verschiedensten Initiativen, Kampagnen und Projekten – zu Themen wie

Umwelt, Antirassismus – engagieren und entsprechende Organisationen unterstützen. Oft nicht dauerhaft, meist von Projekt zu Projekt und wie es gerade in den aktuellen Lebenszusammenhang und das entsprechende Lebensgefühl passt. Nur zu den etablierten Institutionen des politischen Systems gehen sie auf Distanz. Demnach sind die Jugendlichen in einer Gesellschaft angekommen, in der auch eine Entgrenzung der Politik die Beteiligungsformen charakterisiere: »Sowohl die funktionalen wie auch die räumlichen Entgrenzungsprozesse verändern das, was heute in der Gesellschaft als ›politisch‹ gilt und funktioniert. Die Prozesse verdeutlichen dabei, dass es sich bei ›der Politik‹ nicht um einen fest gefügten Gegenstand handelt, an welchem man sich interessieren kann. Zum Teil verändert man durch die Art der Beteiligung die Grenzen des Politischen selbst« (Jugend 2002, S. 49). Diese Entwicklung geht mit dem einher, was in der Forschung zum bürgerschaftlichen Engagement »biographische Passung« genannt wird. Bürgerschaftliches Engagement ist somit in der Regel nicht mehr ein dauerhafter und in festen Wertgemeinschaften eingebundener Teil des Lebensplans, sondern verläuft wechselnd und projektorientiert und setzt voraus, dass es in die jeweilige Lebenssituation hineinpasst (vgl. Jakob 1993).

In der politischen Bildung wird deshalb nicht von der »Politikverdrossenheit«, sondern von der »Politikerverdrossenheit« der Jugend gesprochen. Allerdings ist man hier in der Regel vorsichtiger als der Jugendforscher Klaus Hurrelmann, der in einem Interview mit der Süddeutschen Zeitung vom 17.7.2006 (S. 31) darin eine »grundpolitische Haltung« trotz Institutionendistanz sieht. Man argumentiert vielmehr, dass sich die Jugendlichen und jungen Erwachsenen zwar auf der lebensweltlichen Vorderbühne munter engagieren, auf der Hinterbühne der Macht sich aber derweil Strukturen verfestigen und sich dem Einfluss punktuellen und situativen Engagements entziehen. Deshalb werde eben politisches Hintergrundinteresse und verstetigte systemkritische Partizipation gebraucht.

Bei allem zeigt sich auch im Zeitalter der Entgrenzung und Pluralisierung des Jugendlebens noch die Fruchtbarkeit des

Mannheim'schen Generationenparadigmas. Denn Mannheim hat ja nicht behauptet, dass die Jugendlichen einer Zeit als Generation so oder so *sind*, sondern dass die gesellschaftliche Entwicklung gerade in der Jugend, die gleichsam »neu« in die Gesellschaft »eintritt« ein Zeitgefühl freisetzt, das wie ein Magnet Jugendliche ganz unterschiedlich anzieht, 1968, 1988 und auch heute. Aus dieser Perspektive wäre nicht immer wieder erstaunt festzustellen, ob und in welchen Settings die Jugendlichen in der Zeit eine politische Generation darstellen und dem Modell der 1968er-Jugendlichen entsprechen. Es gilt vielmehr, das gesellschaftliche Modell von Jugend 1968 und 2008 miteinander zu vergleichen.

Im Mittelpunkt des Zeitgefühls von 1968 standen die Fragen, wie Gesellschaft von den Jugendlichen erfahren und ob und wie diese Erfahrung politisch transformiert werden kann. Dies wurde für die kapitalistische Industriegesellschaft vor allem über den Begriff der *Entfremdung* versucht, weil in ihm die Beziehung zwischen Subjekt und kapitalistischer Gesellschaftsverfassung signifikant thematisierbar schien. Identitätsbildung wurde damit als erlebter Zusammenhang von Konflikterfahrung, Kritik und politischer Teilhabe verstanden. Die sozialen Umwelten der Schule, des Betriebes, der Gemeinde sollten in ihren Zuständen als *exemplarisch* für gesellschaftliche Zustände erfahren und in der Gleichgerichtetheit der Erfahrung mit anderen sozial thematisiert werden (vgl. Negt 1968).

So schrieb der Dichter Wolf Dieter Brinkmann – wohl einer der bekanntesten Lyriker Ende der Sechzigerjahre des 20. Jahrhunderts – über seine Schulzeit in seinen *Erkundungen für die Präzisierung des Gefühls für einen Aufstand*: »Bewusstsein/: *Erinnerung/Vorgang*: dass alle Wissensvermittlung und Vermittlung von Fakten und Übersichten in der Schule verstümmelt worden ist durch blöde Typen!/: vermittelt durch ängstliche Typen, vermittelt durch Ordnungen, die zu eng waren!/:« (Brinkmann 1987, S. 253). Eigensinn wurde im Verhältnis zu den institutionalisierten Erwartungen, den sozialen Rollen, erfahrbar. Der Konflikt mit den gesellschaftlichen Institutionen wurde als ein Bestandteil der Identitätsbildung der nachwachsenden Generation gedeutet.

Identität im Sinne von politischer Mündigkeit konnte sich danach erst in einem Prozess der kollektiven Transformation individueller Konflikterfahrung herausbilden. Indem gemeinsam die Exemplarität des eigenen Sozialschicksals erkannt werden sollte, entstehe ein Potential der Gegenerfahrung, aus dem sich politische Gestaltungsinteressen entwickeln können. Aus Autonomie wird Kritik und aus Distanz konfliktbetonte Einmischung. Dabei gilt es das individuell politisch Gefühlte und das gesellschaftlich Strukturelle aufeinander zu beziehen. Allerdings muss dieser Bezug erst aufgeklärt werden, sonst bleibt das ambivalente Wirken psychodynamischer Prozesse im Dunkeln. Schon Adorno hat darauf hingewiesen, dass die praktische Empfindung des gesellschaftlichen Konflikts wahr und falsch zugleich sein kann, »je nachdem, ob sie an der Realität oder an ihrem psychodynamischen Stellenwert gemessen wird; ja solcher Doppelcharakter ist den Rationalisierungen wesentlich, weil das Unbewusste die Linie des geringsten Widerstands verfolgt, also sich anlehnt an das, was ihm die Realität vorgibt (...), immer wieder (...) werden die Abwehrmechanismen des Einzelnen Verstärkungen suchen bei den bereits Etablierten und vielfach Bekräftigten der Gesellschaft« (Adorno 1956, S. 28). Daran hat sich auch die kritische politische Jugendbildung bis heute orientiert.

Aus diesem Zeitgefühl heraus entstand auch der pädagogische Jugendbegriff der 1970er-Jahre, nach dem Jugend als Lebensphase aus der Arbeitsgesellschaft herausgenommen ist, um sich in einem Moratorium entwickeln und qualifizieren zu können, um dann mit einem so gewonnenen Status in die Gesellschaft eingegliedert zu werden. Doch dieser Mechanismus ist zu Beginn des 21. Jahrhunderts nachhaltig gestört. Die Sicherheit und Selbstverständlichkeit der Integration in die Arbeitsgesellschaft, die dieses Modell erst biographisch und sozial plausibel machen, sind nicht mehr gegeben. Ein neues gesellschaftliches Modell von Jugend muss sich deshalb auf die Spannung beziehen können, in die die entgrenzte Jugendphase zu Beginn des 21. Jahrhunderts gekommen ist.

Da Jugendliche inzwischen früh soziokulturell selbstständig sind, brauchen sie die Zuerkennung gesellschaftlicher Verbindlichkeit für ihre sozialen Resultate. Da sie aber gleichzeitig schon der Generationenkonkurrenz ausgesetzt sind, müssen sie weiter gesellschaftlichen Schutz genießen können. Die Gesellschaft soll sich also sowohl um sie kümmern als sie auch zum sozialen Experiment ermuntern. Sonst macht sich bei den Jugendlichen ein Bewältigungsmodus des »irgendwie Durchkommens« breit, der zwar zu unbedingtem biographischem Optimismus zwingt, den soziokulturellen Experimentierraum Jugend mit seinen kritischen Potentialen aber nicht mehr nutzen kann.

Meike Sophia Baader

Das Private ist politisch. Der Alltag der Geschlechter, die Lebensformen und die Kinderfrage

1. Anfangsnarrationen

In der Geschichtsschreibung der Frauenbewegung werden die Anfänge der so genannten zweiten oder Neuen Frauenbewegung nach 1945 zumeist auf die frühen 70er-Jahren datiert. Erwähnt werden dann insbesondere Aktionen und Demonstrationen gegen den § 218, der die Abtreibung verbot (Schenk 1983, S. 88). Diese Anfangsnarrationen treffen zu, wenn es um breite und öffentlichkeitswirksame Unterstützungs- und Protestformen geht. Schließlich stand am Anfang der Aktionen gegen den § 218 eine mediengestützte Initiative, nämlich die Selbstbezichtigungskampagne von 374 Frauen in der Zeitschrift *Stern* im Juni 1971, die von der Journalistin Alice Schwarzer, die später dann die Frauenzeitschrift »Emma« herausgeben sollte, initiiert wurde. Vergleichbare Aktionen hatte es auch in anderen Ländern, etwa in Frankreich, gegeben (Nave-Herz 1982, S. 52). Schließlich hatte Alice Schwarzer die Idee aus Frankreich importiert. Eine der prominentesten Teilnehmerinnen an den französischen Protesten war Simone de Beauvoir (Schwarzer 2008, S. 67).

Gleichwohl liegen die Wurzeln der Neuen Frauenbewegung nicht in den 70er-Jahren, sondern reichen bis in die 60er-Jahre und in die Studentenbewegung von 1968 zurück. Dort sind sie auch nicht mit dem § 218 verbunden, sondern eher mit Initiativen zur »Kinderfrage«, mit Einrichtungen zu selbst organisierten Formen der Kinderbetreuung, den so genannten Kinderläden, sowie mit der Frage nach der geschlechtsspezifischen Arbeitsteilung in den Familien und mit der Kritik an einem patriarchalen, das heißt autoritären Gestus der Männer im Sozialistischen Deutschen Studentenbund (SDS). Aus dem SDS heraus wurde im Januar 1968 von sieben Frauen in Berlin der »Aktionsrat zur Befreiung der Frauen« gegründet. Die Gründung stand in einem unmittelbaren Zusammenhang mir der Einrichtung von Kinderläden in Berlin, die gleichfalls im Januar durch Frauen im SDS erfolgten und die auf große Resonanz stießen (siehe Baader in diesem Band).

2. Die 60er-Jahre als geschlechterpolitische Übergangsphase

Geschlechterpolitisch können die 60er-Jahre in der Bundesrepublik als eine Zeit des Übergangs, nicht der radikalen Umbrüche und Neuanfänge beschrieben werden, diese sind dann tatsächlich erst in den 70er-Jahren zu verzeichnen (Frevert 2000, S. 642f.). Erst 1977 beispielsweise fällt der Paragraph im BGB, der die Erwerbstätigkeit von Frauen untersagt, falls diese mit ihren Pflichten als Ehe- und Hausfrau kollidiert. Die 60er-Jahre hingegen stehen im Spannungsverhältnis von sich bereits abzeichnenden sozialen Veränderungen im Geschlechterverhältnis einerseits und politischen, insbesondere familienpolitischen Beharrungskräften andererseits. Zu jenen Wandlungsprozessen ist die Zunahme der Erwerbsquote verheirateter Frauen zu zählen, diese lag zu Beginn der 60er-Jahre bei 36,5 %, im Jahre 1970 dann bei 40,9 % (ebd., S. 643f.). Frauen drängten insbesondere in den expandierenden Dienstleistungssektor, der das weibliche Geschlecht umwarb. Dies brachte zugleich die Feminisierung des Sektors mit sich. Zum Wohlstand der privaten Haushalte in den 60er-Jahren trug die Frauenerwerbsarbeit entscheidend bei. Für »viele Arbeitnehmerhaushalte wäre die Anschaffung eines eigenen Automobils, elektrischer Küchengeräte oder die Finanzierung der Ausbildung der Kinder ohne die Mitarbeit der Frauen kaum möglich gewesen« (Schildt 2005, S. 31). Allerdings lag der Verdienst der Frauen dabei deutlich unter dem der Männer. Dennoch entsprach durch diese Entwicklung das traditionelle Bild des Mannes als alleinigen Familienernährers bei mehr als einem Drittel der Ehepaare nicht mehr den Tatsachen. Trotzdem vertraten in Umfragen Ende der 60er-Jahre noch 70 %

der Bevölkerung die Meinung, dass Frauen nicht arbeiten sollten (Frevert 2000, S. 646).

Ende der 60er-Jahre nahm die Scheidungsrate zu und lag bei 16 % aller geschlossenen Ehen (ebd., S. 652). Auch damit erhielt das traditionelle Bild der so genannten Normalfamilie erste Risse, ihr »goldenes Zeitalter« hatte in den späten 60er-Jahren seinen Zenit überschritten. Allerdings reagierte die Politik auf diese Veränderungen kaum. Gewerkschaften, Parteien und Kirchen vertraten weiterhin ein eher konservatives Familienbild sowie eine restriktive Kinderbetreuungspolitik, die einen Ausbau der öffentlichen Kinderbetreuung – trotz des Babybooms der 50er- und frühen 60er-Jahre – ablehnte. Insbesondere die Kirchen zeichneten sich in den 60er-Jahren durch eine äußerst konservative Familien- und Sexualpolitik aus, ein Trend, mit dem die Kirchen von ihrer eigenen Involviertheit in den Nationalsozialismus und dessen Trend zu spezifischen Formen der sexuellen Liberalisierung ablenken wollten (Herzog 2006).

Eine besondere Akzentuierung und Beharrungskraft erhielt jenes konservative Familienbild auch durch die Systemkonkurrenz der beiden deutschen Staaten, die vor allem auf dem Gebiet der Frauen- und Familienpolitik ausgetragen wurde. Die DDR war auf die erwerbstätige Frau als Arbeitskraft angewiesen und förderte sie durch vielerlei Maßnahmen, wozu insbesondere auch der Ausbau eines öffentlichen Kinderbetreuungssystems gehörte. Westdeutsche Politiker hingegen ließen keine Gelegenheit aus, um auf die Differenzen in der Familien- und Kinderbetreuungspolitik hinzuweisen (Frevert 2000, S. 647). Das schlecht ausgebaute System der öffentlichen Kinderbetreuung in der Bundesrepublik, das lediglich von etwa 30 % aller Kinder besucht wurde, war also auch ein Ergebnis des kontrastierenden Blicks »nach drüben« auf die andere Seite der Mauer. Außerdem wurde mit der Reserviertheit gegenüber einer staatlich verantworteten Kinderbetreuung auch an eine ältere Tradition angeschlossen, die es ablehnte, die öffentliche Kleinkindbetreuung in das Bildungssystem zu integrieren und diese stattdessen in den Händen der Sozialfürsorge sehen wollte. Die bildungspolitischen Forderungen nach Integration in das Bildungssystem waren bereits im Kontext der Revolutionen von 1848/49 aufgekommen und vielfach zurückgewiesen worden (Baader 2007; 2008). 1922 wurde dann – im Rahmen des Reichsjugendwohlfahrtsgesetzes – die Kleinkinderbetreuung der Jugendhilfe und nicht dem Bildungssystem zugeordnet, was insbesondere auch den Interessen der Kirchen entsprach, denn das Gesetz sicherte einen Primat der Wohlfahrtsverbände (Aden-Grossmann 2002, S. 56–62). An diese Zuordnung wurde in der Bundesrepublik angeknüpft, die Kindergärten wurden der Sozialfürsorge unterstellt, so dass die Wohlfahrtsverbände die Kindergärten wieder übernahmen (ebd., S. 121). Die Interessen der Kirchen sowie diejenigen einer Familienpolitik, die grundsätzlich von der Zuständigkeit der Mütter für die kleinen Kinder ausging, die im Privatraum der Familie angesiedelt war, trafen sich in der Ablehnung einer staatlich verantworteten Kinderbetreuung (Baader 2008). Das öffentliche Leitbild der bundesrepublikanischen Frau in den 60er-Jahren war das der Mutter als Hausfrau, die nicht erwerbstätig war, drei Kinder hatte und sich zu Hause um ihre Kinder im Vorschulalter kümmerte, insbesondere, wenn es sich dabei um Familien aus dem bürgerlichen Mittelstand handelte. Zu deren Selbstverständnis gehörte, die Kinder zu Hause zu erziehen und sie nicht in jene überbelegten Kindergärten zu schicken, in denen auf 52 Kinder eine schlecht ausgebildete Erzieherin kam (Bildungskommission 1970, S. 105).

3. Man kann es auch anders handhaben: Hausfrauenexistenz und geschlechtsspezifische Arbeitsteilung als Aushandlungsprozess

So stellte sich die Situation dar, die Studentinnen und Akademikerinnen mit Kindern Ende der 60er-Jahre vorfanden und die sie dazu bewegten, in Berlin oder in Frankfurt Kinderläden oder alternative Kinderschulen zu gründen – Initiativen, die zunächst allein und eindeutig auf Frauen zurückgingen. In Berlin auf Helke Sander, Mitglied im SDS und dann auch im »Aktionsrat zur Befreiung der Frauen«, und in Frankfurt auf Monika Seifert – beide Frauen hatten im Ausland gelebt und dort andere Formen der Kinderbetreuung kennen gelernt, Seifert in England, Sander in Finnland (vgl. Baader in diesem Band).

Studentinnen stellten in den 60er-Jahren etwa 30 % der Studierenden, und nicht wenige von ihnen hatten Kinder, da das Heiratsalter gesunken war und bis Mitte der 60er die Geburtenrate in der Bundesrepublik anstieg. Dass die Zustände in existierenden Krippen und Kindergärten nicht befriedigend waren, wenn man denn überhaupt einen Platz bekam, taucht als übereinstimmende Feststellung in den Berichten vieler Zeitzeugen auf (vgl. Baader in diesem Band). Hanna B., 26 Jahre, Studentin, verheiratet mit einem Wissenschaftler, ein Kind und keineswegs eine Polit-Aktivistin, beschrieb im Jahre 1968 in einem in wörtlicher Rede wiedergegebenen Interview, das Erika Runge mit ihr geführt hatte, die Zeit nach der Geburt ihres Kindes so:

»Ich hab dann versucht, zu studieren, ich mein, der schlief ja noch viel. Ich bin zur Uni gerast, wiedergekommen. Es haute natürlich alles nicht richtig hin. Irgendwann sind wir auf die Idee gekommen, dass wir es in die Krippe gebn müssen. Mein Mann wurde auch Vollassistent, kriegte mehr Geld, ich hab son Darlehen gekriegt, so dass es also einigermaßen reichte. […] Und dann haben wir also Krippen besichtigt und dann war ich so entsetzt, dass ich nicht wollte und dass ich sehr im Zwiespalt war: Studium oder das Kind in die Krippe. Kind in die Krippe wollt ich nicht, Studium wollte ich trotzdem. Und da hab ich n Zettel in der Uni angemacht, suche Babysitter stundenweise, da ham sich ne ganze Menge gemeldet, und da hab ich ne Japanerin gefundn und es hat sich praktisch so arrangiert.«

Doch diese private Form der Kinderbetreuung löste Hanna B.s Probleme nicht wirklich. Im weiteren Verlauf des Interviews beschreibt sie wiederholt die Schwierigkeiten, das Studium mit Kind zu beenden, sowie ihren Wunsch, nicht als Hausfrau zu enden. Sie erwähnt einerseits das Beispiel einer Bekannten, die das Studium wegen eines Kindes abgebrochen hatte, andererseits aber auch Frauen, die die Rolle als Hausfrau zurückwiesen.

»Zum Beispiel diese Familie, die ich so gerne mochte hier in Berlin, nicht zuletzt mochte ich die, weil die eben keinen Haushalt führtn. Damals schien mir das für mich ein Vorbild, dass ich auch so ganz gerne lebn würde, dass man nicht unbedingt verheiratet sein braucht und damit zugleich Hausfrau, sondern dass man es auch anders handhaben kann. Darin war man in dieser Atmosphäre: Studentendorf und Studium ja an sich bestätigt, weil man die andern vor Augen hat, die studiern. Ich meine, das sieht ja ein Blinder, dass das ne schönere Sache ist, als zu Hause zu sitzen, zu kochn, zu waschn und fürs Kind zu sorgen.«

Im Zusammenhang mit den vielfältigen Schwierigkeiten der Vereinbarkeit von Kind und Studium berichtet Hanna B. über Konflikte mit ihrem Mann, denn er »nahm relativ wenig ab«.

»Da hat sich natürlich ergebn, dass ich mir überlegt hab, wie ich das abändern kann. Und ich hab von meinem Mann verlangt, dass er mir in bestimmten Dingen behilflich ist, was ihm schlecht möglich war, weil er zu der Zeit auch anfing, wissenschaftlich zu arbeitn. Und da hat es zwischen uns Differenzen gegebn, um Kleinigkeiten, nich. […] Und so durch wirklich handfeste Gespräche wurde mir bewusst, dass er von seiner Seite nur teilweise recht haben konnte. Es war erst nur ne Opposition gegen die Umstände, weil ich nicht wusste, wie ichs machen sollte. Und von daher bin ich irgendwann zu der Einsicht gekommen, dass, wenn wir abends zusammen essen, es ne Selbstverständlichkeit ist, dass er mir hilft beim Abwaschn, dass ich das nicht alleine mache.«

Hier beschreibt Hanna B. Aushandlungsprozesse und Konflikte mit sich selbst und ihrem Partner, an deren Ende steht, dass sowohl sie als auch ihr Partner davon überzeugt scheinen, dass auch er an der Hausarbeit partizipieren soll. Dass sie ein Recht hat, die Beteiligung einzufordern, musste sie sich zunächst jedoch – in der Auseinandersetzung mit eigenen Rollenmodellen und Vorstellungen – erarbeiten. Obwohl ihr Mann sich von ihr überzeugen ließ, folgte die Praxis dann einer anderen Ordnung.

»Mein Mann sah das auch ein, aber in der Praxis wars im Endeffekt immer wieder so, dass ich die Sachn doch machte, und das hat mich natürlich nach und nach n bisschen empört.«

In dieser Stelle des Interviews bringt sie ihre eigenen Erfahrungen in einen Zusammenhang mit der politischen Thematisierung gesellschaftlicher Fragen durch den SDS.

»Die Sache, die dazukam und die mich dann bewusster werden ließ, war die Aufklärung von Seitn des SDS und andrer Gruppn in Berlin in Bezug auf gesellschaftliche Probleme, die ich sehr begierig aufgenommen habe und die ich auch versucht habe, so gut es mir zeitlich möglich war, durch Gespräche zu vertiefn.«

Dabei wird ihr deutlich, dass es – auch über ihre eigenen Erfahrungen mit ihrem Mann hinaus – eine Differenz zwischen den theoretischen Äußerungen linker Männer zur gesellschaftlichen Situation von Frauen und zum Problem der geschlechtsspezifischen Arbeitsteilung einerseits und dem praktischen Tun und Verhalten gegenüber linken Frauen andererseits gibt. In diesem Kontext bringt sie den »Aktionsrat zur Befreiung der Frauen« ins Spiel.

»Klar, mit dem Durchschaun dieser Tatsachen ist noch nichts geändert, denn die Männer durchschaun das ja auch ohne Weiteres, auch die linken SDSler durchschaun es, aber handeln keineswegs im Sinne der Emanzipation, wie ich sie mir vorstelle oder wie sie sich der Aktionsrat der Frauen vorstellt. Die Schwierigkeiten bei sämtlichen Männern, die sich nur verbal dafür einsetztn, dass die Frau sich emanzipiert, die sind wirklich groß. In der Gesellschaft, der heutigen, wie sie historisch geworden ist, ist es für Männer unheimlich schwer, sich davon zu lösn. Wir haben eben noch keine Möglichkeit, um tatsächlich ne echte Arbeitsteilung in Haushalt und Beruf zu machen. Und da die Frau grundsätzlich in der jetzigen Gesellschaft beruflich benachteiligt ist, ist natürlich das Leichtere, wenn sie die Hausarbeit übernimmt, obwohl die ihr keineswegs sympathischer ist als dem Mann.«

In der Theorie würde ihr Mann das sogar alles einsehen, aber faktisch würde sie mehr im Haus machen, denn er bestehe darauf, seine Forschungsarbeiten durchführen zu müssen. »Da kann ich ihm nicht das Gegenteil sagn: ›Also gut, forsche nur sechs Stunden am Tag, dann kommst du langsamer voran. Ich komm dann aber schneller voran und wir haben unsere Entwicklung gleichzeitiger.‹ Das geht in der Theorie sehr schön, aber in der Praxis wirklich sehr schlecht, weil ihm dann nämlich ein anderer seine Forschungssachn wegnimmt, weil ja die Gesellschaft nicht so aufgebaut ist, dass alle das machen, sondern dass es nur eigentlich wenige sind, die das so machen« (alle Zitate von Hanna B.: Runge 1969, S. 73–77).

In diesem Text wird deutlich, welche Themen sich akademischen und politisch interessierten Frauen Ende der 60er-Jahre stellten. Beschrieben werden hier nicht nur bis heute anhaltende Auseinandersetzungen um die Arbeitsteilung zwischen Männern und Frauen im Zusammenleben der Geschlechter, bezogen auf die Hausarbeit und die Kindererziehung, sondern auch das Ringen um soziologische Erklärungen für die gesellschaftlichen Strukturen, die zu unterschiedlichen Verantwortlichkeiten und Chancen für die Geschlechter führen. Außerdem wird die Unmöglichkeit thematisiert, durch eine andere persönliche Praxis an den existierenden Rahmenbedingungen wirklich etwas zu verändern. Und schließlich werden die Konflikte zwischen linken Frauen und Männern um grundsätzliche Einsichten einerseits und praktisches Handeln andererseits angesprochen. Unterstrichen wird durch das Interview auch, dass ein Lebensentwurf, der sich nicht mit der Existenz einer Hausfrau, Mutter und Ehefrau abfinden wollte, Ende der 60er-Jahre erst noch erstritten werden musste und der »Vorbilder« bedurfte. Dass man heiraten konnte und gleichzeitig nicht Hausfrau sein konnte, war für Hanna B. etwas Neues, das sie bewunderte.

4. Das Private ist politisch

Der Text gibt auch einen guten Aufschluss darüber, was denn eigentlich mit der Perspektive, das Private sei politisch, die Sander 1968 als Sprecherin des »Aktionsrates zur Befreiung der Frauen« formulierte, gemeint war. Es ging dabei nicht primär um eine Politisierung des privaten Lebens, sondern um die Einsicht, dass jene Schwierigkeiten, Strukturen und Auseinandersetzungen, die

Hanna B. hier exemplarisch für die Organisation ihres Lebens als Studentin mit Kind und für die Arbeitsteilung zwischen den Geschlechtern beschreibt, nicht nur reine Privatangelegenheit sind, sondern auf gesellschaftliche Rahmenbedingungen verweisen. Der private Alltag und seine Organisation, die hier in den Blick genommen werden, die Sorge um das Kind, die verschiedenen Zeitoptionen von Männern und Frauen, die Anforderungen der Arbeitswelt, die in die private Lebensführung hineinreichen und diese mit gestalten, dies alles sind keine reinen Privatangelegenheiten, sondern werden durch gesellschaftliche Strukturen gerahmt, die teilweise unüberwindliche Hindernisse für die eigenen Wünsche und Interessen darstellen. Diese Einsichten und Erkenntnisse standen Ende der 60er-Jahre nicht einfach zur Verfügung, sondern mussten erarbeitet und erlesen und in vielen Diskussionen riskiert, erprobt und erörtert werden.

Auf einer SDS-Konferenz nach der Gründung des »Aktionsrates« formulierten die Frauen explizit, dass es ihnen nicht um eine »Politisierung des Privatlebens« ginge, sondern um die Aufhebung der Trennung von Privatleben und gesellschaftlichem Leben. »Es gilt, die Unterdrückung im Privatleben nicht als private zu begreifen, sondern als politisch ökonomisch bedingte. Es gilt Privatleben qualitativ zu verändern und diese Veränderung als politische Aktion zu verstehen.« Dies wird explizit als »kulturrevolutionärer« Akt bezeichnet, die Revolution sei weniger eine Frage der Machtübernahme als eine Frage der »Verwirklichung dessen, was in der bestehenden schlechten Gesellschaft sich antizipatorisch als Gegengesellschaft abzeichnet«. Der Anspruch auf Glück, der jetzt in die Privatsphäre abgetrennt oder nicht einmal dort befriedigt werde, müsse zur gesellschaftlichen Aktion werden. Dies sei in besonderer Weise eine Aufgabe der Frauen, denn nur sie seien interessiert genug, dass sich etwas ändere (zitiert nach Nave-Herz 1982, S. 50).

Die qualitativen Veränderungen des Privatlebens und der alltäglichen Lebenspraxis werden hier als Weg der Veränderung der Gesellschaft beschrieben, die in einer besonderen Weise von den Frauen ausgehen, da sie ein spezifisches Interesse an jener Veränderung der Lebensformen haben müssten. Mit dieser Sicht wird nicht nur eine andere Definition des Politischen beansprucht, sondern auch eine andere Interpretation dessen vorgenommen, was denn die Revolution ausmache. Diese soll in der Perspektive der Frauen an der Kultur des Alltags und an dem eigenen Anspruch auf Glück ansetzen, in der Gegenwart »Gegengesellschaften« aufbauen und damit *nicht* auf die Zukunft verschoben werden.

Der kulturrevolutionäre Anteil, der hier von den Aktivistinnen des Aktionsrates so betont wird, wird in der retrospektiven Diskussion von 1968 immer wieder als erfolgreiche Seite der Revolte verbucht und den gescheiterten politischen Zielen gegenübergestellt (Kraushaar 2002). Was in der Retrospektive allerdings nicht vorkommt: Der an der Alltagskultur ansetzende Impuls ging offensichtlich stark von den beteiligten Frauen und ihrer Perspektive auf das private Leben aus. Das Konzept eines »alternativen Alltags« (Siegfried 2006, S. 67), das das »Gegenmilieu« auszeichnete, wurde wesentlich von Frauen vorangetrieben. Sie waren es, die ein Recht auf individuell befriedigendere Lebensformen formulierten.

Das Insistieren auf der Glücksfähigkeit, das in der zitierten Resolution vorgetragen wird, findet sich auch in anderen Texten der Zeit, etwa im Zusammenhang mit den Kinderläden. So ist die Erziehung zur Glücksfähigkeit eines der Erziehungsziele in der 1967 von Monika Seifert gegründeten Kinderschule, und auch in Neills »Summerhill« gehört die Fähigkeit, »glücklich werden zu können«, zu den erklärten Absichten. »Glücklichsein«, so Fromm in seinem Vorwort zur »Theorie und Praxis der antiautoritären Erziehung«, »heißt auf das Leben nicht nur mit dem Verstand, sondern mit der ganzen Persönlichkeit zu reagieren« (Neill 1969, S. 14).

Das Bestehen auf der Glücksfähigkeit, das theoretisch sowohl von Herbert Marcuse als auch von Ernst Bloch inspiriert ist, verweist auf eine Seite der Revolte, die in den neueren Forschungen zu 1968 stark betont wurde, nämlich ihre hedonistischen Anteile. Der Hedonismus der Aufbrüche von 1968 wird von der Forschung in die Geschichte der 60er-Jahre eingeordnet und vor dem Hintergrund eines relativen materiellen Wohlstands seit den späten 50er-

Jahren diskutiert. Dieser habe die Voraussetzungen für eine wachsende hedonistische Orientierung seit den frühen 60er-Jahren und für die Präferenz immaterieller Werte, wie sie insbesondere von der Wertewandelforschung betont werden, geschaffen. Die Wertewandelforschung unterstreicht, dass erst die Befriedigung materieller Bedürfnisse – wie dies durch den relativen Wohlstand in der Bundesrepublik der 60er-Jahre der Fall war – einen Zuwachs an immateriellen Wertorientierungen mit sich gebracht habe (Siegfried 2006, S. 66ff.). Sicherlich ist dieser Zusammenhang nicht von der Hand zu weisen, er sollte jedoch existierende materielle wie immaterielle Nöte etwa für das Zusammenleben der Geschlechter und der Generationen nicht verdecken.

»Am Anfang war mehr Not als Wunsch«, so lautet ein Satz aus Helke Sanders semidokumentarischem Film »Der subjektive Faktor« aus dem Jahre 1980, der die Geschichte der Gründung einer der ersten Wohngemeinschaften 1966 in Berlin erzählt. Er bezieht sich auf eine alleinstehende Frau mit Kind, die voll berufstätig war und der kein Makler eine Wohnung vermietet hätte und die sich deshalb mit anderen zusammenschloss. Rechtlich gilt Ende der 60er-Jahre schließlich noch der so genannte Kuppel-Paragraph, wonach sich derjenige, der eine Wohnung an ein unverheiratetes Paar vermietet, der Kuppelei schuldig macht.

5. Experimentierräume für befriedigendere Lebensformen im privaten Bereich und in der Kindererziehung

Die Gründung von Wohngemeinschaften und Kommunen wurde, zumindest theoretisch, auch mit der Entlastung der Frauen von der Kindererziehung begründet. Das Kursbuch 14, eine Zeitschrift, die als Selbstverständigungsorgan der Neuen Linken bezeichnet werden kann, präsentierte im August 1968 das Thema »Konkrete Utopien«, das zugleich mit einem Preisausschreiben verbunden war. Den ersten Preis des Herausgebers Hans Magnus Enzensberger erhielt »die Kommune als Familienverband«. Deren Vorzüge würden sich auf mehreren Stufen entwickeln. Auf

Stufe eins liegen sie in der Benutzung gemeinsamer Gebrauchsgüter, etwa der Waschmaschine. Auf Stufe zwei zeichnen sie sich dadurch aus, dass sie, »durch gemeinsame Erziehung der Kinder« den Frauen mehr Zeit für Ausbildung und Beruf gestatten (Berndt 1969, S. 129).

In der Praxis waren es dann vor allem die Frauen, die sich dafür einsetzten und kämpften, dass sich in jenen neuen Lebensformen nicht die alten Muster der geschlechtsspezifischen Arbeitsteilung durchsetzten. »Sie merkten nämlich, wie schnell sie in die Falle und alte Gewohnheiten tappten und die Hausarbeit auch für die Jungen wieder mitmachten. Wie früher, wie zu Hause« (Sander 2007, S. 96).

Ein gutes Jahr nach der Prämierung des Textes über die »Kommune« als beste konkrete Utopie zieht – wiederum im Kursbuch – die Psychologin und Soziologin Heide Berndt in einem Artikel »Kommune und Familie« (Juni 1969) eine Art Resümee der bisherigen Kommuneexperimente. Auch sie fokussiert dabei auf die Geschlechterverhältnisse:

»Doch erst wenn Männer und Frauen in ihren sozialen Rollen ›gleichberechtigt‹ sind, wird sich die Natur des Geschlechterunterschiedes entwickeln können. Mit der Veränderung der Geschlechtsrollen, der Preisgabe grober äußerlicher Erkennungsmerkmale des Geschlechtsunterschiedes (wie Kleidersitten, bestimme Arbeitsrollen) verändert sich der Wahrnehmungssinn der Individuen, wird subtiler und empfänglicher für die seelischen Eigenarten anderer. Der Kampf um diese Verfeinerung der Individuen ist der Kampf um eine freie Gesellschaft« (Berndt 1969, S. 144). Die psychoanalytisch geschulte Autorin hält hier einerseits an einer Differenz der Geschlechter fest, andererseits – und das ist das Argument, das sie stärker gewichtet – plädiert sie für eine Erweiterung der Spielräume zur Individualisierung für beide Geschlechter. Eine freiere Gesellschaft ist in ihrer Sicht die, in der beide Geschlechter sich aus Stereotypen befreien können und der Einzelne zu seiner Individualität finden kann.

Insgesamt stellt Berndt fest, dass zur Beschreibung der neuen linken Bewegung die traditionellen politischen Emanzipationsprogramme nicht mehr ausreichen. Auch sie unterstreicht die Perspektive: Das Private ist politisch. Nach herkömmlichem Politikverständnis würde »ein eigentümlich unpolitisches Moment« das »politische Movens der jungen Linken« ausmachen. Es sei nicht der Wille, »die Macht im Staate« zu erringen, sondern es ist der Wunsch, »ein individuell befriedigenderes Leben zu leben, der die Jungen zum Protest auf die Straße treibt«. Es gehe um die Veränderung der Lebensbedingungen. »Die Revolutionierung der Verhältnisse« soll sich gerade auch in den privatesten Bereichen, in den familiären Beziehungen und in der Kindererziehung zum Besseren auswirken (ebd., S. 132). »Wir wollen, dass es uns einfach besser geht«, lässt Sander ihre weibliche Hauptfigur im »Subjektiven Faktor« sagen (Sander 1981).

Berndt kritisiert einen sozialtechnokratischen Umgang mit der neuen Lebensform »Kommune«, den sie dem männlichen SDS-Triumvirat Rudi Dutschke, Christian Semler und Bernd Rabehl vorwirft. Diese wollten in sozialtechnokratischer Manier aus der Idee der Kommune heraus die neue Gesellschaft und die Machtübernahme planen. Dagegen setzt Berndt auf eine konkrete Praxis der Auseinandersetzung in Wohngemeinschaften und Kommunen, die mühsame und schmerzhafte Prozesse einschließt und als offener Experimentierraum verstanden wird. Sie kritisiert das Umschlagen von Antiautorität in Autorität, das sie bei den männlichen SDS-Genossen beobachtet. Dies verbindet sie mit Helke Sander, die in jener berühmten Rede auf einer Delegiertenkonferenz des SDS im September 1968 als Sprecherin des »Aktionsrates zur Befreiung der Frauen« in Frankfurt die männlichen Genossen ob ihres autoritären und patriarchalen Verhaltens kritisiert. Ihre Berühmtheit hat die Rede vor allem wegen des damit verbundenen Tomatenwurfes von Frauen auf Männer erlangt (Notz 2006). Auch diese Rede ist ein einschlägiges Dokument dafür, was mit der Politisierung des Privaten gemeint war. Die Rednerin greift die Erziehung der Frauen für das Privatleben und die Familie an, die alleinige Zuständigkeit für die Kindererziehung, die »Rollenerziehung«, »das anerzogene Minderheitsgefühl« und den »Verzicht auf vitale Bedürfnisse« (Sander 1968, S. 373). Sie attackiert die Trennung von Privatleben und Politik, diese würde die Frau immer wieder in ihre »Isolation« treiben (Sander 1968, S. 373). Problematisiert wird auch die Weigerung der Männer, etwas an ihrem Verhalten im Privatleben zu ändern. Vor allem aber kritisiert Sander, dass die männlichen SDS-Genossen die von den Frauen gegründeten Kinderläden einerseits gering schätzen, andererseits politisch instrumentalisieren. Die Rede dreht sich ganz wesentlich um die Kinderläden, was in der Rezeption unterschlagen wird. Auch die Kinderläden werden als »Gegengesellschaften« beschrieben, die zur Emanzipation der Frauen beitragen sowie Kindern andere Formen des Aufwachsens ermöglichen und schließlich zur Hervorbringung eines neuen Sozialisationstypus beitragen sollten. »Wir können damit nicht auf Zeiten nach der Revolution warten, da eine nur politisch-ökonomische Revolution die Verdrängung des Privatlebens nicht aufhebt, was in allen sozialistischen Ländern bewiesen ist« (Sander 1968, S. 374).

Der »Aktionsrat zur Befreiung der Frauen«, für den Sander spricht und der eng mit der Gründung von Kinderläden verbunden ist, bestand vor allem aus Frauen mit Kindern. Diese, so Sander, würden die Tatsache, »dass die Frau die Kinder zu erziehen hat, zum ersten Mal ernst nehmen«, indem sie ihre Kinder »nicht mehr nach dem Leistungsprinzip« erziehen (Sander 1968, S. 376). Frauen mit Kindern, so der Ausgangspunkt, seien am schlechtesten dran, sie würden »auf Verhaltensmuster zurückgeworfen werden, die sie meinten, dank ihrer Emanzipation schon überwunden zu haben«. Auch die akademischen Frauen »merken spätestens, wenn sie Kinder bekommen, dass ihnen alle ihre Privilegien nichts nützen«. Deshalb seien sie »am ehesten in der Lage, den Abfallhaufen des gesellschaftlichen Lebens ans Licht zu ziehen« (ebd., S. 374). Der Aktionsrat sieht nicht, wie die sozialistische Lehre es verkündet, im Proletariat, sondern in den Frauen mit Kindern diejenige gesellschaftliche Gruppe, »die am leichtesten politisierbar« ist (ebd., S. 372).

Sowohl das Engagement von Frauen für die Kindererziehung als auch das Insistieren darauf, dass es sich hierbei auch um politische Aktivitäten handelte, mussten die Frauen des »Aktionsrates« nicht nur gegenüber den männlichen Genossen verteidigen, die Fragen der Kindererziehung zum »Nebenwiderspruch« erklärten, sondern auch gegenüber anderen Frauen. »Genau dieses Moment der Identifizierung mit dem eigenen Geschlecht war es, das dem Aktionsrat […], dem in den Anfangszeiten in der Mehrzahl Mütter, Studentinnen und Hausfrauenmütter angehörten, diese Ablehnung schon ›politisierter‹ Frauen eintrug. Die waren froh, endlich dem Kreis entronnen zu sein, der Frauen bisher immer zugewiesen war ›Kinder, Küche, Kirche‹. Sie konnten endlich politisch arbeiten (was ja auch stimmte) und sie distanzierten sich von jenen Frauen, die das, wovor sie selber flohen, (und auch Gründe dafür hatten), freiwillig aufsuchten. Sie erkannten lange nicht, dass es einen Unterschied macht, selbständig auf etwas zu kommen, was als lebenswichtig erkannt wird, oder sich nur unter bestimmten festgelegten Kriterien damit befassen zu dürfen. Sie erkannten nicht, weil sie meistens keine Kinder hatten, dass die Frauen, die über sich und die Kinder nachdachten, ohne dazu von absegnenden Männern aufgefordert worden zu sein, das Getto damit verlassen hatten« (Sander 1981, S. 12). In dieser Skizze eines Konfliktes zwischen Frauen mit und ohne Kindern, der auch in den 70er-Jahren die Geschichte der Frauenbewegung bestimmen sollte, werden das selbständige Nachdenken und die selbst bestimmte Wahl von Themen stark gemacht. Die Mitglieder des Aktionsrates beschrieben außerdem, dass man »völlig neue Beziehungen zu Frauen« bekommen habe (Berndt 1998, S. 238).

Tatsächlich war der hier geschilderte Konflikt aber nicht nur einer zwischen Frauen mit und ohne Kinder, sondern auch zwischen eher antiautoritär ausgerichteten Frauen des »Aktionsrates« und Sozialistinnen um Frigga Haug, die den Frauen des »Aktionsrates« vorwarfen, dass sie sich »nicht am Grundwiderspruch« orientierten. Man habe sich zuerst um das Proletariat, also den Hauptwiderspruch, zu kümmern und dann erst um den Nebenwiderspruch, die Frauenemanzipation und Kindererziehung (ebd., S. 241). Eine weitere Schwächung hat der Aktionsrat im Sommer 1969 erfahren. »Am 10.6.69 war ein Streik aller Kindergärtnerinnen geplant, um der Stadt Berlin die Macht der Frauen zu zeigen

[…]. Streikziele waren: kleine Gruppen für die Kinder, Kindergärten in Wohnnähe. Klassenkampfparolen spielten keine Rolle. Die ÖTV griff das Streikthema auf, spaltete die Vorbereitungsgruppe, verschob den Streik um einen Tag und machte damit die Aktion kaputt. Damit war das zentrale Anliegen des Aktionsrates, die Befreiung der Frauen mit besseren Lebensbedingungen für die Kinder zu verbinden, um sowohl die Isolation der Frauen wie der Kinder aufzuheben, gescheitert« (ebd., S. 242). Im Herbst erklärte der neu gegründete »Zentralrat der sozialistischen Kinderläden«, der die Kinderladenbewegung in männliche Hände legte, das Scheitern des Aktionsrates der Frauen und startete einen »Enteignungsprozess«. In dieser Situation hielt Helke Sander dann im September die erwähnte Rede in Frankfurt und erwartete sich dort Unterstützung. Der dort vorgetragene Vorwurf, dass politisierte Männer die Kinderladenbewegung für ihre politischen Zwecke instrumentalisierten, hatte also einen sehr konkreten Hintergrund, nämlich die Übernahme der Kinderläden durch den »Zentralrat der sozialistischen Kinderläden«. Federführend im Zentralrat waren die Pädagogen Reinhart Wolff und Lutz von Werder, der eine sozialistischer Theoretiker, der andere sozialistischer Pragmatiker. In von Werders Historiographie zur Geschichte der Kinderläden (Werder 1977) kommen die Frauen des Aktionsrates und der Zusammenhang zwischen Kinderladen- und Frauenbewegung dann auch nicht mehr vor.

6. Neue Themen, Kommunikations- und Beziehungsformen

Frauen waren an der Bewegung von 1968 maßgeblich beteiligt, vor allem waren sie maßgeblich an den Versuchen zur Erprobung neuer Lebensformen beteiligt, an Experimenten, den privaten Alltag anders und für sie befriedigender zu gestalten. Dies betrifft insbesondere auch das Geschlechter- und Generationenverhältnis. Damit veränderten sie nicht nur diese, sondern entwickelten zugleich einen anderen Begriff des Politischen, der eben an jenem privaten Leben ansetzte. Frauen kommentierten den Umschlag von antiautoritärem in autoritäres Verhalten, wie er sich in den sozialistischen Gruppen und den K-Gruppen der 70er-Jahre vollzog, politisch wach, wie an den Texten von Sander und Berndt gezeigt werden konnte. Das heißt nicht, dass sie selbst davor gefeit waren. »Wir haben die Frauenbewegung gegründet, weil wir den autoritären Gestus der männlichen Genossen satthatten«, so eine Zeitzeugin und Mitbegründerin.

In der historischen Rekonstruktion ist eine Geschichte des privaten Lebens mit spezifischen Schwierigkeiten verbunden, denn der private Alltag und die private Lebensführung entziehen sich der Dokumentation in Quellen immer wieder, sie finden sich weniger in Text und Bild, sondern spielen sich auf der Ebene der Alltagskommunikation, der täglichen Konflikte und Aushandlungsprozesse und damit der mündlichen Kommunikation ab. In diesen kommunikativen Settings werden die Arrangements der Geschlechter, die Fragen des Zusammenlebens, der Arbeitsteilung und der Kindererziehung ausgehandelt und praktiziert – wie das Interview mit Hanna B. exemplarisch zeigt.

Eine der großen Neuerungen der Aufbrüche von 68 war, dass öffentlich über Themen geredet wurde, über die vorher nicht geredet wurde – dies betrifft vor allem auch das Geschlechterverhältnis sowie Fragen der Erziehung. »Es gab neue Fragen, neue Worte, neue Bücher« (Sander 1980). Die geschlechterpolitischen Innovationen sind mit neuen Themen, neuen Kommunikations- und neuen Beziehungsformen, insbesondere auch unter Frauen verbunden. Diese neuen Kommunikationsformen sind für die Auf- und Umbrüche im Kontext von 1968 entscheidend. Allerdings werden sie in der Retrospektive und der bisherigen 68er-Forschung, die sich stark an »Ereignissen« orientiert, vernachlässigt. Zwar wird der Slogan »Das Private ist politisch« immer wieder als zentral benannt (Fücks 2008), aber nicht in seinem sozialen Sinngehalt und seinen Implikationen rekonstruiert. Der Slogan geht vor allem auf Frauen und deren Suche nach neuen Lebens- und Erziehungsformen zurück. »Frauen suchen ihre Identität«, erklärt Sander in der analysierten Rede (Sander 1968, S. 373). Dieses Begehren greift den Identitätspolitiken, wie sie dann ab den 70er-Jahren von verschiedenen gesellschaftlichen Gruppierungen, insbesondere im Rahmen der Neuen Sozialen Bewegungen, formuliert werden, voraus.

Die 60er-Jahre erscheinen im Rückblick als Zeit der ersten Risse im traditionellen Geschlechterverhältnis. Die Familienform der so genannten Normalfamilie mit der entsprechenden Arbeitsteilung und dem Mann als Haupternährer der Familie war nicht mehr die unbestrittene Idealform. Ohnedies war sie das nur für eine kurze Zeit – vielleicht Anfang der 60er-Jahre – und eher auf der Ebene der Norm und des Leitbildes, denn schließlich hat der Krieg viele unvollständige Familien und fehlende Väter mit sich gebracht. Steigende Scheidungsraten führten bereits in den späten 60er-Jahren zu mehr und mehr Alleinerziehenden. In den Kinderläden fanden sich überproportional viele Kinder aus jenen unvollständigen Familien. Damit waren die Kinderläden sowohl Ausdruck jener ersten Risse im Geschlechterverhältnis als auch Versuche, darauf zu reagieren.

Die meisten unter der Parole »Das Private ist politisch« angestoßenen Themen sind nicht erledigt und werden nach wie vor öffentlich diskutiert. Manche Debatten sind jedoch in den letzen Jahren selbstverständlicher geworden. Nach wie vor existieren deutliche Differenzen zwischen den Geschlechtern, wenn es um die investierte Zeit in Hausarbeit und Kindererziehung geht – auch dann, wenn beide Geschlechter erwerbstätig sind (Peuckert 2007, S. 50). Die Zahlen zur Beteiligung von Vätern an der Hausarbeit sind nicht übereinstimmend. Nach Keddi liegen sie etwa konstant bei zehn Stunden pro Woche, während der Arbeitsaufwand von Frauen hochgradig variiert (Keddi 2003, S. 194). Nach einer Studie von Walter und Künzler beträgt die Hausarbeit von Frauen in Deutschland durchschnittlich 40 Stunden pro Woche, die von Männern 16 (Walter/Künzler 2002).

Nach wie vor gibt es einen so genannten »Traditionalisierungseffekt« bei der Geburt des ersten Kindes. Dieser führt dazu, dass sich die Arbeitsteilung bei Haushalt und Kindererziehung der traditionellen Partnerschaft annähert (Guldimann/Herzog/Böni 1997, S. 314). Sanders Bemerkung, dass selbst privilegierte Frauen nach der Geburt von Kindern merken, dass ihnen ihre Privilegien nichts nutzen, ist also nicht obsolet geworden. Frauen mit Kindern unter sieben Jahren verbringen in Deutschland im Durchschnitt 38 Stunden pro Woche mit ihrem Kind und liegen damit im intereuropäischen Vergleich an der Spitze, Männer mit Kindern der gleichen Altersgruppe verbringen im Durchschnitt 23 Stunden mit ihrem Kind (Höpflinger/Fux 2007, S. 68). Die so genannte »verantwortete Elternschaft« ist in erster Linie eine Angelegenheit der Mütter, die sich zudem dem Druck zur »Semiprofessionalität« ausgesetzt sehen. Daran ändert auch der seit den 90er-Jahren beobachtete Trend zur »engagierten Vaterschaft« wenig, auch wenn die 18 % der Väter, die in der Bundesrepublik die so genannten Vätermonate nach dem neuen Elterngeld beanspruchen, derzeit als großer familienpolitischer Erfolg gefeiert werden. Im Kontext familialer Lebensformen zeichnet sich das Geschlechterverhältnis, das heißt das Leben von Männern und Frauen, derzeit durch spannungsreiche Relationen zwischen neuen, enttraditionalisierten Konturen einerseits, traditionellen Elementen und Mustern andererseits sowie oberflächlicher und »rhetorischer Modernisierung« (A. Wetterer) drittens aus. Wie persistent und dauerhaft latente traditionelle Geschlechtsnormen sind, haben Koppetsch und Burkhard unter dem Stichwort »Die Illusion der Emanzipation« gezeigt (1999).

Junge Frauen heute thematisieren das Problem der Vereinbarkeit von Kindern, Beruf und Karriere erneut als Problem von Chancenungleichheit (Hensel/Raether 2008; Haaf/Klingner/Streidl 2008). Nicht erledigt ist auch die Einkommensdifferenz bei Männern und Frauen, im Gegenteil, diese hat sich in den letzten Jahren deutlich vergrößert und liegt derzeit in der Bundesrepublik bei 23 %, während sich der EU-Durchschnitt bei etwa 15 % bewegt.

Den Umstand, dass in Deutschland Familie immer noch in erster Linie als Privatangelegenheit gesehen wird, mahnt der 7. Familienbericht der Bundesregierung aus dem Jahre 2006 an (Birkenstock et al. 2006). Die Formen der öffentlichen Kinderbetreuung werden inzwischen intensiv, aber nach wie vor kontrovers diskutiert, dies betrifft insbesondere die Frage der Kinderkrippen und die Betreuung von Kindern unter drei Jahren. Die Pluralisierung der Familienformen hingegen, die sich in den 60er-Jahren in ersten Konturen abzeichnet, stößt heute weitgehend auf Akzeptanz. Allerdings wird sie nach wie vor gerne als Indiz für den Untergang und die Krise der Familie gedeutet, was den Tatsachen, Gründen und Motiven für veränderte Familienformen nicht entspricht. Auch heute geht der Druck, neue Lebensformen jenseits des traditionellen Familienmodells auszuprobieren, stärker von den Frauen aus, da sie sich davon einen Zugewinn an Freiheiten und Spielräumen versprechen (Peuckert 2007, S. 54). Dies verbindet sie mit den Frauen im Umfeld von 1968, die ein wichtiger Motor für das Experimentieren mit neuen Lebens- und Erziehungsformen und damit ein Motor von Modernisierungsprozessen waren.

Tatjana Freytag

Väterliche Autoritäten und vaterlose Gesellschaft?

> »Die Erziehung hat also ihren Weg zwischen der Scylla des Gewährenlassens und der Charybdis des Versagens. Wenn die Aufgabe nicht überhaupt unlösbar ist, muss ein Optimum für die Erziehung aufzufinden sein, wie sie am meisten leisten und am wenigsten schaden kann. Es wird sich darum handelnn zu entscheiden, wie viel man verbieten darf, zu welchen Zeiten und mit welchen Mitteln.«
>
> (Sigmund Freud)

Erziehung muss sich im immer wieder neuen Ausloten dieser prekären Durchfahrt zwischen Scylla und Charybdis erproben. Diese freudsche Erkenntnis gilt, wie es scheint, nicht nur für das besondere Erziehungsverhältnis, sondern auch, im größeren transhistorischen Rahmen gedacht, für das Selbstverständnis einer Gesellschaft, die sich über ihre Erziehungsvorstellungen überhaupt erst definiert.

1968 steht als Chiffre für einen Zeitraum, in dem es genau darum ging: um das neue Ausloten einer prekären Durchfahrt, die zuvor mit den traditionell-autoritären Erziehungsvorstellungen gescheitert war und, mit dem Bild von Freud gesprochen, verschlungen wurde von dem Ungeheuer Charybdis, ob ihrer eindimensionalen, repressiven Ausrichtung.

Eine ganze Elterngeneration mitsamt ihren gesellschaftlichen Repräsentanzen und Institutionen stand auf dem Prüfstand, hatte sich durch ihr Schweigen und ihre Mittäterschaft im Faschismus kontaminiert. Der mit der Re-Education- und Demokratisierungspolitik der Amerikaner intendierte Übergang Westdeutschlands in einen demokratischen Staat wurde durch die sich vollziehende Praxis der Wiedereinsetzung bzw. Weiterbeschäftigung von alten Amts- und Funktionsträgern aus dem Nationalsozialismus unterlaufen. Was sich nach der »Niederlage« und den so genannten Entnazifizierungsprogrammen nicht mehr offen ausleben ließ, fand seinen Niederschlag bzw. seine Kontinuität im Privaten, besonders in der familiären Erziehung und in der schulischen Pädagogik. Nach wie vor galt ein stark autoritär-züchtigender Erziehungsstil, der seinen Erfolg in Disziplin und Unterordnung maß. Die Infragestellung dieser belasteten Generation, ihr Autoritätsverlust verbanden sich mit einer radikalen Kritik an ihren als repressiv empfundenen Institutionen. Von der Ablehnung des oftmals eigens erfahrenen kleinbürgerlichen Familienlebens mit den dort praktizierten autoritären Erziehungsstilen bis hin zur strukturellen Kritik an ihrer gesellschaftlichen Bedingtheit wurden in allen Bereichen Formen der Liberalisierung und Enthierachisierung eingefordert und erprobt: undogmatisch, spontan und antiautoritär.

Man könnte denken, Alexander Mitscherlich hätte mit seinem Buch »Auf dem Weg zur vaterlosen Gesellschaft« (1963) dieser Entwicklung Rechnung getragen. Er selbst war aber immer wieder darum bemüht, diesem Missverständnis entgegenzuwirken. Mitscherlich hat mit der vaterlosen Gesellschaft ein schon länger währendes sozialpsychologisches Paradigma der Industriegesellschaft beschrieben, einer arbeitsfragmentierten, konsumkonzentrierten Massengesellschaft, in der die tradierte Familie in ihrer vermittelnden Sozialisationsaufgabe immer mehr einem Prozess des Veraltens unterliegt. In diesem Prozess der Antiquierung ist für ihn eine Entleerung der väterlichen Autorität angelegt. Mit David Riesman unterscheidet er den traditionsgelenkten Menschen, als inner-directed, das heißt den vorwiegend gebotsgebundenen Menschen, vom other-directed, also dem außengeleiteten konformistischen Massenmenschen. Um die Triebgeschehnisse, die diesen Wechsel vom inner- zum other-directed Typus bedingen, kreisen Mitscherlichs Überlegungen zur vaterlosen Gesellschaft, der das traditionelle Vaterimago abhanden kommt und die diesen Verlust durch andere gesellschaftliche Agenturen kompensiert. In dieser Kompensation, nämlich in der Ersetzung des symbolischen Vaters durch andere vorbildhaftere, attraktivere Repräsentanten des Realitätsprinzips, etwa aus der Fernseh- oder Sportwelt, heute auch der Computerwelt, ist die Autorität nicht mehr in einer Person verkörpert, an der man sich widerständig abarbeiten kann. Durch das unmittelbare Andocken der unpersönlichen Ideale verfällt eben auch die unmittelbare Vermittlungsinstanz des Vaters, dem bei der Über-Ich-Externalisierung, so die klassische freudsche Lesart, die entscheidende Rolle zukommt. Die darin strukturell angelegte mögliche Schwächung des Ichs macht Mitscherlich zum Gegenstand seiner Analysen.

Dass diese Überlegungen 1968 an der Zeit waren, obschon Mitscherlich einen viel weiteren Zeitrahmen vor Augen hatte und anderes thematisierte, als unmittelbar unter dem Schlagwort Vaterlosigkeit verstanden wurde, verwundert nicht, widmete er sich in seinem Paradigma der Vaterlosigkeit eben auch besonders den Fragen zur Autorität. Was ist Autorität, welche Rolle spielt sie im Erziehungsverhältnis und was bedeutet es, wenn einer alten Generation die Autorität abhanden kommt? Die 68er-Generation war, so besehen, dreifach »vaterlos«. Einmal durch die von Mitscherlich analysierte Vaterlosigkeit im Hinblick auf das Erlöschen des Vaterbildes vor dem Hintergrund der gesellschaftlichen Veränderung, die sich mit der Industriegesellschaft vollzog; zweitens durch die reale Vaterlosigkeit in der deutschen Nachkriegsgesellschaft, sei es als abhandengekommene, gefallene Väter oder als dysfunktionale Existenzen, die mit dem vergangenen Trauma nicht zurechtkamen; und drittens durch die selbstverantwortete Verwerfung des Vaters, als Aufbegehren gegen das Autoritäre, das den Faschismus ermöglicht hatte und in den Nachkriegsjahren in den Mentalitäten und Alltagspraxen der Elterngeneration fortlebte. Die erste Vaterlosigkeit bezieht sich auf die gesamtgesellschaftlich, strukturbedingte Vaterlosigkeit, die objektiv eine Aushöhlung der Vaterautorität bedeutet; die zweite Vaterlosigkeit katalysierte die erste – man denke etwa an Heinrich Bölls und Wolfgang Borcherts literarische Zeugnisse hierfür. Im Gegensatz zu diesen beiden realen Vaterlosigkeiten muss man die letzte wohl als eine theoretisch-normative Vaterlosigkeit bezeichnen. Hier gilt das Postulat der Vaterlosigkeit, das mit der Emanzipation vom Autoritären verbunden wurde, als Reaktion auf die repressiven Strukturen der deutschen Geschichte, die im Nationalsozialismus kulminiert waren und zum Zivilisationsbruch führten. Alle drei Dimensionen von Vaterlosigkeit kamen in der 68er-Bewegung zusammen – verschiedene Dimensionen, die aber ihre Wirkung in ein und derselben Ära zeitigten.

In dem gesellschaftspolitischen Kontext von 1968 waren mit diesen Fragen Bruchlinien und Verdrängungsprozesse der Elterngeneration von ihren Kindern angesprochen. Eine »kritische Selbstvergewisserung der Nachkommen« hatte begonnen, die »als Bürger (...) ein öffentliches Interesse am dunkelsten Kapitel ihrer nationalen Geschichte im Hinblick auf sich selbst – und im Hinblick auf ihr Verhältnis zu den Opfern und deren Nachkommen« (Habermas 1995) einforderten. Damit einher ging auch die Hinterfragung des bisherigen Erziehungsverständnisses, das nicht erst mit 1933 auftauchte und mit 1945 wieder verschwand. Lang währende Sozialisations- und Erziehungsprozesse, wie sie bereits vor dem nationalsozialistischen Deutschland geherrscht hatten, ließen die Ausformung eines regelrechten Sozialtypus vermuten, der in der zeitgenössischen Literatur, wie zum Beispiel in Heinrich Manns »Der Untertan«, Ausdruck fand und in späteren, vom Frankfurter Institut für Sozialforschung im amerikanischen Exil betriebenen wissenschaftlichen Studien zum autoritären Charakter von Theodor W. Adorno, Max Horkheimer u. a. thematisiert wurde. Dieser spezifische »Untertanengeist«, der durchaus als Mentalitätsstruktur des als Nation zu spät gekommenen Deutschlands zu nennen ist, war insbesondere in der Erziehungskultur tief verankert und entfaltete einen Tugendkomplex von Disziplin, Gehorsam, Ordnungssinn und Reinlichkeit, der eine historisch unverwüstliche Kontinuität bis über die Adenauer-Ära hinaus aufzuweisen hat. Mit der Kontinuität dieses konformistischen Tugendkomplexes brach die 68er-Generation und revolutionierte damit neben den Bereichen der Politik, der Wissenschaft, der Kunst und Literatur vor allem auch die Erziehungspraxis. Die Umwälzung aller bisherigen Wertevorstellungen implizierte aber eben auch die Auseinandersetzungen mit den Trägern dieser alten Werte, mit den realen und den symbolischen Vätern.

»Traue keinem über 30« war der plakativ oberflächliche Ausspruch, der auf einen sehr ernst gemeinten Paradigmenwechsel in der Erziehung hinwies. Die antiautoritäre Orientierung in ihren vielgestaltigen Phänomenen war nur über die Abgrenzung und Nichtanerkennung der tradierten Autoritäten zu haben. Nur in der Auseinandersetzung mit den inhaltlichen Positionen der Elterngeneration konnte eine andere Praxis vorstellbar werden. Die antiautoritäre Erziehungsbewegung verstand sich als radikale Gegenbewegung, die einen repressionsfreien Umgang mit Kindern einforderte. Autoritäre Charakterstrukturen, die sich zusammensetzten aus antidemokratischen, vorurteilsgebundenen, gewaltförmigen Meinungen, Attitüden und Wertvorstellungen, sollten durch Erfahrung von Selbstbestimmung, Selbstständigkeit und durch die Befreiung vom Sexualtabu verhindert werden. Dass in dieser notwendig überspannten Ablehnung und Abgrenzung von allem, was die symbolischen Väter und ihre Institutionen verkörperten, wiederum Fehler, Dogmatismen und neue Formen der Hierarchisierung sich einrichteten, verwundert nicht, trugen die Protagonisten der 68er-Generation doch die eigenen verinnerlichten Sozialisationsmuster in sich. Die antiautoritäre Haltung basierte auf einer, auch am eigenen Leib erfahrenen, enttäuschten Autoritätsgläubigkeit, aber eben auch auf dem Wunsch nach Handlungsanweisungen und Autorität. Es sollte nur die »richtige Autorität« sein. Ein Autoritätsvakuum war entstanden, welches sich nicht einfach durch das normativ-theoretische Postulat des Antiautoritären auffüllen ließ. Womit füllte sich also die vakant gewordene Stelle der Autorität im Antiautoritären? Die jugendliche Generation Deutschlands konnte sich nicht ohne weiteres auf Beziehungsgestalten und Autoritäten stützen, wie es etwa amerikanische Jugendliche mit John F. Kennedy oder Martin Luther King tun konnten, dafür war Deutschlands Politikklasse zu sehr belastet. Man schuf sich aber durchaus Ersatzautoritäten, eignete sie sich aus verschiedenen Bereichen an, um nicht »vaterlos« zu bleiben. Inwieweit diese Ersatzväter fetischisiert wurden, mithin ins Sloganhafte umschlugen, muss im Einzelfall untersucht werden. Klar ist, dass man sich den Ersatz auf mehreren Ebenen herzustellen versuchte. So gab es den Import von politischen Autoritäten, wie Mao Tse-tung und Ho Tschi Minh, im Nachhinein sogar Kennedy, King wie auch Malcolm X, Che Guevara etc.; dann ein Anknüpfen an die im eigenen Land lebenden Denker der Kritischen Theorie, die zu Heroen erhoben wurden (dass man sich späterhin gegen Adorno auflehnte, unterstreicht nur noch einmal den ödipalen Charakter der Bewunderung seiner Autorität) und eine gewisse Fan-Kultur um Dutschke und andere »Revoluzzer«. Auch die Schaffung von Feindbildern, die teilweise stark ins Verteufelnde ging, hatte viel mit Autoritärem und autoritär Unverarbeitetem zu tun.

Woran also anknüpfen, woraus das Neue, den neuen mündigen Menschen schaffen? Und wie viel schleppt sich das Alte im Neuen fort? Erziehung wird hier zum zentralen Experimentierfeld, auf dem gesellschaftliche Veränderung »von unten her« erst möglich werden sollte, um über die strategische Besetzung pädagogischer Handlungsfelder die gesellschaftliche Emanzipation voranzutreiben. Die Konzentration und Hoffnung lagen dabei auf dem subjektiven Faktor, Erziehung war der Ansatzpunkt für die Schaffung des »neuen Menschen«. Wovon zu Freuds Zeiten nur eine gutbürgerliche Avantgarde profitierte, nämlich von dem Wissen über Triebdynamiken und Seelenhaushalt, vermasste sich, besonders über die Vermittlung durch die frühen Schriften von Wilhelm Reich in den 1960er-Jahren, und bedingte einen wahren Emanzipationsschub im Wissen um die Wirkmächtigkeit der Seele, um die Grammatik des Leidens unter versagenden Bedingungen. Dieser Bezug auf die Psychoanalyse war einer der wenigen Anhaltspunkte für das neu zu schaffende Andere, einer, der gleichwohl auch nur schwer sich in erzieherischer Praxis umsetzen ließ.

Sicherlich kann man im Nachhinein auch von der Überforderung einer jungen Generation sprechen, die dem Bewusstsein, dass das schlechte Alte neu gedacht und in Praxis gelebt werden muss, Taten folgen lassen wollte. Überlastungen und Rollenunsicherheiten einer jungen Generation waren die Folge. Es ist eine Generation, der jegliche Erfahrung mit konkreten Vorbildern fehlte und deren Anknüpfung an die selbst gewählten, überfrachteten Ersatzväter nur schlecht funktionieren konnte, oftmals sogar in ein Dogma umschlug. Doch gerade deshalb sollte ihnen auch das Recht zugesprochen werden, sich der Herausforderung gestellt zu haben und in Vielem dabei durchaus reüssiert zu sein. Immer wieder kann man aus Zeitdokumenten herauslesen, dass die Akteure unter enormem Leistungsdruck standen, auch wirklich das Richtige zu tun. Antiautoritäre Erziehung hatte auch stets – und das lässt sich für die meisten dieser Ansätze wohl behaupten – den Anspruch, Selbsterziehung des Erziehenden zu sein. Der »Kinderladen ist auch Elternladen«, so eine gängige damalige Formel, die diesen selbstreflexiven Zugang auf den Punkt bringt und damit die Richtung eines angestrebten doppelten Befreiungsprozesses anzeigt. In dem »2. Flugblatt der Aktion Kindergarten, München – Zum Konzept der antiautoritären Erziehung (1969)« heißt es: »Das Wort ›antiautoritär‹ ist für viele ein rotes Tuch. Antiautoritäre Erziehung: Soll das heißen, dass die Kinder tun und lassen dürfen, was sie wollen? Zu Ihrer Beruhigung: nein. ›Antiautoritär‹ erzogene Kinder wachsen nicht ohne jede Autorität auf. Wir unterscheiden zwischen zwei verschiedenen Arten von Autorität: der institutionellen, die sich von einer Position gesellschaftlicher Macht ableitet und irrational und selbstzweckhaft erscheint. Und der sachlichen Autorität, die sich als einholbarer Vorsprung an Wissen und Erfahrung ausweist. Die Erste lehnen wir ab. Antiautoritäre Erziehung bedeutet uns: Erziehung zur Kritik an der irrationalen, unausgewiesenen Autorität, am drohend erhobenen Zeigefinger.« Aus diesem Zeitdokument geht exemplarisch hervor, wie sehr es den Protagonisten um eine Erziehung zur Mündigkeit und zur Kritik ging. Der adornosche Imperativ an Erziehung, dass Auschwitz nicht noch einmal sei, ist hier mutatis mutandis unausgesprochenes Leitmotiv und hat das gesamte Nachdenken über Erziehung und ihre Praxis bestimmt. Sich abgrenzend von der Haltung eines edukativen Laisser-faire, also einer Haltung des Gehen- und Geschehenlassens, wird hier durchaus auf Autorität gesetzt. Diese Autorität verbürgt sich durch Sachverständnis und gegenseitige Anerkennung, sie ist orientiert an den Bedürfnissen der Kinder und trägt in sich das Ziel, deren Autonomie zu fördern. Damit ist ein Autoritätsverhältnis von den Verfechtern des Antiautoritären angesprochen, das in sich widersprüchlich ist, aber durchaus aus diesem Widerspruch etwas Neues schafft. Ein Autoritätsverhältnis beinhaltet im Wesentlichen zwei Momente: zum einen das der Freiwilligkeit in der Anerkennung und Bejahung des Autoritätsträgers, zum anderen das der Unterwerfung und Bindung des eigenen Willens. Freiheit und Unterwerfung sind in ihm zusammengedacht. Die antiautoritäre Bewegung ist als neue Verhältnisbestimmung dieses Dilemmas, das Freud in dem eingangs erwähnten Zitat als den Weg zwischen Scylla und Charybdis beschrieb, zu begreifen. Man wird sich aus diesem Dilemma wohl nicht befreien können, wohl aber – und das ist mit eine der bedeutendsten Errungenschaften der 68er – kann es um eine neu reflektierte Abmessung gehen. Wie viel Versagen, wie viel Entbehrung ist tatsächlich notwendig, und wann muss man von einem nicht notwendigen Übermaß sprechen, von einer Surplus-Repression, die in ein autoritäres Erziehungsverhältnis umschlägt?

Richtig verstandene Autorität, im Sinne der 68er, will keine willkürliche Unterwerfung, sondern den Kindern im erzieherischen Verhältnis, je nach der entsprechenden Entwicklungsphase, die Möglichkeit geben, ihre entsprechenden Bedürfnisse ohne Angst vor Strafe oder Liebesentzug ausleben zu können. Der Selbstreflexion, der kritischen Auseinandersetzung und dem entschiedenen Willen zu einer daraus folgenden Erziehungspraxis der 68er-Generation, in der Abgrenzung zu dem, wie es die eigene Elterngeneration gemacht hatte, ist es zu verdanken, dass sich in der Erziehungskultur Deutschlands emanzipative Konzepte und Gedanken verobjektiviert und institutionalisiert haben. Ohne sie wäre eine Herausbildung von langfristig wirkenden kritisch-wissenschaftlichen und politischen Lernprozessen nicht denkbar gewesen. Von ihr ging eine dauerhafte Aufwertung der Bereiche von Bildung und Erziehung aus, institutionalisierte sich der Zusammenhang von Erziehung und Gesellschaft. Sie war es, die eine Sensibilisierung für die nicht aufgearbeitete Vergangenheit schuf und basisdemokratische Formen von Öffentlichkeit einführte und erprobte. Mit ihr ist eine kulturelle Aufklärung in Gang gekommen, die das Geschlechterverhältnis neu definierte, die rigide Sexualmoral bekämpfte und demokratische Gestaltungsformen in den öffentlichen Raum einführte. Dass dabei nicht die Schaffung eines »neuen Menschen« gelang und bei aller Reflexion und kritischen Rechtfertigung es auch zu selbst produzierten Schieflagen kam, sollte nicht vergessen machen, was eben auch die enorme Leistung dieser Generation ausgemacht hat. Vieles von dem, was ohne politische und historische Erfahrung erkämpft und in die Praxis getragen wurde, besonders auch unter dem innerlich nur schwer zu ertragenden Druck aus der Konfrontation mit der Elterngeneration, hat sich im Laufe der Zeit verschlissen, ist gar zu selbstverständlich geworden und regrediert.

Traditionen/Innovationen

Micha Brumlik

»Autorität« und »Antiautoritarismus«[35]

1. Der »Antiautoritarismus« der Autoritären

Begriff, Theorie und Praxis der antiautoritären Erziehung waren seit ihrem Entstehen konservativen bis reaktionären Einwänden ausgesetzt – etwa durch die Thesen des Bonner Forums »Mut zur Erziehung« aus dem Jahr 1978 (Bausch u. a. 1978; dazu kritisch Benner u. a. 1983). Die damals gestellten und diskutierten Fragen nach dem Verhältnis von Pädagogik, Autorität und Disziplin sollten freilich mit den Bonner Thesen und den auf sie folgenden Erwiderungen keineswegs ein für allemal erledigt sein, sondern dreißig Jahre später noch einmal aufbrechen – zuletzt anhand der Debatte um Bernhard Buebs Pamphlet »Lob der Disziplin« (2006). Nicht zuletzt dieses Pamphlets wegen hat sich auch die wissenschaftliche Pädagogik des Themas zum ersten Mal seit dreißig Jahren wieder grundsätzlich angenommen und es in ihren Zeitschriften gründlich erörtert (Sünker 2007; Claußen 2007). So ist etwa im Rückgriff auf die von Bueb reklamierte reformpädagogische Tradition, unter Bezug auf Siegfried Bernfeld und Janusz Korczak der Nachweis gelungen, dass Buebs Begriff der Disziplin in äußerster, undifferenzierter Schlichtheit letztlich nur das umfasst, was man als »militärische Disziplin« bezeichnen könnte: unhinterfragter Gehorsam gegenüber präzise umrissenen Befehlen (Wyrobnik 2007).[36] Weitere Autoren nahmen sich der Thematik sogar in ganz anderen, systemischen

35 Leserinnen und Leser, die meinen Beitrag zu B. Bueb in M. Brumlik (Hrsg.), Vom Missbrauch der Disziplin, Weinheim 2007 gelesen haben, werden bemerken, dass einige wenige Formulierungen dieser Einleitung wörtlich in diesen, ansonsten gänzlich neu verfertigten Beitrag eingegangen sind.

36 So übrigens auch schon Max Weber, der »Disziplin« so definiert: »die Chance, kraft eingeübter Einstellung für einen Befehl prompten, automatischen und schematischen Gehorsam bei einer angebbaren Vielheit von Menschen zu finden« (Weber 1972, S. 28).

Begrifflichkeiten kritisch an (Arnold 2007). Wenn es endlich noch eines empirischen Beweises für die innere Widersprüchlichkeit des »Lobs der Disziplin« bedurft hätte, so hat der demagogische und ausländerfeindliche Wahlkampf der hessischen CDU diesen Beweis wider Willen erbracht. Tatsächlich hat nämlich die Debatte um die Gewaltdelinquenz junger Leute mit sogenanntem »Migrationshintergrund« vor allem zu Tage gebracht, dass deren familiale Erziehungsstile vielfach durch genau das geprägt sind, was man als autoritäre Erziehungsstile bezeichnen kann: das beinharte Beharren vor allem traditionalistischer Väter auf gegebene Anordnungen. Paradoxerweise hat die Demagogie dieses Wahlkampfes so das bestärkt und befördert, was doch angeblich so kritikwürdig ist: partnerschaftliche Erziehung! So erweist sich die nicht nur von Bueb noch einmal vorgetragene Kritik an den »68ern« – jedenfalls in erziehungswissenschaftlicher Hinsicht – als gegenstandslos.

Freilich erschienen 2008 – im Rückblick von vierzig Jahren – vielfältige Untersuchungen und Reflexionen, die die politische Programmatik der meist männlichen Führungskader vor allem des SDS und seiner späteren Spaltprodukte – von der RAF bis zu maoistischen Operettenparteien – zu Recht totalitären Denkens sowie einer machistischen Gewaltkultur zeihen (Aly 2008; Schneider 2008; Koenen 2003; Koenen 2001). Es kommt indes einer unwissenschaftlichen Blickverengung gleich, die sozialen Bewegungen der Jahre 1967–1969 alle auf diesen wenn auch durchaus auffälligsten und von den Medien meistbeachteten Ausschnitt zu reduzieren. Tatsächlich waren die Kinderladenbewegung und die antiautoritäre Erziehung bei allen gar nicht zu leugnenden anfänglichen Schwierigkeiten die institutionellen Kerne einer modernen, partnerschaftlichen Erziehung und zumal ihnen lässt sich nicht nachweisen, dass sie entweder totalitär waren oder unoriginell an bereits im konventionellen Erziehungswesen vorhandene Liberalisierungen anschlossen. Gleichwohl hat sich in systematischer Hinsicht – sowohl in den Arenen der Öffentlichkeit als auch innerhalb der wissenschaftlichen Debatte – gezeigt, dass das jahrelang eher vernachlässigte Problem der »Autorität« in der Erziehung nach wie vor ungeklärt ist. Diesem Punkt sei im Folgenden vertiefte Aufmerksamkeit geschenkt.

In einer öffentlichen Debatte hielt Bueb seinen Kritikern erstens vor, das gewesen zu sein, dessen er sich selbst beschuldigte (Kraushaar 2008, S. 254): nämlich »Rousseauisten«, also Anhänger einer sträflich optimistischen Anthropologie, um zweitens, durch wiederholte Hinweise auf seine letztlich undemokratische Forderung nach »vorbehaltloser Anerkennung von Autorität« gedrängt, einzuräumen, dass natürlich jede einzelne mit Autorität gegebene Anweisung zur Disposition gestellt und bestritten werden könne, sofern die grundsätzliche Bedeutung von Autorität als Basis aller Erziehung anerkannt werde. Sosehr Zweifel daran erlaubt sind, dass das noch im Einklang mit dem steht, was Bueb im »Lob der Disziplin« geschrieben hat – immerhin ist dort zu lesen, dass der mögliche Missbrauch von Autorität kein Einwand gegen ihre vorbehaltlose Anerkennung sein könne –, so sehr ist doch einzuräumen, dass damit ein systematisches Problem gestellt ist, mit dem sich auch kritische Autoren auseinandergesetzt haben (Radtke 2007; Winkler 2007).

2. Kant über Disziplin und Erziehung

So teilen diese Autoren bei aller sonstigen Kritik an Bueb zumindest eine seiner Überzeugungen, dass nämlich Erziehung ohne einen gewissen Zwang nicht möglich sei, und beziehen sich dabei – wiederum mit Bueb – gewiss auf die beste Autorität, die man für diese Position finden kann, nämlich auf Immanuel Kant:

> »Eines der größten Probleme der Erziehung ist, wie man die Unterwerfung unter den gesetzlichen Zwang mit der Fähigkeit, sich seiner Freiheit zu bedienen, vereinigen könne. Denn Zwang ist nötig! Wie kultiviere ich die Freiheit bei dem Zwange? Ich soll meinen Zögling gewöhnen, einen Zwang seiner Freiheit zu dulden, und soll ihn selbst zugleich anführen, seine Freiheit gut zu gebrauchen« (Kant 1983, [A 32]).

Eine Aussage, die für Radtke und Winkler das »konstitutive Strukturproblem der modernen Erziehung« (Radtke 2007, S. 205) umschreibt.

Kants Aussage basiert auf einer Reihe anthropologischer Annahmen, die zwar immer noch plausibel, aber keineswegs so unbestreitbar trivial sind, wie sie zunächst scheinen. Sosehr Kant darin zuzustimmen ist, dass der Mensch das einzige Wesen ist, das erzogen werden muss und das ohne Erziehung nichts ist, so sehr ist umgekehrt zu fragen, was Kant genau damit meint, dass »Disziplin oder Zucht die Tierheit in die Menschheit« (Kant 1983, [A2]) umändere. Für Kant ist es jedenfalls die Aufgabe der »Disziplin«, zu verhüten, dass der Mensch ob seiner tierischen Antriebe von seiner »Bestimmung«, die ganze Naturanlage der Menschheit hervorzubringen, abgelenkt wird: Disziplin, so Kant

> »muss ihn z. E. einschränken, dass er sich nicht wild und unbesonnen in Gefahren begebe. Zucht ist also bloß negativ, nämlich die Handlung, wodurch man dem Menschen die Wildheit benimmt, Unterweisung hingegen ist der positive Teil der Erziehung« (Kant 1983, [A 4]).

Damit ist jedoch das Problem der Autorität noch gar nicht gestellt und es scheint, als ob Kant selbst die mit seiner Erziehungskonzeption verbundenen Widersprüche nicht habe lösen können: Einerseits postuliert er, dass für die Bildung des Charakters die Gründung von Moralität unabdingbar sei, woraus eine strikte Handlungsanleitung folgt: »Wenn man Moralität gründen will: so muss man nicht strafen« (Kant 1983, [A 100]). Andererseits – und an dieser Stelle spielt nun das Autoritätsproblem ganz offensichtlich mit hinein – gehöre zum Charakter eines Kindes, zumal eines Schülers, Gehorsam:

> »Dieser ist zwiefach, erstens: ein Gehorsam gegen den absoluten, dann zweitens aber auch gegen für vernünftig und gut erkannten Willen eines Führers. Der Gehorsam kann abgeleitet werden aus dem Zwange, dann ist er absolut, oder aus

> dem Zutrauen, und dann ist er von der andern Art. Dieser freiwillige Gehorsam ist sehr wichtig; jener aber auch äußerst notwendig; indem er das Kind zur Erfüllung solcher Gesetze vorbereitet, die es künftighin, als Bürger, erfüllen muss, wenn sie ihm auch gleich nicht gefallen« (Kant 1983, [A 101]).

Es lohnt sich, Kants Bemerkungen genau zu lesen: Demnach gibt es eine Form des Gehorsams, die auf Einsicht beruht, nämlich auf der Einsicht in den für gut erkannten Willen des Pädagogen – was übrigens nur unter der empirischen Bedingung möglich ist, dass ein Kind seinerseits bereits über Moralität verfügt, diesen guten Willen als gut zu erkennen. Diese Moralität aber lässt sich durch bloß körperliche Übermacht oder die Androhungen oder das Zufügen von Übeln, also durch Strafe, gerade nicht erzwingen, eine Einsicht, die avant la lettre exakt jene später empirisch gut bestätigten Forschungen zur Entwicklung des moralischen Urteils im Sinne von Piaget und Kohlberg beglaubigen. Zuvor hatte Kant jedoch die Gestalt eines »Führers« mit einem »absoluten Willen« postuliert, dem zu gehorchen man gerade nicht durch eine Überprüfung des Sinns seiner Weisungen erlernen soll. Dieser Gehorsam hat mit Moralität nichts zu tun, sondern erweist sich hier als rein funktionale Gewohnheit, um in einem Untertanenstaat überleben zu können. Kant selbst hat an anderer Stelle, in einer politischen Perspektive, moralische Gründe dafür aufgeboten, warum den Gesetzen eines Staates auch dann, wenn sie als despotisch anzusehen sind, zu willfahren sei (Kant 1970, S. 234 [B 79]), jedoch ebenso deutlich gemacht, dass es nach einer erfolgten Revolution nicht mehr statthaft sei, den alten, wenn auch unrechtmäßig überwundenen Zustand wieder einzusetzen. Der Gedanke, dass im Gegensatz zu dem ihm geläufigen Untertanenstaat eine Staatsform möglich sei, die auf dem moralisch begründeten Konsens der Individuen beruht, so wie sich das Rousseau im »Contrat social« vorgestellt hat, scheint Kant in seinen pädagogischen Vorlesungen – anders als in anderen Schriften (Maus 1992) – nur wenig bewusst gewesen zu sein; ebenso wie eine Entwicklungspsychologie, die bereits bei kleinen Kindern moralisches Verständnis erkennt und damit den Sinn einer rein einschränkenden Zucht weiter zurückdrängt.

Auf jeden Fall: Eine moralisch begründete und moralisch akzeptable Forderung nach bedingungsloser Unterwerfung in der Erziehung kann es nach Kant nicht geben; im Rahmen einer politischen Demokratie und einer ihr entgegenkommenden demokratischen Alltagskultur, die Kant noch nicht vor Augen haben konnte, wird die Forderung nach absolutem Gehorsam ohnehin obsolet. Ohne moralische Einsicht der Bürger in die Legitimität demokratischer Verfahren sind Demokratien gar nicht denkbar. Damit ist zweierlei gezeigt: Eine autoritäre Berufung auf Kant bei weiter vorgegebenem Anspruch, damit moralische Ziele zu verfolgen, ist selbstwidersprüchlich und erweist sich als mit einer demokratischen Kultur unverträglich. Wenn das zutrifft, dann ist auch Buebs aufgeweichter Vorschlag, bei grundsätzlicher Anerkennung von Autorität jede einzelne Weisung zur Disposition zu stellen, ebenso gegenstandslos: Basis jeder demokratischen Kultur ist nach Kant die Unterweisung in Moralität, die gerade ohne Strafe und Sanktion auskommen muss. Entsprechend kritisch sind dann aber auch skeptische oder funktionalistische Beschreibungen von Erziehungspraxis zu nehmen, die einen eher willkürlich gewählten Ausschnitt aus Kants Überlegungen dazu nutzen, Paradoxien dort zu konstruieren, wo sie doch nach entwicklungspsychologischer Empirie gar nicht bestehen. Moraltheoretisch ließe sich schließlich fragen, ob es überhaupt im strengen Sinne möglich ist, Wesen, die nicht autonom sind, zu zwingen, bzw.: Womöglich zeigt sich gerade im Rahmen einer entwicklungspsychologischen Betrachtung, dass Kants Kategorien nicht wirklich zureichen, das in Frage stehende Problem zu lösen, weshalb auch die Berufung auf ihn gar nicht angemessen wäre.

Tatsächlich stellen sich dem Problem »Strafe und Erziehung« gerade in einer kantianischen Perspektive kaum lösbare begriffliche Schwierigkeiten. Versteht man unter »Strafe« ganz allgemein und unspezifisch – in den Begriffen der Lerntheorie – negative Sanktionen oder – in den Begriffen des Strafrechts – eine »Übelzufügung«, so ist im Weiteren zu unterscheiden, ob diese Übelzufügung im Sinne einer Dressur oder eines Appells an Einsicht verstanden werden soll. Versteht man nun unter Dressur die durch Zufügen von Übeln bewirkte Änderung eines Verhaltens, ganz gleichgültig ob dies mit Einsichten verbunden ist oder nicht, so dass das negativ bewertete Verhalten einfach aufgrund der Angst vor weiteren Übeln unterlassen wird, kann – bei aller möglichen Effektivität – von der einsichtigen Veränderung fehlgeleiteten Verhaltens und also von Erziehung keine Rede mehr sein. Mag man auch für den Begriff der Dressur an dieser Stelle den Begriff der »Zucht« setzen, so ändert sich im Grundsatz nichts: Es bleibt dabei, dass die zu züchtigende *menschliche* Person hier gerade nicht als menschliche *Person,* sondern als konditionierbares Reflexbündel angesehen wird.

Dass eine derartige Perspektive mit jener wesentlichen kantischen Maxime, Menschen jederzeit auch als Zwecke, niemals nur als Mittel zu behandeln (Kant 1968, S. 61 [BA 67]), unvereinbar ist, liegt auf der Hand. Versteht man die strafende Übelzufügung jedoch nicht als bloßen Akt der Dressur, sondern als schmerzgestützten Appell an eine bereits vorfindliche Einsicht, so muss, um einen Regress oder Zirkelschluss zu vermeiden, an eine bereits vorfindliche, nun eben gerade nicht durch Übelzufügung erzeugte Einsichtsfähigkeit appelliert werden – was aber nichts anderes heißt, als dass eine auf Einsicht bauende Theorie pädagogischen Strafens sich in gewisser Weise überflüssig macht. Es wäre hinzuzufügen, dass sich das gleiche Problem auch im Falle von Belohnungen, d. h. nicht Zufügungen von Übeln, sondern von Gütern stellt. Auch in diesem Fall muss zwischen Dressur und Appell an Einsicht unterschieden werden, und zwar so, dass eine ihrerseits nicht durch Belohnungen erzeugte Einsicht schon vorausgesetzt werden muss. Kant hat das nicht anders gesehen, müsse man doch in der Erziehung Folgendes beachten:

> »1. dass man das Kind, von der ersten Kindheit an, in allen Stücken frei sein lasse (ausgenommen in den Dingen, wo es sich selbst schadet, z. E. wenn es nach einem blanken Messer greift), wenn es nur nicht auf eine Art geschieht, dass es an-

> derer Freiheit im Wege ist, z. E. wenn es schreiet oder auf eine allzu laute Art lustig ist, so beschwert es andere schon.
> 2. Muss man ihm zeigen, dass es seine Zwecke nicht anders erreichen könne als nur dadurch, dass es andere ihre Zwecke auch erreichen lasse, z. E. dass man ihm kein Vergnügen mache, wenn es nicht tut, was man will, dass es lernen soll etc.
> 3. Muss man ihm beweisen, dass man ihm einen Zwang auflegt, der es zum Gebrauch seiner eigenen Freiheit führt, dass man es kultiviere, damit es einst frei sein könne, d. h. nicht von der Vorsorge anderer abhängen dürfe« (Kant 1983, S. 711 [A 33]).

Darüber hinaus hat Kant tatsächlich noch gezeigt, dass diese Form paternalistischer Einflussnahme dem möglichen Vorwurf eines Zirkelschlusses dadurch entgeht, dass er überhaupt nicht die Anlagen zur moralischen Freiheit des Kindes bestreitet, sondern lediglich auf einen Mangel an Weltwissen hinweist – die Kenntnis der sozialen Welt reicht bei Kindern einfach noch nicht zu, um zu verstehen, dass sie später einmal für sich selber sorgen müssen – ihr Weltwissen setzt wie selbstverständlich voraus, dass ihre Eltern und deren Sorge für immer für sie da sein werden. Schließlich hat Kant jedoch auch noch eine eigene Theorie »moralischen Strafens« entwickelt, die tatsächlich auf eine bestimmte, schon beim Kind vorhandene Form des moralischen Selbstverständnisses zielt:

> »Moralisch straft man, wenn man der Neigung, geehrt und geliebt zu werden, die Hilfsmittel der Moralität sind, Abbruch tut, z. E. wenn man das Kind beschämt, ihm kalt und frostig begegnet. Diese Neigungen müssen so viel als möglich erhalten werden. Daher ist diese Art zu strafen die beste; weil sie der Moralität zu Hülfe kommt, z. E. wenn ein Kind lügt, so ist ein Blick Verachtung Strafe genug, und die zweckmäßigste Strafe« (Kant 1983, S. 742 [A 103]).

Liest man diese Passage durch die Brille etwa psychoanalytischer Theorien des kindlichen Narzissmus, so mögen diese Passagen den

Soupçon gegen eine »schwarze Pädagogik« (Katharina Rutschky) der Aufklärung nur verstärken – situiert man sie hingegen in ihrer eigenen Zeit, in der die Prügelstrafe, also die Zufügung schmerzhaftester körperlicher Übel, die Standardform erzieherischen Strafens war, so wird der darin enthaltene Fortschritt sofort deutlich: Kant wirbt für diese Form der Strafe noch mit dem zusätzlichen Argument, dass sie zugleich die zweckmäßigste sei.

Der Sache nach aber findet sich hier zugleich der Kern einer Anthropologie, die als wesentliche Bedürfnisse empirischer Menschen – und zwar genau in dieser Reihenfolge – den Wunsch nach Respekt (d. h. nach Anerkennung) und nach Liebe konstatiert.

Die Bedeutsamkeit dieser Wünsche für eine Theorie des Sozialen und eine ihr entsprechende Theorie der Bildung und Erziehung (Brumlik 2002) ist im Allgemeinen eher den Entwürfen Hegels und Fichtes zugeschrieben worden – tatsächlich zeigt sich jedoch, dass Kant das Problem schon genau gesehen hat. Die Neigungen, geliebt und respektiert zu werden, sind für Kant Hilfsmittel der Moralität und sollen daher erhalten bleiben, was im Umkehrschluss nichts anderes heißen kann, als dass im Umgang mit Kindern alles zu vermeiden ist, was in ihnen eine Haltung der Selbstverachtung oder der negativen Bewertung der eigenen Person, d. h. des Selbsthasses, fördert. Respekt und Liebe erweisen sich dann in dieser Perspektive nicht nur als kategorische moralische Haltungen, sondern zugleich als effektive, durchaus sogar in sich selbst zu bejahende Mittel zum Zweck der Moralisierung.

Die Frage nach Sinn und Möglichkeit des Strafens enthält zugleich eine Antwort auf die Frage nach Sinn und Möglichkeit von Autorität: Autoritärer Zwang – d. h. die Unterordnung unter den absoluten Willen eines »Führers« – soll eine vorbereitende Funktion haben: »jener aber auch äußerst notwendig; indem er das Kind zur Erfüllung solcher Gesetze vorbereitet, die es künftighin, als Bürger, erfüllen muss, wenn sie ihm auch gleich nicht gefallen« (Kant 1983, S. 741 [A 101]). Aber noch nicht einmal diese Formulierung führt zum erwünschten Schluss einer absoluten Autorität als Voraussetzung jeglicher Vergesellschaftung. Für den Kant seiner und damit unserer Zeit konnte nämlich gar kein Zweifel daran bestehen, dass die Bürger eines Gemeinwesens grundsätzlich Bürger einer Republik, d. h. eines demokratischen Gemeinwesens, sein wollten und – vor allem auch – sein sollten (vgl. Maus 1992). Damit wäre zugleich gezeigt, dass die Forderung nach der vorbehaltlosen Anerkennung einer absoluten, gar noch strafbefugten Autorität schon im begrifflichen Ansatz un-, nein geradezu antidemokratisch ist.

Auf jeden Fall: Die Diskussion um den Begriff der Autorität und auch die Auseinandersetzung mit einem Klassiker der Aufklärung, mit Kant, erweisen sich als alles andere denn als ein im Selbstzweck beharrendes Seminargeschäft: Eine systematische Reflexion auf die Problematik der Autorität in der Erziehung erweist schließlich einmal mehr die hohe Passgenauigkeit einer demokratischen, partnerschaftlichen, ja antiautoritären Erziehung mit einer politischen Demokratie und deren Kultur, wie sie das deutsche Grundgesetz vorsieht. Tatsächlich ist nämlich der vorgetragene Wunsch nach vorbehaltloser Anerkennung von Autorität nicht etwa, wie häufig vermeint, einfach »konservativ« (Kaltenbrunner 1974), sondern genau genommen »reaktionär«.

3. Kritik an Autoritarismus und Reaktion

Unter »Reaktion« (Kaltenbrunner 1976; Starobinski 2001; Gómez Dávila 2006) versteht die politische Ideengeschichte theoretische und praktische Positionen, denen es anders als Konservativismus oder Reformismus nicht um ein behutsames Bewahren oder die umsichtige Weiterentwicklung von Traditionen oder Strukturen geht, sondern darum, auf Revolution oder Reform zu re-agieren, also darum, unhaltbar gewordene Zustände vorgegebener Ordnung möglichst unverändert wiederherzustellen. Als Vertreter dieses Denkens sind hier vornehmlich aristokratische Feinde der Französischen Revolution wie de Maistre oder de Bonald bzw. der erklärte Feind des Liberalismus des neunzehnten Jahrhunderts, Cortes Donoso, zu nennen (Eisfeld 1986; Münkler 1986). Bueb steht in dieser Tradition – ein Umstand, der sich an seinem Text belegen lässt:

> »Ein ungestörtes Verhältnis zu Disziplin und zu Gehorsam werden wir erst gewinnen, wenn wir das Machtgefälle zwischen Eltern, Erziehern und Lehrern zu Kindern und Jugendlichen ohne Vorbehalte anerkennen. Ein möglicher Missbrauch darf kein Einwand sein. Wir müssen uns dazu durchringen, legitime Macht als Autorität anzuerkennen, die Macht Gottes, die Macht des Staates und die Macht der Erziehungsberechtigten. Das Christentum besaß immer ein unbefangenes Verhältnis zur Macht. ›Alle Obrigkeit kommt von Gott‹ (Römer 13,1), mit dieser Aussage des Apostels Paulus wurde jede staatliche Macht gerechtfertigt, was wir seit der NS-Diktatur nicht mehr akzeptieren können. Tyrannenmord war für einen Christen wie Graf von Moltke nicht zulässig, andere Christen unter den Widerstandskämpfern rangen sich zur Erlaubnis des Tyrannenmordes durch, es kostete sie aber oft Jahre eines inneren moralischen Kampfes. Ein aufgeklärtes Staatsverständnis wird heute Obrigkeit immer nur im Rahmen eines Rechtsstaates anerkennen. Wir dürfen uns am Vorbild der alten Demokratien orientieren, Frankreich, England und den Vereinigten Staaten. Sie kennen keinen Zweifel an der legitimen Macht des Staates oder an der rechtmäßigen Macht von Eltern, Lehrern und Erziehern« (Bueb 2006, S. 61).

Damit steht nun das Problem einer grundsätzlichen Bestimmung der Begriffe »Macht«, »Disziplin« und »Autorität« und ihrer Geschichte an. Die Debatte bzw. die kritische Auseinandersetzung insbesondere mit den politischen und pädagogischen Konsequenzen dieser Begriffe hat bereits in den 1930er-Jahren stattgefunden und das Verdienst der 68er bestand vor allem darin, diese verbannte und verfemte Tradition der Kritik am Autoritarismus wiederbelebt zu haben. Zuvor sei jedoch nachgeholt, was bisher noch nicht geschah – nämlich eine Arbeitsdefinition des Begriffs der »Autorität«. Im Brockhaus von 1967 findet sich folgender Eintrag:

> »(lat. Ansehen, Geltung) Ansehen, Würde, Machtbefugnis von Personen oder Institutionen. A. kann aufgrund äußerer Befugnisse oder Symbole, aber auch aufgrund innerer Überlegenheit oder größeren Ansehens wirksam sein.«

Bedeutsam ist der Umstand, dass sich Autorität je nach sozialen Kontexten unterschiedlichen Quellen verdankt und damit letzten Endes immer so viel wert ist, ob ihre Quellen von jenen, die der Autorität ggf. Folge leisten sollen, als legitim anerkannt werden. Hier zeigt sich sofort, dass eine selbst erklärte Autorität, die sich lediglich nackter, durch keine weiteren Quellen gestützter physischer Übermacht glaubt verdanken zu können, gar keine Autorität, sondern lediglich eine Quelle der Angst darstellt. An dieser Schwierigkeit laborieren sämtliche politische Theorien der Autorität, die diese allein, dem Staat zubilligen wollen – politische Theorien, die vor allem im antiliberalen und antidemokratischen Klima der 1920er- und 30er-Jahre erdacht wurden.

Herbert Marcuse hat sich in einer ausführlichen Sammelbesprechung 1934 mit sich selbst so bezeichnenden totalitären und autoritären Staatstheorien kritisch auseinandergesetzt (Marcuse 1934/1980) und dort unter anderem Arbeiten der nationalsozialistischen Rechtstheoretiker und Theologen O. Koellreutter (1933) und H. Forsthoff (1933) analysiert und dazu folgende typische Aussage zitiert:

> »Die politische und staatsrechtliche Prägung des nationalen Rechtsstaates ist im bewussten Gegensatz zu der des liberalen bürgerlichen Rechtsstaates die des autoritären Führerstaates. Der autoritäre Führerstaat sieht in der Staatsautorität das wesentlichste Merkmal des Staates« (Kollreutter, zit. n. Marcuse 1934/1980, S. 190).

Darüber hinaus hat Forsthoff bereits 1933 exakt jene Argumente zur Rechtfertigung eines autoritären Staates bereitgestellt, die Autoren wie die Vertreter des Bonner Forums »Mut zur Erziehung« und nach ihnen etwa Bueb bemüht haben: nämlich eine Legitimation von Herrschaft aus einem rational nicht weiter ausgewiesenen Glauben:

> »Eine autoritäre Regierung braucht eine über alles Persönliche hinausgehende Rechtfertigung... die Rechtfertigung muss eine metaphysische sein... Die Unterscheidung von Führern und Geführten als staatliches Ordnungsprinzip ist nur metaphysisch vollziehbar... eine Regierung, die nur darum regiert, weil sie einen Auftrag des Volkes hat, ist keine autoritäre Regierung. Autorität ist nur aus der Transzendenz möglich« (Forsthoff, zit. n. Macuse ebd.).

Diese und andere den Begriff »autoritär« durchaus positiv bewertende Schriften gehen auf ein gegenrevolutionäres, antiliberales Denken zurück, das bereits in Schriften des jungen Carl Schmitt seinen deutlichsten Ausdruck gefunden hat. 1914, im Alter von sechsundzwanzig Jahren, publizierte Schmitt eine kurze Schrift unter dem Titel »Der Wert des Staates und die Bedeutung des Einzelnen« (Berlin 2004), in der er auf der Basis einer strikt zwischen Fakten und Normen unterscheidenden Rechtsphilosophie einen Begriff des Staates konstruiert, der ganz und gar im Dienst des Rechts steht und dem somit die Aufgabe zukommt, den reinen Normen des Rechts faktische Geltung zu verschaffen. Diesem Denken entspricht die vermeintliche Einsicht

> »in den Staat als eine überindividuelle, nicht interindividuelle Instanz, die ihre Würde keiner Schilderhebung der Einzelnen verdankt, sondern ihnen mit originärer Autorität entgegentritt. Durch die Anerkennung einer überpersönlichen Dignität des Staates, demnach für jede philosophische Auffassung, für die der Staat weder eine Sekuritätsanstalt noch eine Wohlfahrtseinrichtung bedeutet, verschwindet aber das einzelne konkrete Individuum« (ebd., S. 86).

Dass die Bereitschaft, derartigen politischen Vorstellungen zu folgen, aus rationalen Gründen kaum nachvollziehbar war, führte dann folgerichtig zum Versuch einer sozialpsychologischen Erklärung der entsprechenden, den eigenen Interessen zuwiderlaufenden Folgebereitschaft breiter Massen, für die die Autoren des Instituts für Sozialforschung ihr eigenes Amalgam aus Marxismus und freudscher Psychoanalyse fanden. Der Vollständigkeit halber sei noch erwähnt, dass zumindest Forsthoff die Geltung der Autorität darin begründet sehen wollte, dass das Volk sie zwar nicht verleiht, aber doch mindestens anerkennt (ebd., S. 191).

Der Kritik des Autoritarismus folgte freilich in den 1930er-Jahren noch keine eigene positive Praxis – der Zweite Weltkrieg und der notwendige Kampf gegen den Nationalsozialismus als extremste Ausprägung eines auf Zerstörung, Mord, Antisemitismus und Rassismus nicht nur beruhenden, sondern ihn auch auf Dauer anstrebenden deutschen Faschismus band alle, auch die intellektuellen Kräfte. Erst die spezifische Konstellation der frühen 1960er-Jahre führte dann zu einer Wiederaufnahme und praktischen Fortführung dieser Überlegungen z.B. im Begriff einer »antiautoritären Erziehung«. Woher stammt dieser Begriff?

4. »Antiautoritär« – zum Entstehungskontext eines Begriffs

Die Herkunft des Begriffs »antiautoritär« lässt sich trotz vieler neu erschienener Studien derzeit noch nicht abschließend klären. Fest steht nur, dass 1969 die neue Auflage eines bereits 1960 erstmals publizierten, weitgehend unbemerkten Buches von A. S. Neill unter dem Titel »Theorie und Praxis der antiautoritären Erziehung – Das Beispiel Summerhill« erschien und nun zu einem unerwarteten Verkaufserfolg wurde (Kraushaar 2008, S. 138). Ansonsten taucht der Begriff vor allem in relativ frühen, zum Teil unter Pseudonym publizierten Beiträgen von Rudi Dutschke aus dem Jahr 1967 auf, wo mehrfach vom »antiautoritären Lager« die Rede ist (Dutschke nachgedr. in: Kraushaar 1998, S. 235). Der Begriff der »antiautoritären Erziehung« selbst scheint indes auf Monika Seifert zurückzugehen, die in den frühen 1960er-Jahren am Frankfurter »Institut für Sozialforschung« studierte und dort einen Arbeitskreis zum Thema »Autorität und Familie« leitete, der sich wesentlich auf Arbeiten des Instituts aus den 1930er-Jahren stützte, aber auch dem Werk Wilhelm Reichs wesentliche Anregungen entnahm.

Als daher der »Zentralrat der sozialistischen Kinderläden West-Berlin« 1969 einen Schwarzdruck von pädagogischen Arbeiten Walter Benjamins mit einem programmatischen Vorwort versah, wonach der Begriff »antiautoritär hier nicht in seiner sozialpsychologischen Verwässerung gemeint ist« (nachgedruckt in Kraushaar 1998, S. 698), setzte er Inhalt und Kenntnis des Begriffs im Sinne des Instituts für Sozialforschung schon voraus. Gewiss hatte auch Rudi Dutschke in einem Beitrag »Vom Antisemitismus zum Antikommunismus« aus dem Jahr 1968 davon geschrieben, dass die Ursache unreflektierter Folgebereitschaft »in der tagtäglichen Ausbildung des Menschen zur autoritären Persönlichkeit, ... in der Erziehung« läge (Dutschke 1968, S. 77), gleichwohl gilt, dass die Prägung des Begriffs in der Gründung des ersten Frankfurter Kinderladens geschah und damit eindeutig der Tradition der Kritischen Theorie und eben nicht – wie jüngst von W. Kraushaar angedeutet – rousseauistischen Vorstellungen von der Schaffung eines »neuen Menschen« im Dreieck von Kommunen, Kinderläden und Räten entstammte.[37] Dieser Umstand ist theoriegeschichtlich deshalb von Bedeutung, weil er auf die oben mit den Analysen Herbert Marcuses angedeutete spezifische Situation der 1920er- und 1930er-Jahre verweist, in denen der Begriff des »autoritären Staates« noch keineswegs so in Verruf geraten war wie derzeit. Gleichwohl wird sich zeigen, dass es genau die kritische Auseinandersetzung mit dem affirmativ besetzten Begriff des »autoritären Staates« in den 1930er-Jahren war, der einer kritischen Erziehungswissenschaft und -praxis den Weg wies.

---

37 So W. Kraushaar 2008, S. 111–149, der die Zusammenhänge aufgrund seiner eigenen Forschungen eigentlich besser kennen sollte. Dem entspricht auch eine Rousseaurezeption in totalitarismustheoretischer Tradition, die Rousseau nur fragmentiert zur Kenntnis nimmt. Die Unterstellung, Rousseau habe einer »Identität von Regierenden und Regierten« das Wort geredet (a.a.O. S. 256/57), verdankt sich schlicht einer Unkenntnis von dessen wesentlichen Schriften: »Es ist weder gut, dass derjenige, der die Gesetze macht, sie auch ausführt, noch, dass der Volkskörper seine Aufmerksamkeit von den allgemeinen Zielen abwendet, um sie auf einzelne Gegenstände zu richten. ...« (Rousseau 1996, S. 324).

Der antiautoritäre Impuls der inzwischen mit dem Jahreskürzel »1968« bezeichneten westdeutschen Studentenrevolte zielte in zwei Richtungen – eine gegenwartsbezogene sowie eine vergangenheits- und zukunftsgerichtete. Während sich der erklärte Antiautoritarismus jener Jahre gegen den doktrinären und dogmatischen Parteisozialismus sowjetischer Provenienz richtete (Dutschke 1975), wendete sich die historische Vergewisserung gegen den »autoritären Charakter«, der wesentlich zur Ausprägung, zur Unterstützung und schließlich verdrängten Auseinandersetzung mit dem Nationalsozialismus geführt habe. Ging es dort um die Rehabilitierung eines rätedemokratischen Kommunismus, so hier um eine kulturrevolutionäre Auseinandersetzung mit den eigenen Eltern, der eigenen Sexualität und schließlich den eigenen Kindern. Standen als theoretische Gewährsleute dort Rosa Luxemburg, so hier Theodor W. Adorno, Erich Fromm und Max Horkheimer zur Verfügung. Die doppelte Frontstellung wider doktrinären Sowjetmarxismus hier und faschistischen Sozialcharakter dort wurde jedoch theoretisch nie zusammengeführt: womöglich aus der Befürchtung heraus, auf diese Weise doch der verhassten Totalitarismustheorie zu viel Tribut zu zollen.

Der Sache nach ging es bei dem antiautoritär gerichteten Freudomarxismus und der Praxis der Kinderladenbewegung in pädagogischen Fragen um ein Problem, das die abendländische Bildungsphilosophie seit ihren Anfängen beschäftigte – um die Frage nach dem Verhältnis von politisch-sozialer Struktur und psychischen Eigenschaften einzelner Menschen. In pädagogischer Hinsicht stand von Platons »Politeia« bis zu John Deweys »Demokratie und Erziehung« vor allem in Frage, welches die sozialisatorischen Bedingungen sind, unter denen politisch formierte Gesellschaften – von der Monarchie bis zur Demokratie – stehen. Erst die moderne sozialwissenschaftliche Forschung konnte diese philosophisch schon früh gestellte Frage empirisch zu beantworten suchen. Lassen sich Charaktereigenschaften und Persönlichkeitsprofile benennen, die Menschen in besonderer Weise dazu befähigen, an demokratischen Prozessen teilzunehmen und demokratische Lebens- und Herrschaftsformen aufrechtzuerhalten? Oder lassen sich zumindest jene Charaktereigenschaften benennen, die dieser Teilhabe entgegenstehen? Auf der Basis der klassischen Psychoanalyse Sigmund Freuds haben Horkheimer und andere bereits zu Beginn der Dreißigerjahre »Studien zu Autorität und Familie« veröffentlicht, in denen sie eine bestimmte Form triebversagender und repressiver Erziehung in der Familie durch Väter, die in der Gesellschaft des verwalteten Kapitalismus ihre ökonomische Eigenständigkeit nicht bewahren können, zur Ursache autoritärer Einstellungen vor allem bei männlichen Kindern erklärten. Die durch Triebversagung und mangelnde Anerkennung gekennzeichnete Sozialisation lässt ein rigides Über-Ich sowie ein schwach entwickeltes, wenn nicht beinahe ganz fehlendes Ich entstehen, das bei den entsprechenden Personen Unterwürfigkeit sowie den Wunsch nach Unterwerfung anderer auslöst und es ihnen zudem unmöglich macht, bei normativen Konflikten Ambivalenzen auszuhalten (Horkheimer u.a. 1936; Adorno 1950). Eine 1932 unter Erich Fromms Federführung erhobene Studie, später als »Arbeiter und Angestellte am Vorabend des Dritten Reiches« (Fromm 1980) überschrieben, bestätigte die begründete Vermutung des Instituts für Sozialforschung, dass die Lohnabhängigen in Deutschland dem Faschismus keinen Widerstand entgegenbringen würden, und bekräftigte ihren persönlich lebensrettenden Beschluss, Deutschland schon 1933 den Rücken zu kehren und die Arbeit des Instituts ins Ausland zu verlagern (Wiggershaus 1986, S. 144–146). Bei den darauf im französischen Exil entstandenen Arbeiten fällt auf, dass zumindest Max Horkheimer nicht nur in seinem späten Text »Autorität und Familie in der Gegenwart« (Horkheimer 1968, S. 320–338) aus dem Jahre 1960, sondern bereits in seinem Einleitungsaufsatz zu den »Studien zu Autorität und Familie – Allgemeiner Teil« die Thematik wesentlich differenzierter abgehandelt hat, als sie sowohl von den Befürwortern als auch den Gegnern der antiautoritären Erziehung behandelt wurde. Zum gesellschaftlichen Lebensprozess – so Horkheimer 1936 – gehöre

> »die bewusste und unbewusste, jeden Schritt des Einzelnen mitbestimmende Fähigkeit, sich ein- und unterzuordnen, die Eigenschaft, bestehende Verhältnisse als solche im Denken und Handeln zu bejahen, in Abhängigkeit von gegebenen Ordnungen und fremdem Willen zu leben, kurz, die Autorität als ein Kennzeichen der gesamten Existenz. Die notwendige Herrschaft von Menschen über Menschen, welche die Gestalt der bisherigen Geschichte bestimmt, im Herzen der Beherrschten selbst zu befestigen, ist eine der Funktionen des gesamten kulturellen Apparats der einzelnen Epochen gewesen; als Ergebnis wie als stets erneuerte Bedingung dieses Apparats bildet der Glaube an Autorität eine teils produktive, teils hemmende menschliche Triebkraft in der Geschichte« (Horkheimer 1936, S. 22).

Im Weiteren definiert Horkheimer als »autoritär« jene inneren und äußeren Handlungsweisen, in denen sich Menschen einer fremden Instanz unterwerfen, und kommt zu dem Schluss, dass diese Kategorie widersprüchlich sei – könne doch autoritäres Handeln im wirklichen und bewussten Interesse von Individuen und Gruppen liegen:

> »Autorität als bejahte Abhängigkeit kann daher sowohl fortschrittliche, den Interessen der Beteiligten entsprechende, der Entfaltung menschlicher Kräfte günstige Verhältnisse bedeuten als einen Inbegriff künstlich aufrechterhaltener, längst unwahr gewordener gesellschaftlicher Beziehungen und Vorstellungen, die den wirklichen Interessen der Allgemeinheit zuwiderlaufen. Sowohl blinde und sklavische Ergebung, die subjektiv von seelischer Trägheit und Unfähigkeit zum eigenen Entschluss herrührt und objektiv zur Fortdauer beengender und unwürdiger Zustände beiträgt, als auch die bewusste Arbeitsdisziplin in einer aufblühenden Gesellschaft beruhen auf Autorität« (a.a.O., S. 24/25).

Horkheimer wird im Weiteren auf dem ambivalenten und widersprüchlichen Charakter der Autorität beharren und diese Widersprüchlichkeit durch die Widersprüchlichkeiten und ideologischen Verdeckungen in der Formation des liberalen Kapitalismus erklären, das Thema also nicht grundsätzlich und dogmatisch, sondern – streng marxistisch – aus einer Analyse der Klassenverhältnisse heraus entwickeln. Es ist schließlich gerade die Form der bürgerlichen Familie, die durch eine Unterordnung des Vaters in den blinden Produktions- und Zirkulationsprozess hier sowie eine Unterwerfung der Frau unter das patriarchalische Regiment des Familienvaters dort geprägt ist. Mit Hilfe psychoanalytischer Kategorien lässt sich dann das Entstehen autoritärer Charaktere erklären:

> »Für die Herausbildung des autoritären Charakters ist besonders entscheidend, dass die Kinder unter dem Druck des Vaters lernen, jeden Misserfolg nicht bis zu seinen gesellschaftlichen Ursachen zurückzuführen, sondern bei den individuellen stehen zu bleiben und diese entweder religiös als Schuld oder naturalistisch als mangelnde Begabung zu hypostasieren… Das Ergebnis der väterlichen Erziehung sind Menschen, welche von vorneherein den Fehler bei sich selbst suchen« (a.a.O., S. 59).

Die Verlagerung des Instituts für Sozialforschung in die USA führte mit der Übernahme von Methoden und Kategorien der empirischen Sozialforschung sowie entsprechenden Formen der Operationalisierung schließlich zum Konstrukt der »autoritären Persönlichkeit«, die sich u.a. durch folgende Eigenschaften auszeichnete: starrer Konventionalismus, dichotomes Denken, kontraphobische, projektiv-aggressive Abwehr von Schwächen, Denken in Stereotypen, Orientierung an Mehrheitsmeinungen, Erfolgsorientierung, Normopathie, mangelnde Empathie und mangelndes Mitgefühl, Hang zur Personalisierung gesellschaftlicher Probleme, Idealisierung der eigenen Eltern, pekuniäre Orientierung bei gleichzeitiger Kritik an allgemeinen Materialismus sowie ständige Besorgtheit um den eigenen und den sozialen Status der Familie (Horkheimer 1968, S. 336/337). Erhoben wurden diese Eigenschaften durch Messungen mit vier Skalen, der AS-Skala, die Autoritarismus maß, der E-Skala, die Ethnozentrismus erhob, der PEC-Skala, die politisch-ökonomischen Konservativismus erhob, sowie schließlich der F-Skala, die faschistische Dispositionen erhob. Die zwar plausiblen, aber – nach intensiven Debatten – heutzutage im strengen Sinne nicht mehr haltbaren empirischen Annahmen der autoritären Persönlichkeit haben folgerichtig die Untersuchungsperspektive in Richtung positiv-demokratischer Persönlichkeitsmerkmale bzw. der ihnen zugrunde liegenden kognitiven Kompetenzen geführt. Anschlussdebatten nicht nur in den USA drehten sich u. a. um die Frage, ob hohe Werte auf diesen Skalen vor allem im »rechten« politischen Spektrum zu finden seien bzw. wie valide und reliabel die Konstrukte tatsächlich waren (Freyhold 1971; Oesterreich 2001).

Neuere Untersuchungen und theoretische Bemühungen bedienen sich zur besseren Validierung des Konstrukts der Theorie moralischer Urteilsbildung nach Lawrence Kohlberg, die in ihren postkonventionellen Stufen eine demokratische Lebensform material voraussetzt. In dieser Tradition beruht Demokratie als Lebensform, nicht nur als Regierungs- und Herrschaftssystem, auf der Freiheit des öffentlichen Gebrauchs der Vernunft durch mündige Bürger. Die Freiheit dieses öffentlichen Gebrauchs aber bedarf – zu ihrer Ausbreitung und Bewahrung – der Gesetze, d. h. der öffentlichen Institutionen. Wenn also Mündigkeit ihre Erfüllung und Entfaltung nur in ihrem gesetzlich geschützten öffentlichen Gebrauch findet, dann mündet jede Theorie der Emanzipation mit begrifflicher Notwendigkeit in eine Theorie der Politik, während umgekehrt jede liberale Theorie der Politik den Gedanken einer autonomen Person voraussetzt.

Freilich, darauf haben Kritiker des politischen Handelns der 68er wie G. Aly und G. Koenen hingewiesen, waren auch die revoltierenden Studenten selbst vor der Versuchung des Autoritarismus nicht gefeit und es ist aufschlussreich, dass dieses Problem bereits im August 1968 offen diskutiert wurde. So wurde bereits damals gesehen, dass die marxistische Arbeiterbewegung in ihrem Kampf gegen die Anarchisten für Autorität plädierte (Engels 1968) und feststellte, dass eine Revolution das autoritärste Ding sei, dass es gäbe, sie sei jener »Akt, durch den ein Teil der Bevölkerung dem anderen Teil vermittels Gewehren, Bajonetten und Kanonen, also mit denkbar autoritären Mitteln, seinen Willen aufzwingt« (a.a.O., S. 66) – auf diesen Autoritarismus zu verzichten sei jedoch – so Friedrich Engels – Verrat an der Bewegung des Proletariats. Zudem fällt auf, dass ein hellewacher Geist wie H. M. Enzensberger in einer vorsichtig gehaltenen Glosse zu diesem Text die Kritik an der autoritären Regression parteikommunistischer Neugründungen aus diesem Geist bereits antizipiert hat (Enzensberger 1968).

5. »Autorität« und »Macht«

Im reaktionär autoritären Denken, zuletzt bei Bernhard Bueb, wird »Autorität« auf Macht gegründet. Legt man dementsprechend einen soziologischen Begriff der Macht zugrunde, so geht es also darum, die Macht, jede Macht, also nach Max Weber »die Chance, seinen Willen gegen den anderer durchzusetzen, gleichviel, worauf diese Chance beruht« (Weber 1972), vorbehaltlos »anerkennen« zu lassen. Anerkennen bedeutet jedoch mehr als nur Kenntnisnahme, Anerkennung heißt, Personen oder Zustände positiv befürwortend zur Kenntnis zu nehmen. Es geht also darum, die natürlich oder sozial vorgegebene Chance von Eltern und Erziehern, ihren Willen gegen den Willen der ihnen anvertrauten Zöglingen nicht nur als gestaltbare »Entwicklungstatsache« (S. Bernfeld) zur Kenntnis zu nehmen, sondern dies Gefälle zudem positiv zu bewerten. Zudem geht es nicht nur um eine Anerkennung des Machtgefälles, sondern eine »vorbehaltlose« Anerkennung. Unter Vorbehalten kann man sowohl ganz allgemein »Zweifel« als auch konditionierte Zusagen verstehen. Eine konditionierte Zusage hat z.B. die Form: »Ich werde Verkehrsroute a anstatt Verkehrsroute b beibehalten, sofern ich auf ihr tatsächlich und unter den meisten Umständen schneller zum Ziel komme.« Eine »vorbehaltlose« Anerkennung schließt im Gegenteil die laufende Überprüfung der Tauglichkeit von Maßnahmen oder Zuständen von vorneherein aus und resultiert daher in nichts anderem als in einer dogmatischen (Selbst)bindung, einem allgemeinen Frageverbot. Sie hat die Form: »Ich werde Route a nehme, egal unter welchen sonstigen Umständen.« Derlei Selbstbindungen beziehen sich auf eine grundsätzlich nicht bezweifelbare Überzeugung, auf ein Dogma. Bueb begründet die Wünschbarkeit des Dogmas mit der Wünschbarkeit eines »ungestörten Verhältnisses« zur pädagogischen Disziplin. Wie stark die Abschottung gegen jede Erfahrung ist, wird an dem nicht weiter begründeten Argument deutlich, dass ein Missbrauch von Macht kein Einwand gegen ihre vorbehaltlose Anerkennung sein dürfe. Erst nach Verkündigung des Dogmas kommt es Bueb in den Sinn, den Gebrauch der Macht an Kriterien der Legitimität, d. h. an eine moralisch begründete Befugnis zu binden, ohne jedoch in der Lage zu sein, die dafür geforderten Gründe zu liefern – anstatt dessen verweist er auf drei Beispiele, die seiner Meinung nach für sich selbst sprechen: Gott, der Staat und die Erziehungsberechtigten.

Warum ein »Staat«, d. h. ein territorial über »Zwangsstäbe« (M. Weber) organisierter Herrschaftsverband, auf die durch Gründe erwirkte Unterwerfungsbereitschaft seiner Untertanen angewiesen ist und sich nicht aus sich selbst begründet, war Gegenstand der politischen Philosophie des Abendlandes von Platon über Hobbes zu Rousseau. Den Bemühungen dieser so unterschiedlichen Denker lässt sich entnehmen, dass die Anerkennung staatlicher Autorität immer und zu Recht unter »Vorbehalt« stand. Hier »vorbehaltlose Anerkennung« zu fordern heißt nichts anderes, als hinter den Erkenntnisstand sowohl der biblischen Botschaft als auch der mehr als zweieinhalb Jahrtausende alten klassischen Philosophie zurückzufallen. Eine vorbehaltlos eingeräumte Anerkennung der Autorität der Erziehungsberechtigten kennt im Übrigen noch nicht einmal das deutsche Familienrecht, das die Erziehungsberechtigung dann verwirken lässt, wenn die Berechtigten ihre Macht missbräuchlich ausüben. Bei alledem geht es nicht nur darum, Erziehungsprozesse nicht einem missverstandenen Demokratieprinzip zu unterwerfen, sondern darum, Demokratie generell unter Soupçon zu stellen. Das wird nicht nur an dem durchaus positiv gesehenen paulinischen Prinzip »alle Obrigkeit kommt von Gott« deutlich, sondern auch daran, dass die einzige, zaghafte Einschränkung dieses Dogmas nun doch aus den Erfahrungen des Nationalsozialismus resultiert.

Die dogmatische Bejahung jeder rechtsstaatlich gebundenen staatlichen Macht führt zu dem Wunsch, »Unschuld im Verhältnis zur Macht« wiederzugewinnen, um »unbefangen von Disziplin und Gehorsam sprechen zu können«.

> »Wir müssen noch einen weiten Weg gehen«, so Bueb bald sechzig Jahre nach der Verabschiedung des deutschen Grundgesetzes, »bis wir in Deutschland legitime Macht, also Autorität, als prinzipiell gut und segensreich anerkennen und der mögliche oder tatsächliche Missbrauch von Macht für uns kein Einwand mehr ist. Denn die Voraussetzung von jeder Autorität bildet Macht. Aber gerade die emotionale Akzeptanz von Macht wird die Voraussetzung dafür sein, dass wir uns mit der Selbstverständlichkeit von Autorität und Disziplin aussöhnen. Belehrung und theoretische Erkenntnis genügen nicht. Die guten Erfahrungen« – so der vermeintlich tröstliche Schluss – »mit der Demokratie und dem legitimen Umgang mit der Macht in unserem Lande werden uns helfen, sie innerlich zu akzeptieren« (Bueb 2006, S. 61/62).

Nun ist es keineswegs so, dass Philosophie und Sozialwissenschaft, seien sie auch emanzipatorisch gesonnen, »Macht« an und für sich verteufeln. Vielmehr haben sowohl die klassische Soziologie etwa Max Webers (Weber 1972, S. 28) als auch die soziologische Systemtheorie nach Luhmann (Luhmann 1975) zeigen können, dass die Regulation von Willensbeziehungen ein bedeutsamer Faktor, ein bedeutendes Medium gesellschaftlichen Zusammenhalts ist. Nicht einmal Michel Foucault, dem die Sozialwissenschaft einen neuen Blick für unscheinbare Techniken der Machtausübung ebenso verdankt wie die Vermutung, dass »Macht« überhaupt das einzige Medium ist, das zwischenmenschliche Beziehungen strukturiert, hat die »Macht« als solche verteufelt (Foucault 1976; Sarasin 2005, S. 122f.); die ihm in Teilen folgende feministische Bewegung hat die über Jahrtausende faktisch machtlosen Frauen gerade dazu aufgerufen, aus emanzipatorischen Gründen Macht anzuerkennen, zu entfalten und ihre Ausübung sogar zu genießen (Cavarero 1997; Butler 2001). Daher bleibt dem Reaktionär unbegreiflich, dass der angeblich geschätzte Rechtsstaat zum großen Teil darauf und nur darauf beruht, dass der mögliche Missbrauch von Macht einkalkuliert, institutionell – durch die Macht demokratischer Institutionen – möglichst verhindert und der tatsächliche Missbrauch geahndet wird. Reaktionäres Denken verkennt, dass die bürgerlichen Freiheits- und universalen Menschenrechte nicht zuletzt Abwehrrechte gegen den Missbrauch der Macht durch die jeweilige Obrigkeit waren und sind – beginnend mit der spätmittelalterlichen »Habeas Corpus«-Akte bis hin zur Unschuldsvermutung im gegenwärtigen Strafprozessrecht. Man könnte geradezu sagen: kein Rechtsstaat ohne Misstrauen gegen Machtmissbrauch, oder mehr noch: Der Rechtsstaat ist eben auch das institutionalisierte Misstrauen gegen Machtmissbrauch. Bueb definiert »Autorität« als »legitime Macht«, schweigt sich aber, wie schon Schmitt, Koellreutter und Forsthoff über sein Legitimitätskriterium aus, mehr noch, er scheint zu meinen, dass vermeintlich vorfindlichen Größen wie Gott, dem Staat oder den Erziehungsberechtigten Legitimität aufgrund ihrer bloßen Existenz zukommt. Wie arm und undifferenziert dieser Begriff der Macht ist, wird am abschließenden Bekenntnis deutlich: »Denn die Voraussetzung von jeder Autorität bildet Macht« (Bueb 2006, S. 62).

Tatsächlich zeigt eine soziologische Überlegung, dass es sich genau umgekehrt verhält. Wenn nämlich »Macht« nach Max Weber in der Chance besteht, seinen Willen gegen den Willen anderer durchzusetzen, gleichviel worauf diese Chance beruht, ist die Behauptung, Autorität beruhe auf Macht, schon deshalb falsch, weil doch »Autorität« gleichermaßen auf Einfluss, Liebe, Anerkennung oder fachlicher Kompetenz beruhen kann und nicht auf eine wie auch immer geartete körperliche Durchsetzungsfähigkeit angewiesen ist. Nicht also ist »Macht« die notwendige Voraussetzung von »Autorität«, sondern »Autorität« die notwendige Voraussetzung von »Macht« – sofern unter »Macht« nicht einfach unmittelbarer physischer Zwang verstanden wird (dazu jetzt: Reemtsma 2008, S. 141ff.).

5. Die Autorität und demokratische Lebensform

Es ist, um diesen Gedanken erziehungswissenschaftlich im Rahmen der Generationenverhältnisse zu entfalten, überhaupt nicht nötig, auf theoretisch höchst anspruchsvolle Konzepte der Macht, wie sie etwa bei Habermas vorliegen (Habermas 1986, S. 52f.), zurückzugreifen, Konzepte, gemäß derer sich Machtansprüche nur dann in »Autorität« verwandeln, wenn sie zugleich einen argumentativ aushandelbaren Geltungsanspruch beinhalten. Schon ein Blick in das Werk der gewiss keines pädagogischen Progressismus verdächtigen Hannah Arendt[38] hätte einen sehr viel angemesseneren Begriff der Macht erbracht: Arendt sieht in der individuellen und damit angesichts der Conditio humana auch notwendigen gemeinschaftlichen Fähigkeit, zu handeln, das heißt, einen neuen Anfang zu setzen, das, was alleine »Macht« heißen kann: »Macht«, so Arendt in der »Vita activa« »besitzt eigentlich niemand, sie entsteht zwischen Menschen, w,enn sie zusammen handeln, und sie verschwindet, sobald sie sich wieder zerstreuen« (Arendt 1981, S. 194), was zu keiner anderen Konsequenz führen kann, als dass eine nur gesetzte und dekretierte, institutionalisierte Amtsautorität von hier aus nicht konstruierbar ist. Denn, so Arendt:

> »Im Handeln gehen Anfangen und Vollbringen ineinander über, was politisch gewendet besagt, dass derjenige, der die Initiative ergreift und so auszuführen beginnt, sich unter denen, die zu ihm stoßen, um ihm zu helfen, stets wie unter

38 Arendt gehört zu den massivsten Kritikern der Reformpädagogik, zumal der »Progressive Education« im Geiste John Deweys (vgl. Arendt 1958).

seinesgleichen bewegen muss und weder wie ein Herrscher unter seinen Dienern noch wie ein Meister unter seinen Lehrlingen und Gesellen« (Arendt 1994, S. 224).

Arendt entfaltet ihren Begriff von »Autorität« vom lateinischen »auctoritas«, was sie wiederum vom Begriff des »auctor« – des »Urhebers« – ableitet. »Auctoritas« bedeutet demnach in erster Linie »Gewähr, Bürgschaft, Gültigkeit« – eine Gültigkeit, die sich durch gründendes und begründendes Handeln erhält, das sich selbst dem »augere«, dem »Vermehren oder Wachsenlassen«, verdankt. Tatsächlich hat die klassische Tradition – so schon der Brockhaus – unter »auctoritas« in erster Linie »Ansehen« verstanden.[39] Arendts Intuitionen wurden später kultursoziologisch fortgeführt (Sennett 1985).

Arendt selbst war der römische Begriff der Autorität im Sinne eines verbürgten und verbürgenden persönlichen Ansehens durchaus bekannt, sie unterschied von diesem römischen Begriff jedoch den Autoritätsbegriff der »gründenden Väter« der USA. Arendts Analyse der amerikanischen Revolution will zeigen, dass Vermehrung des Alten und Gründung des Neuen eng miteinander verbunden und aufeinander bezogen sind:

> »So vermehren und erweitern die berühmten Zusätze der amerikanischen Verfassung die ursprünglichen Grundlagen der Republik; daran, dass die Verfassung Zusätze zulässt und erweitert werden kann, zeigt sich, römisch verstanden, ihre Autorität. Dass Gründen und Erhalten zusammengehören und dass dies Zusammengehören sich lebendig in ›Vermehrungen‹ der Fundamente manifestiert, dass also der ›evolutionäre‹ Akt des völligen Neubeginns und der konservierende Geist, durch den das Neue durch Jahrhunderte gegen den Ansturm der Zeit bewahrt wird, von vorneherein miteinander verbunden sind…« (Arendt 2000, S. 260).

39 Zur Begriffsgeschichte vgl. »Autorität« in: Ritter 1971 sowie Arendt 2000, S. 258f.

Macht entfaltet sich für Arendt aus Öffentlichkeit, Autorität jedoch aus einem öffentlichen Zusammenspiel von Bewahrung und Gründung. Hannah Arendt hat bekanntlich, weil sie der Auffassung war, dass Erziehung und Bildung letztlich nicht zum Bereich der Politik gehören, eine demokratische, reformpädagogische Erziehung abgelehnt.[40] Indem sie jedoch einen demokratischen Begriff der Autorität begründete, den sie der klassischen Tradition[41] entnahm, ist es ihr gleichwohl gelungen, einen Begriff der »Autorität« zu prägen, der auch eine demokratische Erziehung jenseits jedes Autoritarismus begründen kann. Gewiss wird man diesen Autoritätsbegriff der politischen Philosophie, in dem es um die Gründung von Gemeinwesen, also um Handeln im öffentlichen Raum geht, nicht unbesehen und unkritisch auf den – jedenfalls für Arendt – unstreitig privaten Bereich der (familialen) Erziehung und schulischen Bildung übertragen dürfen. Tatsächlich ist es ja der Lebensform von Familien eigen, Gründung und Bewahrung miteinander zu verschränken und zu prozessieren – auf jeden Fall dann, wenn in ihr Kinder gezeugt und erzogen werden. Das von Arendt betonte Existenzial der »Natalität« entspricht dem genau, an ihr

> »sind alle Tätigkeiten gleicherweise orientiert, da sie immer auch die Aufgabe haben, für die Zukunft zu sorgen bzw. dafür, dass das Leben und die Welt dem ständigen Zufluss von Neuankömmlingen, die als Fremdlinge in sie hineingeboren werden, gewachsen und auf ihn vorbereitet bleiben. Dabei ist aber das Handeln an die Grundbedingung der Natalität enger gebunden als Arbeiten und Herstellen. Der Neubeginn, der mit jeder Geburt in die Welt kommt, kann sich in der Welt nur darum zur Geltung bringen, weil dem Neuankömmling die Fähigkeit zukommt, selbst einen neuen Anfang zu machen, d. h. zu handeln« (Arendt 1981, S. 15).

40 Das ging bei Arendt so weit, dass sie sogar die in den Sechzigerjahren in den USA in den Südstaaten staatlich erzwungene Rassenintegration von schwarzen und weißen Schülern abgelehnt hat (Arendt 2000a).

41 Zur Begriffsgeschichte vgl. »Autorität« in: Ritter 1971.

Unter der zusätzlichen Annahme jedoch, dass Erziehung und Bildung auch öffentliche, politisch verantwortete Vorgänge sind, lässt sich dieses Modell zudem für eine andere Analyse der Generationen- und somit Erziehungsverhältnisse nutzen. Dann aber gilt auch in intergenerationalen Beziehungen, dass »Autorität« eben nicht auf einseitiger Macht – d. h. letztlich physisch erzwungener Durchsetzungsfähigkeit – beruht, sondern als Produkt gemeinsamen Handelns von Eltern und Kindern, Lehrpersonen sowie Schülerinnen und Schülern zu betrachten ist. Unter dieser Bedingung freilich – dass nämlich die Begriffe von Macht und Autorität sachlich angemessen geklärt und nicht nur dogmatisch vorausgesetzt werden – bricht das Programm einer – wenn auch nur für bedingte Zeit – geforderten vorbehaltlosen Unterordnung unter unausgewiesene »Autoritäten« sofort in sich zusammen. Wohin autoritäre Erziehungsstile führen, hat die empirische Bildungsforschung längst an den Tag gebracht: je direktiver die Eltern, je mehr Streit wegen verhärteter Haltungen auf beiden Seiten, desto höher die gemessene Intoleranz der Jugendlichen, während umgekehrt jene die höchsten Toleranzwerte aufweisen, bei denen miteinander geredet wird, die Eltern die Jugendlichen selbst entscheiden lassen oder sich gar aus den Angelegenheiten der Kinder heraushalten (Jugend 2006, S. 9). Oder in den Worten der Studie selbst:

»Bemerkenswert ist auch der Zusammenhang zum Erziehungsstil der Eltern. Je kooperativer und mitwirkungsorientierter der Erziehungsstil der Eltern, desto größer die Toleranz bei den Jugendlichen – je mehr Streit und Autokratie im Erziehungsstil, desto größer die Vorbehalte« (ebd. S. 133).

Johannes Bilstein

Die Wieder-Entdeckung der Psychoanalyse

1. Die verborgene Kraft

Der Roman »Ich hab dir nie einen Rosengarten versprochen« erscheint in der deutschen Übersetzung im Jahre 1973, und sein relativer Erfolg markiert einen Höhepunkt der Aufmerksamkeitswelle, die sich seit dem Ende der 1960er-Jahre in der intellektuellen Öffentlichkeit für Seelengeschichten, genauer: für psychoanalytisch interpretierte Entwicklungs- und Heilungsverläufe aufgebaut hat. Das Buch ist zu diesem Zeitpunkt schon 9 Jahre alt, es hat in den USA großen Erfolg gehabt und ist weltweit bereits mehr als 3 Millionen Mal verkauft worden (Green 1973).

Es berichtet von der Leidens- und Heilungsgeschichte eines seelisch kranken jungen Mädchens, das mit denkbar schlechten Vordiagnosen in die Behandlung einer Psychoanalytikerin – sie stammt aus Deutschland und heißt »Dr. Fried« – kommt und dank deren Zuwendung und Mühen langsam den Weg in ein normales, bürgerliches Leben findet. Die Psychoanalytikerin verzichtet gegen den Rat anderer Ärzte und Psychologen auf »Hypnose und Barbiturate« und unternimmt stattdessen mit dem 16-jährigen Mädchen eine mehr oder weniger klassische psychoanalytische Behandlung: »Die verborgene Kraft ist ein zu tiefes Geheimnis. Aber letzten Endes ist sie unser einziger Verbündeter« (Green 1973, S. 16).

Zu Beginn der Geschichte scheint auch die Lebensgeschichte der behandelnden Ärztin kurz auf – jedenfalls erinnert sie sich an ihre frühere Arbeit in Deutschland, »... damals, als auf der anderen Seite der Klinikmauern Hitler war« (Green 1973, S. 14). Damit bewegt sich dieser 1964 erstmals erschienene Roman in den Bahnen der US-amerikanischen Psychoanalyse-Popularisierung, die das spezifische antinationalsozialistische Pathos der US-Nachkriegszeit mit medizinisch säkularisierten Heilserwartungen und dämonisierten Vorstellungen von einem nur mit Mühe zugänglichen menschlichen Seelen-Inneren verbindet.

Hannah Greens Buch von 1973 bringt so einerseits den deutschen Lesern eine bereits seit Jahrzehnten in den USA erfolgreiche Popularisierung der Psychoanalyse nahe, andererseits greift es – zumal durch die Publikation im evangelisch-sozialpädagogisch orientierten Radius-Verlag – einen wesentlich jüngeren, genuin deutschen Trend auf, in dessen Verlauf die verschiedenen Spielarten der freudianischen bzw. postfreudianischen Psychoanalyse auch im deutschen Sprachraum wieder Verbreitung und eine gewisse intellektuelle Popularität finden.

Dieser Trend hängt auf das Engste mit der 68er-Bewegung zusammen, denn sie ist es, die der Psychoanalyse in Deutschland wieder Gehör verschafft – und zwar besonders in den pädagogischen bzw. sozialpädagogischen Diskursen.

2. Der Zauber der grauen Raubdrucke

Man kann sich das heute kaum mehr vorstellen: In den 1960er-Jahren, also in den Zeiten vor der Allgegenwart von Fotokopierern und vor der Verbreitung elektronischer Datennetze, ist man für Informationen welcher Art auch immer tatsächlich auf das zu Papier gebrachte, gedruckte Wort angewiesen. Dabei stellt sich die Publikationslage sozialwissenschaftlicher und pädagogischer Literatur um 1965 herum aus heutiger Sicht einigermaßen trostlos dar: Die Autoren der Frankfurter Schule sind auf dem Buchmarkt so gut wie nicht vertreten, das Gleiche gilt für die Psychoanalyse. Dann jedoch tauchen – meist im studentischen Umfeld – die ersten Raubdrucke auf. Es sind meist schlecht geheftete, schlecht gedruckte Bücher, die aber zwei wesentliche Vorzüge haben: Erstens sind sie wesentlich billiger als die im Buchhandel »offiziell« verkauften Bände und zweitens machen sie häufig genug Texte der Öffentlichkeit zugänglich bzw. wieder zugänglich, die vorher mehr oder weniger verschollen waren. Jedenfalls hängt diesen

Bänden von Anfang an der Hauch des Verbotenen und Verlorenen an, erscheinen sie eng mit der Ikonik des Untergrunds verbunden: Illegal sind sie, und sie transportieren Unerwünschtes.

Die psychoanalytischen Autoren, die auf diese Weise langsam wieder ins Gespräch kommen, sind im Großen und Ganzen die Vertreter der ersten beiden Generationen der Psychoanalyse: allen voran natürlich Sigmund Freud selbst: Die Londoner Ausgabe seiner Gesammelten Werke liegt von etwa 1967 an nach und nach als Raubdruck vor. Bald aber tauchen auch andere psychoanalytische Autoren auf: Erhältlich sind nun Wilhelm Reichs 1933 erstmals erschienene »Massenpsychologie des Faschismus« (Reich 1933), aber auch Otto Rühle (Rühle 1922), Siegfried Bernfeld (Bernfeld 1925), Otto Fenichel (Fenichel 1972) und Helene Deutsch (Deutsch 1925) sowie ganze Jahrgänge der Zeitschrift für Psychoanalytische Pädagogik. Insgesamt jedenfalls entwickelt sich auf diese Weise ein Literatur-Angebot, das auf quasi-konspirative Weise, versehen mit dem Hauch der Illegalität, die Diskussion der 1920er-Jahre um die Leistungen der Psychoanalyse und insbesondere der psychoanalytischen Pädagogik wieder aufnimmt. Dabei wird gerade durch die Symbolik des Irregulären, die mit diesen Raubdrucken verbunden ist, die Verfolgungs- und Verdrängungsgeschichte psychoanalytischer Methoden und Interpretationsmuster in der Zeit des Nationalsozialismus auf bemerkenswerte Weise re-inszeniert: die Lektüre dieser grauen Schriften wird von den Leserinnen und Lesern immer auch und immer noch als Résistance wahrgenommen.

3. Verschobene Rezeption

Freilich bleibt es nicht bei den Raubdrucken: Bald schon liegen – insbesondere im Rahmen der seit den 1950er-Jahren langsam entstehenden »Suhrkamp Kultur« – die wichtigsten Werke der Psychoanalyse auch auf dem regulären Buchmarkt vor. Seit 1969 gibt es die ersten Bände der vom Fischer-Verlag herausgegebenen Freud-Studienausgabe (Freud 1969–1982), seit ungefähr 1969 gibt es nach und nach auch die anderen psychoanalytischen Klassiker in »richtigen« Büchern. Jedenfalls liegt den 1968 zur Erneuerung der gesellschaftlichen Welt und der Erziehung Aufgebrochenen das psychoanalytische Diskussionsspektrum sowohl der Vorkriegszeit als auch der 1950er- und 1960er-Jahre relativ detailliert vor.

Dabei spielen die Originalschriften von Sigmund Freud noch nicht einmal die wichtigste Rolle. Selbstverständlich tradieren sich die Theoreme von der Bedeutung des Unbewussten, von der zentralen Rolle der Sexualität und von der grundsätzlichen Valenz kindlicher, besonders frühkindlicher Erfahrungen als eine Art Gerücht in die Diskussionslage der späten 1960er-Jahre hinein, doch bleiben direkte Referenzen auf Freud eher selten. In der Folge einer bemerkenswerten Verschiebung sind es eher die Schüler, insbesondere die »linken« Schüler des Wiener Psychoanalytikers, die im pädagogischen Diskussionsspektrum wichtig und folgenreich werden.

Darüber hinaus betrifft diese Verschiebung dann auch die zeitgenössische psychoanalytische Fachdiskussion: Auch sie wird nicht in dem Maße wahrgenommen wie die »alten« Links-Freudianer. Insbesondere die popularisierte pädagogische Diskussion bezieht sich zunächst eben nicht auf die Beiträge z. B. der englischen, US-amerikanischen oder französischen Psychoanalyse der 1950er- oder 1960er-Jahre, sondern auf den Diskussionsstand der 1920er- und frühen 1930er-Jahre: auf die Pionierzeit der Psychoanalyse und der psychoanalytischen Pädagogik also, die dann mit dem Aufkommen des Nationalsozialismus in Deutschland abgebrochen worden war.

So spielt z. B. Alexander Mitscherlich in der pädagogischen Rezeption gar nicht die zentrale Rolle, die ihm von seinem Argumentationsgang her eigentlich zukommen würde. Seine »Vaterlose Gesellschaft« ist 1963 zum ersten Mal – auch in einer preiswerten Taschenbuchausgabe – erschienen und hat sich bis zum Ende der 1960er-Jahre zu einem nahezu unbestrittenen Klassiker der psychoanalytischen Sozialpsychologie und der freudianisch argumentierenden Gesellschaftskritik entwickelt. Das Buch entfaltet seine Argumentation durchgehend in einem theoretischen Überschneidungsbereich, der Modelle der individuellen Entwicklung, Theoreme zur Funktionsweise und zum Ablauf sozialer Prozesse und Grundaussagen über den Rang und die Bedeutung von Erziehung miteinander verbindet. Eines der ersten Hauptkapitel behandelt denn auch »Anpassung und Einsicht: Stufen der Bildung« und versucht, das Freud'sche Argument aus dem »Unbehagen in der Kultur« (Freud 1930) – Triebverzicht als Konstituens und Motor aller kulturellen Leistungen – zu konkretisieren und kritisch zu wenden. Erziehung wird dabei – jedenfalls aus Mitscherlichs Blick auf die erste Hälfte des 20. Jahrhunderts in Deutschland – als durchgängige Schreckensherrschaft beschrieben, die es zu überwinden gilt: »Nur wenn es uns gelingt, den Terror, den Erziehung im Raum unserer Gesellschaft – unbemerkt, gleichsam als soziale Selbstverständlichkeit – ausübt, weiter ins Bewusstsein zu bringen und zu überwinden, können wir hoffen, uns gegen den so vorzüglich ausgeübten und erfolgsprämiierten Ideologiezwang jener Geschichtsmächte zu behaupten, denen das Individuum als Entscheidungsort der Freiheit ein Dorn im Auge ist« (Mitscherlich 1963, S. 29).

»Terror der Erziehung« gegen »Individuum als Entscheidungsort der Freiheit« – zumindest die eine Hälfte der erziehungskritischen Argumentationslinie der 68er-Bewegung findet sich also bei Mitscherlich bereits 1963 psychoanalytisch instrumentiert wieder.

Allerdings nur die eine Hälfte. Mitscherlich legt, ganz in der freudianischen Traditionslinie, den Akzent auf individuelle Reife und auf die Entwicklung einer nach psychoanalytischen Gesichtspunkten gesunden und das heißt individuell ausgeprägten Persönlichkeit. Im Kontext von Affekt-, Sach- und Sozialbildung erfüllt deshalb alle Erziehung zwischen der Ausbildung eines je individuellen Charakters und der Notwendigkeit zu sozialer Anpassung eine grundsätzlich dialektische Funktion (Mitscherlich 1963, S. 22–52). Damit sind durchaus traditionelle – letztlich in der Tradition der Aufklärung stehende – Grundargumentationen aufgenommen, die nun im Rahmen der psychoanalytischen

Psychologie reformuliert werden können. Damit aber, mit seinem Beharren auf der Dialektik von Anpassung und Individualisierung, kann Mitscherlich bestenfalls einen Teil der argumentativen Bedürfnisse befriedigen, die sich von Seiten der auf die radikale Veränderung der Gesellschaft und der subjektiven Strukturen konzentrierten 68er-Bewegung entfalten.

An genau dieser Stelle entwickeln die Schriften der ersten Schülergeneration von Sigmund Freud ihre entscheidende Wirkung, allen voran Siegfried Bernfeld. Die drei berühmten gelben Sammelbände im März-Verlag, später von Ullstein wieder aufgelegt, markieren bereits durch ihren programmatischen Titel: »Antiautoritäre Erziehung und Psychoanalyse«, dass es darum geht, aus den Erfahrungen und theoretischen Modellen der 1920er-Jahre Handlungs- und Argumentationsmuster für die Gegenwart zu gewinnen (Bernfeld 1969, 1970, 1971). Suggeriert wird – und die Herausgeber Lutz von Werder und Reinhart Wolff machen das auch explizit –, dass Bernfeld so etwas wie ein Vorläufer der »antiautoritären Erziehung« gewesen sei, und sie positionieren ihn ausdrücklich gegen die geisteswissenschaftlich dominierte Pädagogik der 1960er-Jahre. »Von kritischer Erziehungswissenschaft, wie sie Bernfeld in der Verbindung von Psychoanalyse und Marxismus betrieb, wollten die westdeutsche Pädagogik und die spekulative pädagogische Richtung, an die jene nach 1945 anschloss, nichts wissen« (von Werder/Wolff 1969, S. 672). Das soll nun anders werden – mit einer deutlich ausgewiesenen Zielsetzung: »Die Herausgeber hoffen, ... dass diese Bernfeld-Ausgabe zur Konkretion des Schulkampfes, der Revolte an den erziehungswissenschaftlichen und psychologischen Instituten, an den Pädagogischen Hochschulen und zur Arbeit der sozialistischen Schüler- und Klassenläden beiträgt« (v. Werder/Wolff 1969, S. 682).

Man kann diese Hoffnung durchaus als übergreifendes Motto verstehen: Für das Ziel der »Revolte« bzw. für den »Schulkampf« sollten die psychoanalytischen Erfahrungsberichte und Theoriebeiträge argumentatives Material und Hinweise zur »Konkretion« liefern. Dafür sind insbesondere Bernfelds Schriften zur Schulgemeinde und seine Arbeiten zur Psychologie des Jugendalters von größerem Interesse als der denn doch theoretisch anspruchsvollere und differenzierter argumentierende »Sisyphos« (Bernfeld 1925).

Dabei spielt neben Siegfried Bernfeld, dessen Herkunft und Zugehörigkeit zur zeitgenössischen Reformpädagogik, dessen Nietzsche-Rezeption und dessen Zugehörigkeit zur zionistischen Bewegung eher am Rande wahrgenommen werden (Niemeyer/Naumann 2006), noch eine weitere, eher nebulös präsentierte Autorin eine wichtige Rolle: Wera Schmidt, die russische Psychoanalytikerin und Pädagogin, die sich nach einer Ausbildung in Fröbel-Pädagogik der Psychoanalyse zuwendet und zwischen 1923 und 1927 in Moskau das berühmte, wahrscheinlich von Trotzki protegierte und von Stalin zumindest zeitweise geduldete »Kinderheim-Laboratorium« gründet (Schmidt 1969). Die bereits 1924 publizierten Skizzen zu der Arbeit in diesem Kinderheim werden nach 1966 immer wieder als Raubdruck verbreitet, und sie sollen vor allem eines belegen: dass die Verbindung von Psychoanalyse und Marxismus nicht nur möglich und sinnvoll ist, sondern auch über eine ehrwürdige Geschichte und einen präsentablen Erfahrungsschatz verfügt (Etkind 1996). Schmidt legt – hier ganz in der Linie der ersten Generation der Psychoanalytiker – einen besonderen Akzent auf die Sexualität der Kinder, argumentiert auch ausdrücklich im Kontext von sexueller und politischer Befreiung: »Unsere Einstellung zu diesen Fragen erspart den Kindern jede Heimlichkeit, stärkt ihr Vertrauen und ihre Bindung an die Erzieherinnen, fördert die Anpassung an die Realität und schafft auf diese Weise eine günstigere Grundlage für die gesamte Entwicklung« (Schmidt 1924, S. 17). Von geradezu mystischem Glanz umgeben, wird das Moskauer Experiment Wera Schmidts zu einer Erinnerungsikone an die frühen Erziehungsexperimente des russischen Kommunismus und für die pädagogische Diskussion der späten 1960er-Jahre vor allem deshalb attraktiv, weil es eine Verbindung von Erziehung, Sexualität und Klassenkampf ausprobiert und demonstriert, die nun erneut im Zentrum der pädagogischen Debatte steht (vgl. Schiele 1982, S. 33–45; Schulz 2002, S. 72–73).

Bereits in den 1920er-Jahren war das Moskauer Experiment propagiert und gelobt worden – nicht zuletzt von Wilhelm Reich. Und dessen Schriften spielen in der Psychoanalyse der 68er-Bewegung tatsächlich eine entscheidende Rolle. Nirgendwo findet sich die Verbindung von Sexualtheorie, Gesellschaftsanalyse und Klassenkampfrhetorik so eindeutig und konkret, und die tragische Verwicklung des Autors in die europäische und US-amerikanische Ideologiegeschichte macht ihn dann noch einmal zusätzlich interessant – jedenfalls erscheinen seine Arbeiten in einer Fülle von regulären Publikationen und Raubdrucken, immer wieder auch in einer imaginären Trias mit Wera Schmidt und Siegfried Bernfeld (Reich/Schmidt/Bernfeld/Freud 1970).

Durch diese Wiederaufnahme älterer Diskussionsbeiträge – bald auch in explizit pädagogisch betitelten Sammelbänden (Bittner/Rehm 1966) – gerät einerseits die klassische psychoanalytische Theorietradition wieder in den Mittelpunkt der sich neu konfigurierenden pädagogischen bzw. erziehungswissenschaftlichen Diskussion (Bilstein 2007), bleibt andererseits aber ein bemerkenswerter Bruch bestehen zwischen diesen wieder aufgenommenen Beiträgen der ersten Schülergeneration Freuds und den weiterentwickelten psychoanalytischen Theoriemodellen, wie sie nach dem Ende des Nationalsozialismus in den USA und in Europa entstanden sind: Melanie Klein, René Spitz, Erik Erikson, u. a. werden zwar durchaus zur Kenntnis genommen, ihnen fehlt aber im Gegensatz zu den Freudo-Marxisten sowohl der historische Skandalwert als auch die eher plakative Einfachheit einer zugleich gesellschaftstheoretisch und psychologisch argumentierenden Theorie als auch die dezidiert klassenkämpferische Pointe. Und so gerät deren Rezeption denn auch bald in eher traditionell-akademische Bahnen: Sie werden gelesen, mehr oder weniger wissenschaftlich diskutiert – aber nicht über Flugschriften verbreitet.

Zu den wenigen Autoren, denen es gelingt, weiterentwickelte psychoanalytische Theoriemodelle mit den antibürgerlichen Impulsen sowohl der 1920er- als auch der 1960er-Jahre zu verbinden, gehört Horst-Eberhard Richter. Dessen Buch »Eltern, Kind, Neurose« liegt schon seit 1963 vor, wird aber erst 1969 mit der

Taschenbuchausgabe richtig populär. Richter präsentiert hier einerseits eine durchaus unpolemische, empirisch begründete Studie zu Familienkonstellationen, trägt jedoch andererseits mit der spezifischen Perspektive seiner Studie zur zeitgenössischen Auseinandersetzung um die traditionellen Familienformen – die »bürgerliche Kleinfamilie« – wichtige Argumente bei. Immerhin geht es ihm schlicht um »neurosefördernde Elterneinflüsse auf das Kind« (Richter 1963, S. 19–68), und was er präsentiert, ist eine Systematik, die »typische traumatische Rollen des Kindes« (Richter 1963, S. 89–252) mit spezifischen Varianten elterlicher Konflikte verbindet. Für den popularisierten Erziehungsdiskurs lassen sich daraus wichtige Argumente zur Kritik an der traditionellen, bürgerlichen Familie finden – auch wenn Richter selbst solche Schlussfolgerungen keineswegs anbietet, sondern sich um eine angemessene Rezeption zeitgenössischer familiensoziologischer und familienpsychologischer Befunde bemüht (Richter 1963, S. 63–68). Dabei freilich entsteht ein durchaus skeptisches Bild. Richter wendet sich gegen Helmut Schelsky, der bereits in der ersten Hälfte der 1950er-Jahre eine durchgängige Tendenz zur »Versachlichung« der Partnerbeziehung in den Familien feststellt – ein neuer Typus familiären Zusammenlebens, der dann auch zu einer rationaleren und stärker »planerischen« Einstellung in Bezug auf die Kindererziehung führt. Diese »Entinnerlichung« des familiären Binnenklimas trübt – so Schelsky – keineswegs die Stabilität der Familienformen, im Gegenteil: »Die Familien werden sozial gleichförmiger und an Innerlichkeit ärmer, verlieren damit aber keineswegs an Stabilität« (Schelsky 1953, S. 278).

Dem widerspricht Richter energisch, und zwar gerade aus psychoanalytischer Sicht. Die größere Rationalität des binnenfamiliären Klimas schreibt er einem »verflachten Nützlichkeitsdenken« (Richter 1963, S. 67) zu, das Lebenspartner, aber auch Eltern und Kinder nur noch unter der Perspektive geteilter – ökonomischer – Interessen zusammenhält. Letztlich läuft das hinaus auf eine »...Regression zu oralnarzisstischen Verhaltensweisen, die der Entwicklung stabiler Partnerbeziehungen eher abträglich als förderlich zu sein pflegen« (Richter 1963, S. 67). Dabei stützt sich

Richter nicht zuletzt auf Analysen, die Max Horkheimer und Theodor W. Adorno in ihren – auf die breite Diskussion um das Forschungsprojekt »Autorität und Familie« (Horkheimer 1936) zurückgehenden – »Soziologischen Exkursen« (Horkheimer/Adorno 1956, bes. S. 123–126) vortragen und denen zufolge die bürgerliche Familie insgesamt eher durch Auflösungstendenzen und – vor allem – durch ihren konsequenten Unterdrückungscharakter gekennzeichnet ist. Die durch die gesellschaftlichen Bedingungen zunehmenden belastenden Faktoren für das affektive Familienklima werden keineswegs durch stabilisierende Faktoren aufgewogen (Richter 1963, S. 68).

Dieses familienkritische Argument Richters, vorgetragen mit Rekurs auf die kulturkritische Tradition der Frankfurter Schule und mit der Autorität empirischer Befunde untermauert, trägt zur Popularisierung und Verbreitung psychoanalytischer Diskursmuster innerhalb der 68er-Bewegung entscheidend bei. Die »Kritik an der bürgerlichen Kleinfamilie«, von Horkheimer bereits in den 1930er-Jahren ausformuliert, gewinnt auf diese Weise neue, zwar nicht klassenkämpferisch argumentierende, aber doch psychopathologisch kategorisierende Begründungen (Horkheimer 1936).

Es gibt aber – neben den wieder aufgelegten bzw. wieder gedruckten Arbeiten aus den 1920er-Jahren und den im engeren Sinne psychoanalytischen Texten – bald auch erste Übersichtsarbeiten, die den Kontext von Psychoanalyse und Pädagogik auf dem Stand der Diskussion zu entfalten versuchen (Rehm 1968; Höchstetter 1970). Insgesamt bietet sich zu Beginn der 1970er-Jahre also ein recht buntes Bild pädagogischer bzw. erziehungswissenschaftlicher Psychoanalyse-Rezeption im deutschen Sprachraum (abschließend: Fürstenau 1974), und man kann den Überschneidungsbereich der sich dort entfaltenden Argumentation um einige zentrale Theoreme der Psychoanalyse herum gruppieren.

4. Die Argumente

Versucht man zusammenzufassen, welche neuen Elemente die Psychoanalyse für die Erziehungsdiskurse nach 1968 beiträgt, dann lassen sich fünf verschiedene Argumentationsstränge voneinander unterscheiden.

Zum Ersten wird mit der Psychoanalyse eine Neu-Akzentuierung der Anthropologie des Kindes möglich und in die Diskussion eingeführt. Das Kind erscheint als von Anbeginn an triebhaftes, sexuell aktives Wesen, das in Auseinandersetzung mit der Umwelt Schritt für Schritt den komplexen psychischen Apparat des Erwachsenen aufbaut. Diese Entwicklungsphasen sind im Rahmen der psychoanalytischen Entwicklungstheorie (Freud 1905) empirisch rekonstruierbar und erlauben es, die jeweiligen Leistungen und Krisen des Kindes sowohl diagnostisch als auch prognostisch einzuordnen (Erikson 1950, 1959). Historisch wird damit eine Art Dreischritt vollendet: Mit der Ablösung des Erbsünden-Dogmas spätestens seit Rousseau (Baader 1996, bes. S. 35–76) entsteht in der europäischen Tradition das Denkmuster eines unschuldigen Kindes, das einen quasi vorgesellschaftlichen Idealzustand von Menschheit repräsentiert. Damit ist die traditionell-christliche Konzeption eines tierhaft-sündenbehafteten Kindes historisch erledigt. Innerhalb dieses neuen Kindheitsverständnisses gibt es durchaus Differenzierungen – nicht zuletzt im Hinblick auf die innere Dynamik des unschuldigen Kindes: Gerade in der Romantik ist dieses Kind zwar durchaus unschuldig, aber ganz und gar nicht passiv oder kraftlos, es repräsentiert eher so etwas wie eine »wilde Urwelt« (Baader 1996, bes. S. 107–169; Bilstein 2002). Das Freud'sche Kindheitskonzept knüpft hier an, konkretisiert und naturalisiert diese innere Dynamik des Kindes nun als triebhaft-sexuell: Vom Lustprinzip gesteuert, muss sich der Psychismus des Kindes erst langsam aufbauen und die kulturellen Errungenschaften erwerben, welche dann die gesunde, dem Primat des Genitalen folgende Persönlichkeit ausmachen.

Gerade hier, bei der Anthropologie des Kindes, wird die Freud'sche Verbindung mit der Romantik besonders deutlich. Das von ihm entwickelte Seelenkonzept steht nämlich in einer durchaus engen Kontinuität zu den in der europäischen Romantik aufgebauten Modellen einer dunklen, von oft auch zerstörerischen Kräften getriebenen, nicht der Vernunft unterworfenen und daher auch der Aufklärung sich widersetzenden Innerlichkeit, die auf der Ebene der Anthropologie den aufklärerischen Rationalitäts- und Transparenzansprüchen entgegengesetzt wird. Sei es in der Kunst – Füssli – ,sei es in der Literatur – E. T. A. Hoffmann –, sei es in der Philosophie – Schopenhauer mit seiner Zentrierung auf einer vom »Willen« dirigierten Welt: Im ideen- und mentalitätsgeschichtlichen Kontext der Romantik bzw. der Abkehr von der Aufklärung entsteht im europäischen Diskurs eine neue Aufmerksamkeit auf die »dunkle« Seite der Conditio humana, entsteht auch ein neues Interesse an den nicht vernünftig organisierten und nicht bewusst kontrollierten Bedingungen im Motivationsgefüge menschlichen Handelns. Auf diesen Grundlagen beruht auch die Psychoanalyse (Marquard 1963; Brumlik 2004; Brumlik 2006, S. 61–73), insofern gehört sie durchaus in die Traditionslinie romantischer Seelenlehren. Genauso, wie sich jedoch die erste Psychoanalytiker-Generation im Rahmen ihrer Selbstwahrnehmung als Neuland erobernde Pioniere um diese Verbindung schlicht nicht kümmerte, wird die theoriegeschichtliche Herkunft aus der Romantik auch in der Rezeption der 1960er- und 1970er-Jahre weitgehend übersehen bzw. verleugnet: Freud wird da – wie bereits in den 1920er-Jahren (Bernfeld 1925, bes. S. 66–69) – mit seiner Psychoanalyse eher hagiographisch und nicht ohne Heroik als »großer Entdecker« wahrgenommen und dargestellt, der »Neues« und »Revolutionäres« herausgefunden hat. Dass auch seine Seelentheorie sich auf historische Vorläufer stützt, sich also in einer rekonstruierbaren Kontinuität bewegt, wird kaum wahrgenommen. Insofern ist die Psychoanalyse-Rezeption dieser Zeit weitgehend unhistorisch und naiv.

Diese Kindheit ist – zweitens – von großer Bedeutung. Freuds Grundtheorem von der vollständigen Determiniertheit des Seelenlebens, seine These also, dass nichts im Seelenleben zufällig ist, sondern sich jedes Handeln und Erleben aufgrund triebbedingter

Strukturen und lebenslanger Umwelterfahrungen verstehen und erklären lässt, führt innerhalb des psychoanalytischen Theoriemodells zu der bekannten Hochschätzung aller Erfahrungen in der frühen Kindheit (Fürstenau 1967, bes. S. 12–49). Traumata oder Glückserlebnisse aus dieser Zeit wirken wie eine Art Grundfolie für alle späteren Regungen des Seelenlebens. Dieser hohe Wert der Kindheit, insbesondere der frühen Kindheit, bringt eine tendenzielle Aufwertung pädagogischen Handelns mit sich (Bittner/Schmidt-Cords 1968), zieht nach einiger Zeit aber auch zum Teil heftige Kritik nach sich (Hemminger 1986).

Drittens entwickelt sich im Rahmen des psychoanalytischen Theoriemodells eine eigene Psychologie der Erziehenden. Wenn jede Interaktion von Menschen als ein vielschichtiges Gewebe von bewussten und unbewussten Verbindungen verstanden wird, dann spielt auch bei den erwachsenen Partnern der Kinder eine Vielzahl von unbewussten Motiven in ihr Handeln hinein. Hier schließt sich in den 1970er-Jahren eine durchaus fruchtbare Forschungstradition an, die nun auch das pädagogische Handeln der professionellen Erzieher neu verstehbar macht: Dass der Erwachsene vor zwei Kindern steht: dem zu erziehenden vor ihm und dem verdrängten in ihm (Bernfeld 1925, S. 141), wird zu einem wichtigen Ausgangstheorem psychoanalytischer Erziehungsforschung (Neidhardt 1977; Brück 1978). Es entsteht eine zum Teil neue, auf jeden Fall aber erhöhte Aufmerksamkeit auf die Gesamtheit der Motive, die von der Seite der Erwachsenen in das Zusammenspiel mit den Kleinen einfließen.

Zum Vierten werden nun auch die Strukturen und Regelmäßigkeiten im gemeinsamen Handeln der am Erziehungsprozess Beteiligten neu und deutlicher interpretierbar. Wie in der Familie Eltern und Kinder zusammenspielen, wie Lehrerinnen und Lehrer mit den Kindern umgehen, das wird in der psychoanalytischen Tradition sehr bald zu einem zentralen Forschungsfeld. Die auch in Deutschland nach 1970 wieder aufgenommene psychoanalytische Kindheitsforschung nimmt die regelmäßigen Formen des Zusammenspiels zwischen Müttern und ihren kleinen Kindern in den Blick; aber auch die Regelmäßigkeiten schulischer Interaktionen werden neu interpretiert (Bernfeld 1925; Fürstenau 1964): Es entsteht eine Sprache zum Nachdenken und Reden über die Psychodynamik pädagogischer Interaktionen.

Und fünftens entfaltet die Psychoanalyse gerade im Kontext von 1968 ihre eigene, gesellschaftskritische Potenz auch im Bereich der Erziehungsdiskurse. Wer über den Zusammenhang von individueller psychischer Konstitution und Situation einerseits und gesellschaftlichen Großarrangements andererseits nachdenken und reden will, findet in dem von Freud, Bernfeld u. a. entwickelten Theoriemodell Interpretations- und Sprachmuster, die es erlauben, z. B. die manifesten Klassenverhältnisse nun auch mit den intim-körperlichen Zuständen der Subjekte in Verbindung zu bringen. Der Überschneidungsbereich von »Sexualität und Klassenkampf«, als argumentatives Konstrukt direktes Ergebnis psychoanalytischer Reflexion, wird in den pädagogischen Diskursen durch die psychoanalytischen Sprach- und Weltdeutungsmodelle beobachtbar und verhandelbar: Günter Amendts »Sexfront« (Amendt 1970), ein durchweg psychoanalytisch geprägtes, auf breite Popularität hin angelegtes und auch sehr erfolgreiches Aufklärungsbuch, bringt diesen doppelten Anspruch auf sexuelle Befreiung und politischen Kampf im Titel zusammen.

5. Erträge

Wenn man sich die weitere Entwicklung vor Augen führt, dann sind viele der in den 1970er-Jahren mit hohem Skandalwert rezipierten psychoanalytischen Theoreme inzwischen zu allgemeinem Wissensgut geworden, das als abgesunkenes Kulturgut auch in der alltäglichen Wirklichkeit der Kindererziehung und auch in den heutigen Erziehungsdiskursen weiterwirkt – seien sie nun populär oder wissenschaftlich.

Ein Beispiel für viele: In dem weit verbreiteten Erziehungsratgeber »Kursbuch Kinder« aus dem Verlag Kiepenheuer und Witsch gibt es ein – recht großes – Kapitel über die »Entwicklung der Geschlechter«, das mit grundsätzlichen Feststellungen beginnt:

> »Kinder sind von der ersten Stunde an sexuelle Wesen. Die Entdeckung der Lust ihrer Kinder kann Eltern freuen, aber auch verwirren. Zwei Jahrhunderte Unterdrückung der geschlechtlichen Liebe haben bei den meisten Menschen Spuren hinterlassen. Tabuthemen anzusprechen mag Eltern noch gelingen. Doch wie steht's mit ihrer Sexualität, wenn es plötzlich Zaungäste gibt? Und was bedeutet es, eine lustvolle Sexualität vorzuleben?« (Ernst u. a. 2000; S. 288)

Dann kommt noch einmal eine Detailbeschreibung dessen, was kleine Kinder so alles mit und an sich machen, und dann noch einmal eine Zusammenfassung: »Kinder sind zärtlich und warm, aber auch triebhaft und total« (Ernst u. a. 2000, S. 289).

Und unter den weiterführenden Literaturangaben findet sich dann auch ein Hinweis auf Günter Amendts 30 Jahre früher erschienenes Buch »Sexfront« (Amendt 1970).

Dies mag ein einzelnes Beispiel sein, es spiegelt jedoch deutlich, wie selbstverständlich psychoanalytische Deutungsmuster in unsere gegenwärtigen Erziehungsdiskurse integriert sind. Das mag den gestandenen, vor allem den medizinisch orientierten Psychoanalytikern unangenehm oder peinlich sein – tatsächlich aber hat sich damit auf zum Teil ironische Weise eine der Hoffnungen erfüllt, die sowohl die ersten Psychoanalytiker selbst als auch ihre 68er-Nachfahren angetrieben hatte: durch das Wissen um die »verborgene Kraft« des Unbewussten und durch aufgeklärten Umgang mit diesem Geheimnis die Lebensbedingungen der Menschen – auch der Kinder – zu verbessern. Aus der einen Hoffnung, der revolutionären Umgestaltung der politischen Verhältnisse, ist nicht allzu viel geworden, die andere, die pädagogische Hoffnung jedoch ist zum Teil Wirklichkeit geworden – bis zur Selbstverständlichkeit.

Frodo Ostkämper

»Wenn Ihr Interesse für Erziehung mehr ist als eine Eintagsfliege …« Zum Zusammenspiel von antiautoritärer Erziehung und Bildungsreform im Spiegel der Zeitschrift betrifft: erziehung

Wendet man sich der Frage zu, was die 68er-Bewegung in einzelnen pädagogischen Handlungsfeldern auf theoretischer und praktischer Ebene einbrachte, so ist man mit folgendem Problem konfrontiert: Das westdeutsche Bildungswesen, welches von der 68er-Bewegung in gewisser Weise bewegt worden war, war selbst in Bewegung! Der Kindergarten, die Jugendhilfe, die Schule, die Hochschule, die Pädagogik als akademische Disziplin, die Ausbildungsgänge für pädagogische Berufe, die bildungspolitischen Programme, die strukturelle Verfasstheit des Bildungswesens – waren in Bewegung! Wie lässt sich da ausmachen, wer oder was wen oder was bewegte?

Dieser Beitrag unternimmt den Versuch, im Fokus einer Ende 1967 entstandenen pädagogischen Fachzeitschrift mit »linkem«, kritischem und engagiertem Profil den Themen auf die Spur zu kommen, welche die bewegte Pädagogik um 1968 bewegten. Die Auswahl dieser Zeitschrift als Grundlage einer diskursgeschichtlichen Rekonstruktion der Pädagogik der frühen 70er-Jahre begründet sich aus zwei Merkmalen: Zum einen handelt es sich um das pädagogische Magazin mit der höchsten Auflage in der BRD im genannten Zeitraum. So kam *betrifft: erziehung* aus dem Stand im ersten Jahrgang auf eine durchschnittliche Auflage von 17.000 Exemplaren und wuchs weiterhin zügig an. Zum anderen tritt das »*Forum für Bildungspolitik und Erziehungswissenschaft*«, so der Untertitel, als ein an konkreten Veränderungen im Bildungswesen interessiertes, progressives Organ auf und kann somit als Spiegel wie auch als ein Element erzieherischer Aufbrüche um 1968 angesehen werden.

Die Materialbasis für diesen Versuch, exemplarisch im Fokus einer pädagogischen Fachzeitschrift den Kontext der Expansion, Modernisierung und Demokratisierung des bundesdeutschen Bildungswesens auszuleuchten und Modelle emanzipatorischer Erziehung darin zu verorten, stellen die Jahrgänge 1968–1972 von *betrifft: erziehung* dar, in denen thematische Schwerpunkte und deren Verschiebungen nachgezeichnet werden. Das Abflauen der Bildungsreformeuphorie Mitte der 70er-Jahre, welches sich in der Auflösung des Deutschen Bildungsrates, in dem Auslaufen von Modellprojekten sowie anhand des Absinkens des öffentlichen Interesses an Erziehungs- und Bildungsfragen zeigt, rechtfertigt eine Konzentration auf die späten 60er- und frühen 70er-Jahre.

Von den Ausgaben im genannten Zeitraum wurde in erster Linie der auf weißem Hintergrund gedruckte Bereich *»beiträge«* ausgewertet, der mit Berichten, theoretischen Texten und Diskussionen sowie didaktischen Hilfen den wissenschaftlich abgesicherten Teil der Zeitschrift ausmacht. Von den auf gelbem Hintergrund erscheinenden, damit ihre Meinungsfärbung kennzeichnenden Rubriken wurde hauptsächlich die Rubrik *»b:e aktuell«* als weiterer thematischer Teil in die Analyse mit einbezogen.

Das Profil einer Zeitschrift: »Warum wir betrifft: erziehung machen«

In den ersten beiden Nullnummern von *betrifft: erziehung* vom 20. Oktober 1967 und 27. Januar 1968 klärt die Redaktion in eigener Sache auf, *»warum wir betrifft: erziehung machen«*, *»was«* darin *»wie gebracht«* wird und *»für wen«* das Blatt bestimmt sei. Das in dieser Absichtserklärung manifestierte Programm der überwiegend jungen, am Pädagogischen Zentrum Berlin sowie am Institut für Bildungsforschung der Max-Planck-Gesellschaft angesiedelten Autoren bringt die zeitgemäße Hoffnung, das Zusammenwirken von Bildungsforschung, Bildungsplanung und Bildungspolitik würde die anstehenden Reformen des Bildungswesens auf rationaler Grundlage in die Wege leiten, auf den Punkt. Die Redaktion verortet die Zeitschrift in diesem Dreiklang strategisch in der Rolle des Vermittlers zwischen Wissenschaft und Praxis: Der Weg und das Ziel seien, den in pädagogischen Handlungsfeldern Tätigen, vorwiegend Lehrern, Lehramtsstudierenden, an der Lehrerausbildung Beteiligten und Jugendarbeitern, die *»Ergebnisse alle(r) für die Erforschung der Erziehung relevanten Disziplinen«* lesbar und praxisrelevant aufbereitet nahezubringen. Flankiert wird das Programm, anhand der Dissemination wissenschaftlicher Erkenntnisse Reformen im Bildungswesen voranzutreiben, von der Absicht, die zunehmend beanspruchten pädagogischen Berufsrollenträger in zweifacher Hinsicht zu entlasten: direkt mit der Bereitstellung von Unterrichtshilfen, indirekt mit der Aufdeckung von *»organisatorischen Mängeln der Erziehungsinstitutionen«* (b:e 0/1967 und 0/1968).

Ein demokratisches Forum für pädagogische Denkanstöße

Das erklärte Ziel der Fruchtbarmachung wissenschaftlicher Erkenntnisse aus Soziologie, Sozialpsychologie, Psychologie, Bildungsökonomie und Erziehungswissenschaft für die pädagogische Praxis beschränkt sich jedoch nicht auf die Dissemination von Expertenwissen aus der neu etablierten Bildungsforschung. Als Vermittler zwischen Theorie und Praxis will die Zeitschrift eben auch der Praxis eine Stimme verleihen.

Den Lesern von *betrifft: erziehung*, nach einer von der Redaktion selbst unternommenen Leserumfrage im Jahre 1968 (b:e 4/1968, S. 11ff.) weit überwiegend männlich (85 %), evangelisch (51 %), mit einem Durchschnittsalter von 33 Jahren hauptsächlich den Berufsgruppen des Haupt- und Realschullehrers (45 %) zugehörig, gefolgt von Schulleitern (13 %), Referendaren und Gymnasiallehrern (10 %), Assistenten und Dozenten (6 %), weiterer erziehungsnaher Berufe sowie Studenten (19 %), wird in der Zeitschrift auch außerhalb der Rubrik Leserbriefe viel Raum gegeben zu erzählen, »*Wo der Schuh drückt*« (bspw. b:e 1/1969, S. 4; b:e 7/1970, S. 37f).

Betrachtet man die Autoren der wissenschaftlichen Beiträge, die am Kopf jedes Artikels mit Bild und aktueller beruflicher Tätigkeit vorgestellt werden, zeigen sich ein breites Spektrum theoretischer Hintergründe und eine auffallende Mischung von sehr jungen Wissenschaftlern, überwiegend Mitarbeitern an Pädagogischen Hochschulen und Bildungsforschungsinstituten, mit renommierten Vertretern der internationalen Pädagogik. Während diese Durchmischung etablierter und junger Wissenschaftler auf einen Generationenwechsel und das Selbstbewusstsein des wissenschaftlichen Nachwuchses verweist, gibt das Kaleidoskop unterschiedlicher Denkschulen von Entschulungskonzepten eines Ivan Illich bis zu Lernzieltaxonomien eines Benjamin S. Bloom, von der Curriculumrevision nach Saul B. Robinsohn über die Darstellung der psychoanalytischen Pädagogik von Günther Bittner bis zur Kritik der kompensatorischen Erziehung durch Basil Bernstein Hinweise auf den Anschluss an internationale Erziehungs- und Bildungsdiskurse und damit auf einen diskursgeschichtlichen Bruch in der bundesdeutschen Pädagogik. Die Platzierung von bildungspolitischen Protagonisten, die in jedem Heft zu Wort kommen, neben Ulrike Meinhofs Vorbemerkungen zu dem abgesetzten Fernsehfilm »Bambule« (b:e 5/1971, S. 16 f.), zeugt nicht nur von dem Mut zur Provokation von *betrifft: erziehung*, sondern bildet gleichsam das Bemühen ab, eine in Bewegung geratene Pädagogik einzufangen.

Thematische Schwerpunkte im Kontext

1. Chancengleichheit

Der Chefredakteur Horst Speichert eröffnet die erste Ausgabe von *betrifft: erziehung* vom 20. Oktober 1967 mit der Überschrift: »*Sackgasse Hauptschule – Durchfahrt jetzt möglich*«. Der Kurzbeitrag berichtet über die unter dem Berliner Schulsenator Carl-

Heinz Evers eröffnete Möglichkeit für leistungsstarke Hauptschulabsolventen, über die Erteilung einer Zusatzbescheinigung den Anschluss an weiterführende Bildungsgänge zu finden. Eine kleine Verwaltungsvorschrift im Lichte großer gesellschaftspolitischer Erwartungen.

Das Postulat sozialer Chancengleichheit kam bereits Anfang der Sechzigerjahre auf die Tagesordnung bildungspolitischer Diskurse und fand in dem Titel »Bildung ist Bürgerrecht« (1965) von Ralf Dahrendorf seinen bündigen Titel. Die Formel brachte die sozialpolitische Dimension einer Modernisierung des Bildungswesens zur Sprache in Abgrenzung zu rein ökonomisch ausgerichteten Forderungen an das Bildungssystem, keine Begabungsreserven verkümmern zu lassen. Die Bundesrepublik Deutschland erwies sich im Ländervergleich als Nachzügler unter den Industrienationen, mit beschleunigter Expansion höherer Bildungsgänge auf die durch sozioökonomische und technologische Transformationen gewandelte Nachfrage des Arbeitsmarktes zu reagieren. Das selektive, vertikal gegliederte Schulsystem der Bundesrepublik mit seiner Funktion der Festschreibung sozialer Positionen geriet ab der Mitte der 60er-Jahre unter dem Druck internationaler Wettbewerbsfähigkeit der Wirtschaftssysteme von zwei Seiten unter Beschuss: Auf der einen Seite werden die Topoi der Durchlässigkeit und Verbesserung von Bildungschancen auf den Output des Schulsystems, auf der anderen Seite auf die Eröffnung individueller Lebenschancen bezogen.

Das Themenfeld der Chancengleichheit nimmt im bildungspolitischen Diskurs wie in der Zeitschrift *betrifft: erziehung* eine Schlüsselstellung ein. Die Auseinandersetzung wird in den Jahrgängen 1968 und 1969 stark um die Frage der Gesamtschule geführt, welche sich zu *dem* Schauplatz eines Kulturkampfes um 1968 entwickelte. Im Jahr 1969 finden sich gut 20 Artikel, die sich mit verschiedenen Schulformen und dem strukturellen Umbau zur Gesamtschule befassen. Die Frage der Gesamtschule bietet dabei Anlass, in internationaler Vergleichsperspektive *»Überlegungen zur Demokratisierung des Bildungswesens in der BRD«* anzustellen (b:e 1/1969) und sich mit den Schulsystemen anderer

Industrienationen, insbesondere der beiden Vorreiter in Sachen Schulreform USA und Schweden, auseinanderzusetzen. Den Schwerpunkt in der Darstellung der Gesamtschuldiskussion bildet die mehrteilige Dokumentation der im Herbst 1968 von *betrifft: erziehung* durchgeführten Gesamtschul-Expertenbefragung (b:e 10/1968; 1/1969; 3/1969; Auswertung in b:e 6 und 7/1969). Die Beiträge zielen jedoch nicht vornehmlich auf eine Polarisierung der grundsätzlichen Pros und Kontras, wenngleich diese in der Gegenüberstellung der Positionen der Gewerkschaft Erziehung und Wissenschaft (GEW) mit denjenigen der Gralshüter gymnasialer Bildung, des deutschen Philologenverbands, ebenso abgebildet wird (b:e 7/1968, S. 27f). Diese Entscheidung wird von der Redaktion nach eigener Auskunft »*im Hinblick auf größere Rationalität, Zukunftsträchtigkeit, demokratische Implikationen und Effizienz dieses modernen Schultyps*« als schon entschieden angesehen, (b:e 6/1969, S. 17), weshalb in der Folge vielmehr konkrete Umsetzungsfragen wie Wege innerer Differenzierung und Lehrplanrevision diskutiert werden.

Der Topos der Chancengleichheit beschränkt sich jedoch nicht auf die Thematisierung der Gesamtschulfrage, die, ab dem Jahrgang 1970 deutlich zurückgeschraubt, mit 2–3 Artikeln pro Jahr nicht mehr Raum einnimmt als architektonische Fragen des Schulbaus. Er stellt ebenso die Gelenkstelle zu einem weiteren Schwerpunktthema von *betrifft: erziehung* dar, welches stärker außerschulische pädagogische Handlungsfelder in den Blick nimmt: Fragen der schichtspezifischen Sozialisation bzw. der kompensatorischen Erziehung.

Den Anfang der nun folgenden durchgängigen Beschäftigung mit diesem Themenkomplex macht der Abdruck eines überarbeiteten Vortrags des Hamburger Erziehungswissenschaftlers Peter-Martin Roeder mit dem Titel »*Sprache, Sozialisation und Schulerfolg*« (b:e 6/1968, S. 14 f). Im Anschluss erscheint die dreiteilige Artikelserie »*Familienerziehung, Sozialschicht und Schulerfolg*« von Gustaf Grauer (b:e 7, 8 und 10/1968), die von Christine Holzkamp, Referentin am Pädagogischen Zentrum Berlin, in zwei weiteren Beiträgen zur »*Entwicklung der kognitiven Fähigkei-*

ten« (b:e 2 u. 3/1968; Artikelserie auch erschienen in der von der Redaktion herausgegebenen Sonderreihe »*b:e tabu: Familienerziehung, Sozialschicht, Schulerfolg*«, 1971) fortgeführt wird. Im Jahrgang 1970 verlagert sich die Thematik schichtspezifischer Sozialisation dann auf die Frage nach dem kompensatorischen Auftrag der Vorschulerziehung, wie im Heft 9/1970 in den Beiträgen von Basil Bernstein, Londoner Professor für die Soziologie der Erziehung (»*Der Unfug mit der kompensatorischen Erziehung*«) und Martin Deutsch, Professor für Psychiatrie in New York (»*Entwicklungsförderung bei Vorschulkindern*«). Eine lobende Darstellung der amerikanischen kompensatorischen Fernseh-Sendereihe »Sesame Street« von Gert Iben sowie eine Abrechnung mit den Herrschaftsansprüchen kompensatorischer Erziehungsprogramme von Donata Elschenbroich im Heft 2 des Jahres 1971 (»*Von der ›Dummheit‹, die mit der kompensatorischen Erziehung kuriert werden soll*«) schließen die intensive Beschäftigung mit der Fragestellung in den untersuchten Jahrgängen ab.

Wie sehr das Anliegen der Chancengleichheit gewissermaßen den inhaltlichen Kern und Motor des publizistischen Wirkens der Macher von *betrifft: erziehung* darstellte, demonstrierte der Chefredakteur Horst Speichert in seiner Dankesrede, die er anlässlich der Auszeichnung der Redaktion von *betrifft: erziehung* mit dem »Pfaffpreis für Bildungsinitiativen« im Jahre 1971 hielt. Horst Speichert formuliert bescheiden, dass die Entstehung der Zeitschrift (»*Da waren ein paar junge Leute, die hatten die Chance, zu machen, was sie für nötig hielten*«) wie auch die Verleihung des Preises selbst nur als das Ergebnis von Privilegien zu deuten sei (»*Wer hat, dem wird gegeben*«). Lediglich die in der Auszeichnung zum Ausdruck kommende Würdigung des Engagements der Redaktion, »*dieses System zu ändern, das aus arm wieder arm und aus reich wieder reich macht*«, könne er dankbar annehmen (b:e 8/1971, S. 43). Die Umgestaltung, Modernisierung und Demokratisierung des Bildungswesens, zu diesem Zeitpunkt der Hochkonjunktur der Bildungsreform aus verschiedenen Richtungen gefordert, erfährt nach der Aussage des Chefredakteurs ihren Sinn nur in dem Bemühen, das Bildungswesen so umzugestalten, dass keinem Kind die ihm entsprechenden Bildungschancen verwehrt werden. Das Durchbrechen der Mechanik der Reproduktion sozialer Ungleichheit durch das Bildungswesen, einstmals Kern sozialpolitisch motivierten bildungsreformerischen Engagements, ist bekanntermaßen bis heute nicht gelungen.

2. Weitere thematische Schwerpunkte und Themenbiographien

Der Blick über den Tellerrand in der eigenen Rubrik »*b:e aktuell: Ausland*« folgt den jeweiligen Schwerpunktthemen der einzelnen Jahrgänge. So dominiert die Frage der Gesamtschule in den Jahren 1968/1969 den Blick auf ausländische Bildungssysteme, wobei Schweden und den USA, gefolgt von England und Österreich, die größte Aufmerksamkeit zuteil wird. Ab dem Jahrgang 1971 wird dagegen stärker die Vorschulerziehung ebenjener Länder dargestellt, welche sich ab Mitte der 70er-Jahre einen festen Platz in der Zeitschrift gesichert hat (bspw. Titelthema b:e 9/1970; »*b:e tabu: Wider die falsche Vorschulerziehung*«, 1973). Des Weiteren finden wir Themenfelder, die sich sowohl im Ländervergleich als auch im wissenschaftlichen und aktuellen Teil der Zeitschrift über den untersuchten Zeitraum hinweg konstant halten. So lesen wir im Schlagwortregister des Jahres 1971 unter dem Stichwort »*Schweden*« die folgenden Unterpunkte: »*Lehrer / Lehrerstreik / Leistungsmessung / Pädagogische Forschung / Rauschmittel / Schülerstreik / Schulbau / Schulspeisung / Sexualerziehung / Soziale Mobilität / Vorschulerziehung / Werkunterricht / Zeugnis*«. In nicht ganz freier Assoziation lässt sich diese lose Reihung – wo nötig – in die folgenden thematischen Blöcke übersetzen, die das inhaltliche Spektrum der Zeitschrift umreißen: Die Berufsrolle des Lehrers, Beamtenrecht und Lehrergewerkschaft, Leistungsbewertung, Institutionen und Ergebnisse der Bildungsforschung, Jugendarbeit, Schülermitbestimmung, Chancengleichheit, Unterrichtsinhalte und -methoden.

Unterscheidet man die Konjunkturen der einzelnen Themenfelder grob nach Aufsteigern, Behauptern und Verlierern, so halten sich beispielsweise Themen wie Schulbau, Schulrecht, Jugendarbeit, Bildungsforschung und KMK-Empfehlungen konstant auf mittlerem Niveau. Als auffälligster Verlierer erweist sich die Beschäftigung mit Unterrichtsmaterial, -inhalten und -methoden, welche laut dem angekündigten Versprechen der Unterrichtshilfe den weit überwiegenden Teil der Jahrgänge 1968 und 1969 ausmacht und in den Folgejahren deutlich einbricht. Fragen der Fachdidaktik und der Lernziele werden gegenüber den ersten beiden Jahrgängen ab 1970 deutlich vernachlässigt, was lediglich durch vermehrte lehr- und lernpsychologische Einlassungen sowie die Vorstellung neuartiger Möglichkeiten des Medieneinsatzes im Unterricht von 1969 an folgend schwach kompensiert wird. Die ausgeprägte Konjunktur des Themas Sexualpädagogik im Jahre 1968 rankt sich um die damaligen KMK-Empfehlungen und flacht in den Folgejahren auf einen mittleren Aufmerksamkeitsgrad ab. Die Auseinandersetzung mit Aufklärungsprogrammen, frühkindlicher Sexualität und dem Sexualwissen Jugendlicher erfolgt dabei im Ton der kalkulierten Tabuverletzung (bspw. die Überschrift: »*Hilft befreiter Sex gegen Ausbeutung?*«, b:e 8/1971, S. 46). Als deutlichster Gewinner unter den Themen zeichnet sich von dem Jahre 1970 an die Frage der Lehrerbildung ab, welche im Jahre 1971 mit über 20 Beiträgen vor allem an dem Beispiel der umstrittenen Lehrerbildungskonzeption der Universität Bremen ihren Höhepunkt erreicht (Titelthema b:e 7/1971). Die Auseinandersetzung mit Curriculumdiskussionen erweist sich durchgängig als stabiler Themenbehaupter. Sie beginnt früh mit einem Interview des Professors vom Max-Planck-Institut für Bildungsforschung Saul B. Robinsohn im Heft 6/1968 und wird an den Beispielen der Curriculumentwicklung in Schweden (b:e 3/1968), in der UdSSR (b:e: 10/1970) und den USA (b:e 1/1971) differenziert in internationaler Perspektive ausgebreitet. Mit einem »*Taschenbuch mittleren Umfangs*« gibt die Berliner Curriculumforscherin Doris Knab im Heft 2, 1971 eine gründliche Bestandsaufnahme von »*Ansätze(n) zur Curriculumreform in der BRD*« (Titel b:e 2/1971). In der Folge verstrickt sich die Berichterstattung jedoch im bildungspolitischen Kleinkrieg, bis die Thematik am Beispiel des Scheiterns der hessischen Rahmenrichtlinien nochmals zu diesmal trauriger Berühmtheit gelangt (v. A. b:e 5/1972; »*b:e tabu: Curriculumdiskussionen*«, 1974).

3. Die antiautoritäre Erziehungsbewegung im Spiegel von betrifft: erziehung

Ein letzter, in den bisherigen Ausführungen nicht genannter Themenkomplex, der durchgängig in verschiedene Rubriken Eingang findet, ist die Vorstellung alternativer Schul- und Erziehungsformen.

Neben der punktuellen Vorstellung Freier Schulen und progressiver Lehrerbündnisse hebt sich ab dem Jahre 1969 die Beschäftigung mit der antiautoritären Erziehungsbewegung in Gestalt der Berliner Kinderladenbewegung hervor. Entgegen den Gepflogenheiten der »bürgerlichen« Medienanstalten, reißerisch oder diffamierend über frühe antiautoritäre Gehversuche herzufallen, erhalten Akteure der Kinderladenbewegung in *betrifft: erziehung* die Gelegenheit, ihr Anliegen selbst zu artikulieren. Hervorstechende Beispiele sind die Einleitung einer vom »Zentralrat der sozialistischen Kinderläden West-Berlin« herausgegebenen Broschüre mit drei Aufsätzen von Wera Schmidt (b:e 4/1969, S. 30f) sowie der berühmte Vortrag von Reinhart Wolff, Kinderladengründer und Mitbegründer des Zentralrats, gehalten auf dem 4. Deutschen Jugendhilfetag in Nürnberg: »*Erziehung ohne Zwang?*« (b:e 9/1970, S. 34 f). Neben programmatischen Abhandlungen wurden ebenso die pragmatische Anleitung zur Kinderladenarbeit von der Gruppe Suarezstraße, Berlin, aufgenommen (»*So wird's gemacht*«, ebd.), wie auch regelmäßige Berichte über rechtliche Konflikte einzelner Initiativen mit den Behörden (bspw. b:e 7/1971, S. 14), die wertvolle Hinweise und Präzedenzfälle für die Praxis liefern und auf engen Kontakt der Redaktion mit einzelnen Eltern-Kinder-Gruppen hinweist.

Dass es für solcherlei Informationen einen wachsenden Kreis dankbarer Abnehmer in den Kreisen der antiautoritären Erziehungsbewegung gab, dafür spricht die massive Usurpation der Rubrik »*b:e Kontakt*« durch antiautoritäre Erziehungsinitiativen. So werden im Jahrgang 1973 neben allerlei Forschungsmaterial, Erfahrungsberichten und auch Büchern in dieser kostenlosen Börse vor allem Kindergärtnerinnen für Kinderläden im gesamten Bundesgebiet gesucht. Als Eignungsvoraussetzungen der gewünschten Fachkräfte werden zumeist die Merkmale »*engagiert*«, »*progressiv*«, »*kritisch*« »*und an Zusammenarbeit mit Eltern interessiert*« genannt.

Insofern erweist sich *betrifft: erziehung* streckenweise als Verbündete der antiautoritären Erziehungsbewegung, als die Zeitschrift neben der Bereitstellung einer Kontaktbörse Diffamierungskampagnen korrigiert (bspw. in der Analyse der Kampagne gegen den Schülerladen »Rote Freiheit« von Fritz Haug, b:e 2/1971) und der Bewegung auch nicht die konstruktive Kritik verwehrt (bspw. die Rezensionen der Bücher: Autorenkollektiv: Berliner Kinderläden – Antiautoritäre Erziehung und sozialistischer Kampf, Köln 1970: pocket 17, in: b:e 8/1971, S. 45 sowie: Kommune 2: Versuch der Revolutionierung des bürgerlichen Individuums, Berlin 1969: Oberbaumpresse, in: b:e 9/1970, S. 44).

Insgesamt stellen alternative Erziehungsexperimente, entsprechend den realen Verhältnissen der bundesrepublikanischen Erziehungswirklichkeit, in der Zeitschrift jedoch eine Randerscheinung dar. Die Beschäftigung mit alternativen Modellen emanzipatorischer Erziehung dient vornehmlich der Zuspitzung der Kritik bestehender Missstände im Bildungssystem, sie werden im Sinne ihres Anregungscharakters für das »Regelsystem« gewürdigt. Die Utopie einer emanzipatorischen Erziehung bleibt »systemimmanent«, wenngleich die starke Rezeption der Entschulungsbewegung und der Befreiungsbewegungen der Dritten Welt (bspw. Titel: »*Beiträge zur Entkolonialisierung des Lernens*«, b:e 6/1974) in den Jahrgängen 1972–1974 eine Verschiebung in Richtung radikaler Institutionen- und Gesellschaftskritik anzeigt.

Die Studentenbewegung als Kind der Bildungsreform?

Wagt man eine Bilanz der Bildungsreform in der BRD, so spielt sich der sichtbarste Effekt, die Expansion höherer Bildungsgänge zu Lasten des Hauptschulzweiges, auf der quantitativen Ebene ab. Das Anwachsen des Schul- und Hochschulsystems in den 60er- und 70er-Jahren brachte einen großen Bedarf an Lehrern hervor, welche ebenso die qualitativen Veränderungen der Schule mitzutragen und zu gestalten willens und fähig waren. Die wesentlichen Bereiche der qualitativen Veränderungsprozesse wurden in der Rekonstruktion der thematischen Schwerpunkte von *betrifft: erziehung* vorgestellt. Curriculumreform, die Variation von Lernarrangements, beteiligungsorientierter Unterricht, die Enthierarchisierung von Lehrer-Schüler-Beziehungen, wissenschaftsorientiertes Lehren und Lernen sind die Stichworte aus der pädagogischen Praxis. Die wichtigsten Mittel zur Initiierung der genannten Veränderungsprozesse stellen die Umgestaltung der Lehrerausbildung, die Rationalisierung des politischen, rechtlichen und administrativen Rahmens, die Eröffnung von Räumen für Schulversuche, der vergleichende Blick auf ausländische Bildungssysteme und die empirische Erforschung von Lehr- und Lernprozessen dar. In diesem Prozess wachsen die bildungs- und sozialwissenschaftlichen Fakultäten an bzw. differenzieren sich aus, die – teilweise – zum Ausgangspunkt der antiautoritären Erziehungsbewegung wurden.

Die westdeutsche Bildungsreform bringt jedoch nicht nur personell die Studentenbewegung mit hervor und eröffnet dieser den Weg in verschiedene pädagogische Handlungsfelder, sondern bietet ebenso die Formulierungschance für antiautoritäre Erziehungskonzepte.

Bringt man die Frage, wie »68 die Pädagogik bewegte«, auf den harmonisierenden Nenner, wie sich die Pädagogik in den Jahren um 1968 in westdeutschen Landen beschreiben ließe, so kennzeichnet diese ein alle Arbeitsfelder und theoretischen Differenzen übergreifendes Merkmal: Pädagogik ist *populär.* Fragen nach Erziehung und Bildung sind Massenthemen. Das Interesse an Pädagogik um 1968 bringt neue Buchreihen, Zeitschriften und Verlage hervor, trägt pädagogische Diskussionen in die Massenmedien und Wahlkampfprogramme und legt dem alltäglichen Geschäft der Erziehungs- und Bildungsarbeit eine gestiegene Bedeutung bei. Der diskursive Erfolg antiautoritärer Erziehungskonzepte in den Jahren um 1968 ist ein Symptom dieser erhöhten Aufmerksamkeit, und man greift zu kurz, diese die etablierte Pädagogik herausfordernden Ansätze als Ursache für die Ausweitung pädagogischer Diskurse anzunehmen.

Vielmehr bot der allgegenwärtige Wille zur Reform die Möglichkeit, gehört zu werden und sich mit antiautoritären oder anderen emanzipatorischen Erziehungsprojekten in den Lücken staatlicher Bildungspolitik wie den Feldern der Elementarpädagogik oder der Jugendarbeit einzubringen. Der Kontrast »APO versus Establishment«, wie er bis heute so gerne von Vertretern beider Lager gezeichnet wird, verschwimmt zumindest im Feld der Pädagogik um 1968 gründlich. In den Reformbestrebungen des westdeutschen Bildungssystems im Zeichen von Chancengleichheit, Durchlässigkeit und kompensatorischer Erziehung, von Wissenschaftsorientierung und Bildungsforschung laufen ab dem Ende der 60er-Jahre Bestrebungen zur Demokratisierung des Bildungssystems, Begründungen repressionsarmer Erziehung, Aspekte der Selbstorganisation von Lernprozessen und die Suche nach alternativen Modellen mit. An die Seite exhumierter Vorbilder der antiautoritären Erziehungsbewegung wie Wilhelm Reich oder Siegfried Bernfeld treten als lebendige Mentoren pädagogischer Aufbrüche um 1968 Figuren wie Hartmut von Hentig, der spätere Gründer der Laborschule Bielefeld, oder Hellmut Becker, der Hauptorganisator der Bildungsreform. Die Suche danach, »wie 68 die Pädagogik bewegte«, muss demnach auch in der umgekehrten Richtung erfolgen: »Wie die Pädagogik 68 bewegte«.

Olga Remisch

»Die Wirklichkeit der Kinder«. Eine Kontroverse um das Politische im Kinderbuch

Historisch-kritische Perspektive als verfremdender und erweiternder Blick auf Kinderliteratur

Wenn Kinderliteratur zum Gegenstand wissenschaftlicher Auseinandersetzung gemacht wird, sei es unter historisch-gesellschaftlichen, unter ästhetischen oder unter linguistischen Fragehorizonten, so kann eventuell Erklärungsbedarf in vielerlei Hinsicht entstehen. Die Frage könnte dann lauten: Wozu sich mit einer komplexen wissenschaftlichen Apparatur einem so einfachen Gegenstand nähern? Wird dieser den Mitteln gerecht? Oder andersherum: Werden die Mittel dem Gegenstand gerecht? Denn schließlich verkörpern Kinderbücher gerade in ihrer Zugänglichkeit und Nähe den Wert, der ihnen von Kindern und Erwachsenen beigemessen wird. Ist es da nicht fast geschmacklos, mit dem analytischen Blick der Wissenschaft an sie heranzutreten? Vielleicht. Ich denke jedoch, dass es sich damit ganz anders verhält.

Tatsächlich haben gegenseitige Berührungsängste eine lange Tradition hinter sich. Ein bestimmter Aspekt hat im Wesentlichen dazu beigetragen, dass Kinderliteratur als Gegenstand abstrahierender, systematisierender und historisch-kritischer Reflexion lange Zeit unattraktiv schien: Eine unerlässliche Kategorie kinderliterarischer Texte stellt ihre Einfachheit dar. Als Gebrauchsgegenstand und unter dem selbstverständlich postulierten Anspruch, dem intendierten Adressaten zugängig zu sein, ist sie als trivial zu erachten, und somit höchst uninteressant für komplexe Betrachtungen. Was sich leicht lesen lässt, lässt sich demnach auch leicht schreiben. Tendenziell könnte man sogar annehmen, der Autor habe sich beim Schreiben sowieso nichts gedacht. Was aber leicht wirkt, ist oftmals schwer entstanden. Wer schon mal den Versuch unternommen hat, ein Buch für Kinder zu schreiben, ohne dabei in Bedeutungslosigkeit, sprachstilistische Eindimensionalität und die Reproduktion kindertümelnder Klischees zu verfallen, hat die Erfahrung gemacht, dass die Kategorie der Einfachheit eine komplexe und mehrperspektivische Konstruktion darstellt. Und nicht nur das.

Oft fehlt der Blick für Differenzen sowohl auf inhaltlicher als auch auf gestalterischer Ebene. Auch dass diese historisch gewachsen sind, wird generell übersehen. Historische und gesellschaftliche Bedingungen stellen aber einen entscheidenden Bezugsrahmen für kinderliterarische Werke: Mal werden diese affirmativ übernommen, mal abgelehnt, meistens aber erzählerisch neu gestaltet. Somit sind auch Kinderbücher Zeugen ihrer Zeit und können aufschlussreiche Einblicke in gesellschaftliche Utopien und das vorherrschende Kindheitsbild ermöglichen.

Unter Bezugnahme auf eine historisch-vergleichende Dimension lassen sich pädagogische und literarästhetische Bestrebungen, archetypische Topoi, Tendenzen, Beeinflussungen und Abgrenzungen beobachten. So wird mit dem historisch-kritischen Blick der trivial anmutende, vertraute und geliebte Gegenstand Kinderbuch plötzlich zu etwas Fremdem, nicht Selbstverständlichem und weist dadurch eine spannende und vorher ungeahnte Komplexität auf. Selbst innerhalb kinderliterarischer Strömungen lassen sich Differenzen beobachten. Diesen soll im Folgenden im Kontext von Bestrebungen und Wirkungen der 68er-Bewegung nachgespürt werden.

Wie lassen sich die 68er-Bewegung und Veränderungen in der Kinderliteratur zusammen denken?

Aus heutiger Perspektive wirkt ein Einblick in die kinderliterarische Welt infolge der 68er-Bewegung teilweise befremdlich, teilweise irritierend oder auch zur ironischen Distanz nötigend. Erst vor dem Hintergrund der kulturellen Aufbrüche und der sich verändernden Strukturen und Erwartungshorizonte wird diese in ihren Dimensionen verständlich. Denn nicht nur auf dem allgemein politischen und gesellschaftlichen Feld, sondern auch in der Kinderliteratur war der Wunsch nach Veränderungen manifest. Trotz nicht von der Hand zu weisender Unterschiede in ästhetischen Präferenzen hat sich eine gemeinsame Stoßrichtung in ihrer Pragmatik abgezeichnet: Mal Wirklichkeit einklagend, mal die subversive Dynamik phantastischen Erzählens beschwörend, galt es auch auf dem Feld der Kinderliteratur, gesellschaftliche Veränderungen in Gang zu setzen.

Als Gemeinsamkeit suggerierendes Etikett verbreitete sich in der öffentlichen, pädagogischen Fragen nachgehenden Diskussion die Bezeichnung »antiautoritäres Kinderbuch«, selbstbezeichnend wurde auch von dem »anderen« Kinderbuch gesprochen. Auf welche Autoritäten dabei Bezug genommen werden sollte und in welchem Maße ablehnende Haltungen artikuliert wurden, stellt sich bei näherer Betrachtung aber als sehr different heraus. Das Präfix *anti* war einerseits mit der Zielrichtung einer Kritik am System verbunden: antikapitalistisch, antireligiös, antibürgerlich/repressiv. Es konnte sich aber auch darin äußern, dass kinderliterarische Traditionen abgelehnt wurden, weil sie der kindlichen Bewusstseinsbildung im Wege standen oder der Wirklichkeit der Kinder nicht nachzukommen schienen.

Vorangetrieben wurde die Veränderung aus zwei unterschiedlichen Stoßrichtungen: einerseits von konkreten Handlungsanlässen, andererseits von einer sich verändernden Literaturkritik. Beide wären ohne die Dynamik der kritischen Studentenbewegung nicht denkbar.

Anfänge kollektiver Schreibpraxen, ausgehend von der Kinderladenbewegung

Basaler und akuter Handlungsbedarf entstand zunächst aus der theoretischen und praktischen Arbeit in den Kinderläden. Ausgehend von den neu entwickelten pädagogischen Prämissen (siehe Baader und Sager in diesem Band), war es als eklatanter Widerspruch zu verzeichnen, die Geschichten von Hoffmanns Struwwelpeter und dem kastrierten Daumenlutscher in die Arbeit zu integrieren. Genauso wenig war es möglich, aus Sophie Reinheimers fleißigen Wichteln vorzulesen, ohne sich an dem Heilvolles verheißenden Arbeitsethos zu stoßen.

Die häufig noch studierenden Eltern interessierten sich vielmehr für die Verwirklichung repressionsfreier Sauberkeits- und Sexualerziehung als Gegenmodell zu dieser bürgerlichen leistungs- und konkurrenzorientierten Vereinnahmung. Diesbezüglich konnten sie aber nicht auf die Programme etablierter Verlage zurückgreifen und waren somit auf die Produktion eigener Versuche angewiesen.

Diese Problematik lässt sich gut an einem Beispiel veranschaulichen: 1964 wurde Leo Lionnis Bilderbuch »Swimmy« aus dem Amerikanischen ins Deutsche übersetzt und verbreitete sich in den Kinderzimmern. Inhaltlich stellt es eine Hommage an die Kraft der Solidarität dar: Swimmy, ein kleiner, schwarzer Fisch, muss die Erfahrung machen, dass alle seine roten Freunde verschlungen werden. Allein macht er sich auf den Weg und entdeckt wunderbare Welten, bis er auf eine neue Gruppe vieler roter Fische stößt, die sich im sicheren Felsschatten bedeckt halten, um nicht aufgefressen zu werden. Da kommt Swimmy eine Idee und auf seine Anweisung hin »bilden sie einen Schwarm in einer ganz bestimmten Form. Jedes Fischchen bekommt darin seinen Platz zugewiesen«. Nun können sie gemeinsam die Wunder des Meeres entdecken, denn sogar die Großen fürchten sich vor der starken Gruppe. Und so schwimmt diese »getarnt als Riesenfisch, immer noch glücklich durch das Meer, und Swimmy fühlt sich in seiner Rolle als wachsames Auge sehr, sehr wohl«.

Als sinnfällige Allegorie für solidarischen Zusammenhalt wurde das Bilderbuch in Rezensionen und Leserbriefen auch als geeignetes Material für die Arbeit in den Kinderläden empfohlen. Vielen war das aber noch nicht genug: dass die Kleinen zusammen stark sind, ist zwar positiv vermerkt worden; dass Swimmy als einziger schwarzer Fisch unter seinen roten Artgenossen »eine eindeutige Führerrolle einnimmt«, diese dabei blind seine Anweisungen befolgen und nicht aus eigener Kraft und Entscheidung handeln, wurde abgelehnt.

Passendere Modelle mussten her, um den Wert der Solidarität an das Kind heranzutragen. Die registrierten Mängel werden in der Parabel »Fünf Finger sind eine Faust« (Wengoborski, 1970) vermieden. Dort gebärdet sich zunächst jeder der roten Finger in Eitelkeit. »Der Mittelfinger sagt: Der Ringfinger ist eingebildet, der Zeigefinger will alles besser wissen und der kleine Finger und der Daumen sind sowieso doof. (...) Schade, dass ich keinen Freund hab, der genauso ist wie ich.« Nachdem sich die zerstrittenen roten von den grünen Fingern, die »immer unter einer Decke« stecken, einiges gefallen lassen mussten und »der kleine Finger [nun] halb tot auf der Straße« liegt, legen die Roten ihren eitlen Individualismus ab, »weinen und sagen: Warum haben wir ihm nicht geholfen? Wir sind alle soo eingebildet!« Daraufhin laufen sie zusammen und »Wumms! Klatschen die Grünen gegen eine Faust!«

Die Farbgebung fällt dabei nicht zufällig aus, denn nicht nur an ihr lassen sich politische Konnotationen festmachen. In den kommentierenden Illustrationen wird die Symbolik der starken roten Faust wirkmächtig. Was bleibt den grünen Staatshütern da anderes übrig, als »so schnell sie können«, auseinanderzurennen?

Wie auch schon an diesem exemplarischen Beispiel deutlich wird, äußerten die literarischen Akteure ein enormes Interesse an politischen Themen. Aus dem Profil der kollektiven Verlagsgründung »Basis« geht hervor, dass diese »von der Reich'schen These ausgingen, eine konsequent repressionsfreie Erziehung bringt die Kinder in Irrenanstalten oder Gefängnisse – wenn diese Erziehung unpolitisch ist«. Der Blick wurde also auf politische Zusammenhänge, die kapitalistische Gesellschaftsordnung und ihre sozialistische Alternative gerichtet. Und tatsächlich lässt sich retrospektiv beobachten, dass der thematische Fokus weniger darauf lag, neue kooperative Lebens- und Kommunikationsformen zwischen Eltern und Kindern erzählerisch zu initiieren. Auch ging es nicht, wie man vielleicht vermuten könnte, um die Stärkung des kindlichen Selbstbewusstseins in seiner es unmittelbar umgebenden und betreffenden Lebenswelt. Der Fokus in den antiautoritären Anfängen war fast ausschließlich auf die »Darstellung der Klassenstruktur der herrschenden Gesellschaft anhand ihrer Produktionsverhältnisse« gerichtet. So wurde im Kinderbuch mitunter der Klassenkampf auf den Spielplatz verlegt und dort von selbstbewussten Mädchen im Kollektiv gegen den machtbewussten und berechnenden Sohn des Fabrikbesitzers ausgetragen. Und das klassische Genre der Detektivgeschichten, in denen von kindlichen Helden Missstände und Verbrechen aufgedeckt werden, wie wir es von Enid Blyton kennen, fand nun im Arbeitermilieu statt. Hier ging es nun darum, herauszufinden, warum ein Arzt bei gleicher Anzahl von Arbeitsstunden sich eine größere Wohnung und das bessere Sofa leisten konnte als ein Fabrikarbeiter. Die abenteuerlichen Erkenntnisse wurden in Mark und Pfennig dokumentiert und in die Zeichnungen integriert.

Aus heutiger Perspektive, die durch historische Distanz und generationsbedingte Veränderungen geprägt ist, erscheinen diese Veröffentlichungen als zeithistorische, weniger als kinderliterarische Quellen interessant. Aus ihnen geht hervor, welche politischen Programme verfolgt wurden und welche theoretischen Traditionen Aktualität erfuhren: der selbstgefällige Kapitalist, welcher mit einer Melone bedeckt und Zigarre rauchend Geld zählt (Die Klassen, 1970); die kraftvoll geballte rote Faust oder der Lehrer als intellektueller Spießbürger treten immer wieder als Topos in Wort und Bild auf. Der junge Leser wurde dabei in seiner gedanklichen Ausrichtung von fast didaktisch aufgearbeiteten Erklärungen geleitet, so dass ästhetische Dimensionen stark vernachlässigt und zurückgedrängt waren. Insofern blieb wenig freier Raum für eine phantasievolle Begegnung mit den Texten. Gleichzeitig lassen sich immer wieder Verengungen auf ideologischen Gehalt und immanent konstruierte Feindbilder beobachten, die der gesellschaftlichen Wirklichkeit nicht mehr gerecht wurden.

An dieser Stelle soll nicht der Eindruck entstehen, dass die in Kinderläden betreuten Kinder ausschließlich mit Aufklärungsversuchen über die kapitalistische Gesellschaftsordnung versorgt wurden. In einzelnen Beispielen werden Kinder in Reim und Bild mit antiautoritärem Gestus (im engen Sinne) und ohne tendenziöse Reproduktion von Feindbildern zum aktiven und gestalterischen Spiel mit Sprache und Tanz animiert. Horst Rudolphs und Rainer Stahls »Oma singt im Treppenhaus« (Berlin: Basis Verlag, Reihe Kiebitz, 2. Auflage 1977) ist dafür ein anschauliches Beispiel: Reimend wird ein Kontrast zwischen einer agilen, erfrischend unkonventionellen Oma und einer ihr entgegenstehenden, herkömmlichen Welt hergestellt. Sie tanzt auf Tisch und Bänken, verqualmt singend die Straßenbahn, zieht Opas Hosen an, um dann in der Geisterbahn die Gespenster zu erschrecken, und legt dem Nachbarn einen Haufen vor die Tür, weil dieser seine Kinder prügelt. Am Ende wird das Kind aufgefordert, selber weiterzudichten! Gesellschaftliche Anspielungen darauf, wie es in Zukunft nicht mehr sein soll, werden dabei zwar evident, anhand befreiender und tendenzloser Elemente der Komik steht aber nicht mehr der Angriff auf das Falsche, sondern das lachende Kind im Fokus:

Zur Oma brüllt vom Kanapee
Der Opa: »Wo bleibt mein Kaffee?«
Die Oma kratzt sich an den Socken:
»Ich hätte gerne Schillerlocken.«

Des Weiteren ist die besondere Herangehensweise an den Produktionsprozess zu nennen. So war man zum Beispiel im Basis Verlag darum bemüht, Kritik und Ergänzungen der Leser, insbesondere der Kinder, in die Weiterentwicklung der Arbeit einfließen zu lassen. Immer wieder wurde auch im Vorwort darauf verwiesen, dass das Buch nicht auf einen einzigen Autor zurückgeführt werden könne. Vielmehr sei es das Ergebnis eines langen redaktionellen Prozesses, an dem ein ganzes Kollektiv beteiligt gewesen sei. Sowohl der Autor als alleiniger Ideenträger als auch der Entstehungsprozess wurden somit entmythologisiert und in einen kollektiven Arbeitsprozess gestellt, der wiederum auch den kindlichen Leser als kritische Instanz integrieren sollte.

Zusammenfassend lässt sich festhalten, dass von diesen neuen kinderliterarischen Produktionen nicht zu vernachlässigende Impulse für Veränderungen in der kinderliterarischen Landschaft ausgingen. Aufgrund ihrer provozierenden Sprache, der programmatischen Aufkündigung und Vernachlässigung bestimmter kinderliterarischer Traditionen erfuhren entsprechende Kinderbücher breite Aufmerksamkeit und trugen wesentlich zur Schärfe der Diskussion bei. Von der neuen Linken wurden sie begrüßt und in Umlauf gebracht, aus traditioneller Richtung hingegen empört abgelehnt oder auch mal mit einer ironischen Distanz kokett belächelt (Wippersberg: *Die heile Welt des fröhlichen Klassenkampfs*, 1971). Sie zu ignorieren war jedoch unmöglich, so dass von der Rezeption und Diskussion eine entsprechende Motorwirkung ausging. Die Öffentlichkeit wurde für einen bewussteren Umgang mit den Büchern in häuslichen Kinderzimmern sensibilisiert und sah sich aufgefordert, vorhandene Normmaßstäbe zu überdenken. Selten kam es aber zu einer zweiten Auflage.

Die Kultur des Widerspruchs findet Eingang in die Theoriebildung

Ein weiterer Impuls in die Richtung des neuen Kinderbuchs ging ebenfalls von den Universitäten aus: Der kritische Gestus, die Kultur des Widerspruchs fanden Einzug in die Literaturkritik. An den Hochschulen bildete sich ein Theorieverständnis heraus, anhand dessen Prämissen Kinderliteratur auf ihren ideologischen Gehalt geprüft werden sollte. Das neue theoretische Konzept maß sich dabei noch nicht an einem sich vollziehenden Wandel innerhalb der Kinderliteratur, sondern daran, welche politisch-gesellschaftlichen Bezüge es an etabliertem kinderliterarischem Gut zu entlarven vermochte.

Die Befunde sind mal mehr, mal weniger überraschend, vermögen aber den kritischen Blick auf das, was man den Kindern zumutet oder zu oft verwehrt, zu schärfen. So wurde zum Beispiel

»Die Biene Maja und ihre Abenteuer« (Waldemar Bonsels, 1917) auf ihren ideologischen Gehalt untersucht, woraufhin dem Werk die Thematisierung von kollektivistischer Arbeit als erste patriotische Tugend attestiert werden konnte:

> »Die erste Regel, die eine junge Biene sich merken muss«, sagte Kassandra und seufzte, »ist, dass jede in allem, was sie denkt und tut, den anderen gleichen und an das Wohlergehen aller denken muss. Es ist bei der Staatsordnung, die wir seit undenkbar langer Zeit als die richtige erkannt haben und die sich auch aufs beste bewährt hat, die einzige Grundlage für das Wohl des Staates.«

Und nicht nur das. Nachdem die kleine Heldin von ihrer abenteuerlichen, aber für das arbeitsame Volk der Bienen unangemessenen Flucht vor der Arbeit zur Heimat zurückkehrt, fällt sie reumütig der geliebten Königin vor die Füße und beteuert, dass sie im Kampf gegen das Volk der Hornissen für sie, für ihre verehrte Königin sterben möchte. Der politisch-gesellschaftliche Gehalt im Kontext der Entstehungszeit im Kaiserreich wird hier evident. Im ideologiekritischen Verfahren wurden genau solche Nuancen aufgedeckt und für Gegenentwürfe fruchtbar gemacht.

Die Zielrichtung war dabei tendenziell durch die Negation des vorhandenen Materials vorgegeben. So räumte man Astrid Lindgrens erster Veröffentlichung »Pippi Langstrumpf« (in Deutschland 1949) zwar ein, dass sie »in der Entwicklung des Kinderbuchs eine aufklärerische Revolte« markiere. Ausweitend auf ihr bis dahin vorliegendes Gesamtwerk wurde aber vermerkt, dass die eindimensionale Wahl der literarischen Orte und die immanente Idealisierung des ländlichen Lebens Kindheit domestiziere und als Hort des idyllischen, glücklichen Lebens von den Erwachsenen isoliere (was hier als Vorwurf formuliert war, machte Astrid Lindgren zu ihrem literarischen Programm). Dem politisch ambitionierten Denken war es zu wenig, »im biederen, unpolitischen Bereich der schwedischen Kleinstadt der Vierzigerjahre« (Gmelin, 1972) zu verbleiben.

Einen besonderen Schwerpunkt der kritischen Auseinandersetzung nahm dabei das zeitlich vorangegangene Kinderliteraturkonzept des »guten Jugendbuchs« ein. Um zu verstehen, wie sich das Gegenkonzept des neuen Literaturverständnisses inhaltlich und programmatisch konstituierte, muss daher kurz skizziert werden, an welcher Tradition es sich abzuarbeiten galt. Dabei ist zu beachten, dass auch schon die Kinderliteraturtheorie des »guten Jugendbuchs« sich als Gegenströmung zu einem traditionellen Literaturkonzept verstand. Es galt sich in den 50er-Jahren und zu Beginn der 60er-Jahre von dem Postulat zu verabschieden, dass Kinderliteratur der Erziehung und Sozialisation des Kindes verpflichtet sei. Diese Veränderungen werden in der Rhetorik seiner Kritiker nicht honoriert, sondern – im Gegenteil – selbst wiederum scharfer Kritik unterzogen, da die zentrale Frage im Erziehungsverständnis der Studentenbewegung lautete: Wie sollen unsere Kinder sein, damit unsere gesellschaftlichen Utopien Wirklichkeit werden? Somit wird im Folgenden der theoretische Ansatz nicht seinem Selbstverständnis folgend unter dem Aspekt der Modernisierung vorgestellt, sondern vielmehr kurz aus der Perspektive der Reaktionen im Kontext der 68er-Bewegung skizziert.

Das »gute Jugendbuch« als Feindbild und Kristallisationspunkt eines sich verändernden Literaturverständnisses

Ausgehend von Erkenntnissen der Entwicklungspsychologie, hat man in den 50er- und 60er-Jahren Kindheit als eine autonome Phase des Lebens geschätzt, die eigenen Gesetzen folgt. Kindheit und somit auch Kinderliteratur wurden damit als separater Schonraum inszeniert, den es vor den Einflüssen der Moderne und der verstörenden, belastenden Wirklichkeit der Erwachsenen zu unterscheiden und zu schützen galt. Dementsprechend wurden in der Theorie des »guten Jugendbuchs« Form und Stoffe kinderliterarischen Erzählens am kindlichen Kosmos ausgerichtet: Das, was das Kind unmittelbar betrifft und Teil seiner eigenen Perspektive ist, bildete den thematischen Korpus. Auch den ästhetischen Rahmen galt es nicht an künstlerischen Darstellungsformen der Literatur, sondern am sprachlichen Fassungsvermögen des Lesers zu messen, wobei auf Stufenmodelle der Sprachentwicklung zurückgegriffen werden konnte.

Weil Kindgemäßheit aber das oberste Prinzip und damit den vorgegebenen Rahmen für Gestaltungsmöglichkeiten darstellte, war einem weiten Feld an Themen der Eingang in das gute Jugendbuch verwehrt. Ausrangiert und tabuisiert, weil nicht direkt verständlich und damit angeblich nicht kindgemäß, wurde das Erzählen von der Konfliktträchtigkeit zwischenmenschlicher Beziehungen, vom Tod, von der uneinsichtigen Arbeitswelt oder von gesellschaftlichen Zusammenhängen im Ganzen. Phantastische Erzählungen hingegen galten als der Lebensphase des Kindseins zugehörig und hatten Hochkonjunktur.

Aus dieser kurzen Darstellung wird ersichtlich, dass die Zielsetzungen des »guten Jugendbuchs« sich nicht an Kategorien allgemeiner Literaturkritik messen wollten: Für Kinder schreiben hieß anders schreiben, da Kindheit und ihre Bücher eine eigene Sphäre der »heilen Welt« bildeten. Diese Haltung wurde – vom oppositionellen Gestus der nachfolgenden Literaturkritik – abgelehnt und als domestizierend und restaurativ bewertet:

> Zum Teufel mit dem guten Jugendbuch. Wir wehren uns dagegen, dass der junge Mensch prinzipiell literarisch anders »verköstigt« werden soll als der Erwachsene; dass man die Welt für das Kind verzerrt, verniedlicht und verkitscht; dass vorbereitende Hinweise auf die Welt von morgen fehlen, in der es leben und Entscheidungen treffen soll. (…) Konsequenz: die Zäune einreißen, die die Erwachsenen wie Laufgitter um die Kinderzimmer gebaut haben, aus Angst vor ihrer eigenen Wirklichkeit, gottgefällig mit Spyris ungenießbaren Figuren [Heidi]. Lesend lernen!

Kinderbücher wurden als heimliche Erzieher enttarnt, welche, indem sie »nur spannend oder lustig oder bunt sein wollen, zugleich eine bestimmte Welt-Anschauung vermitteln (...). Sie knüpfen an tatsächliche Bedürfnisse der Kinder an – um sie tatsächlich zu unterdrücken« (Richter/Vogt, 1974). Als Generalnenner der Kritik fand die Kategorie der »heilen Welt« Einzug in die Diskussion. Darunter fielen die harmonische Darstellung familiären Lebens, in der Interessenkonflikte keinen Platz haben, und die Begrenzung auf einen überschaubaren Themenkomplex, in dem die unmittelbare Umgebung des Kindes in wohlgeordneter und idealisierter Manier als gesichert dargeboten wird. Dass diese Kategorie der heilen Welt das Kind unterdrückt und somit zur heimlichen Erziehung beiträgt, wurde damit begründet, dass ihr das Prinzip der Verschleierung inhärent ist: Die tatsächlich existierende Welt wird in der idealisierten Darstellung verhüllt, was wiederum beim Lesen falsches Bewusstsein produziert und blind für die Wirklichkeit macht.

Diese Befunde setzte man einer vehementen Kritik aus. Doch bekannterweise muss sich jegliche Kritik irgendwann auch an ihrem Gegenentwurf messen, um ihre Kategorien zu behaupten. Wie kann aber ein tragfähiges Gegenmodell aussehen? Und wie hat es sich tatsächlich in der kinderliterarischen Wirklichkeit konstituiert? Im Folgenden versuche ich das zu zeigen, wobei die Entwicklung in all ihren Dimensionen hier nicht eingefangen werden kann. Deswegen sei vorweggenommen, dass die Darstellung sich auf eine richtungsweisende Rede konzentriert, anhand derer die Programmatik deutlich wird, und nur ein kleiner Korpus für die damalige Diskussion zentraler Texte vorgestellt wird. Die kinderliterarische Landschaft an sich sah noch mal anders, weitaus differenter aus.

Der Gegenentwurf: der sozialkritische Realismus

Eine Reaktion im oppositionellen Gestus konnte nur die Aufkündigung der »heilen Welt« als Kategorie im Kinderbuch fordern. Das neue Kinderbuch musste anders sein: ehrlich, direkt, sich nach der Wirklichkeit richtend, ohne diese in einem nächsten

Schritt zu kompensieren. Es musste der sozialen Realität gerecht werden und das Kind auf diese stoßen, ihm diese in allen Fassetten vor Augen führen. Es sollte dem Kind die Welt erklären und ihm damit die Angst vor ihr nehmen, denn Angst haben Kinder nur vor Dingen, die sie nicht kennen oder kennen, aber nicht verstehen (Wölfel 1970). Auf der Agenda stand aber viel mehr.

Die aufklärerische Tradition, das Bestreben nach Veränderung durch Erziehung, gewann in der ganzen Aufbruchsstimmung an Aktualität und fand schnell Einzug in das Kinderbuch. Kinderliteratur wurde wieder auf ihre erzieherische Funktion hin befragt und ausgerichtet. Sie sollte befreiend-bewusstseinsbildend ihren Teil zur Emanzipation des Kindes beitragen. Das Konzept lässt sich dabei nicht unter der Formulierung fassen, dass Kinder in gesellschaftliche Prozesse integriert werden sollten. Vielmehr sollte die Integration in gesellschaftliche *Veränderungs*prozesse vollzogen werden. »Die Kinder in den Sechzigern und Siebzigern, diesen heute so umstrittenen, doch auch unsinnig verteufelten Jahrzehnten, sollten sich aus den gesellschaftlichen Zwängen, wie es hieß, befreien und mit wenig didaktischer Hilfe, doch mit beträchtlicher rhetorischer Zustimmung, in eine neue und veränderte Gesellschaft aufbrechen« (Härtling 2001).

Anlässlich der Verleihung des Jugendliteraturpreises an Jan Procházka hielt der Autor Peter Härtling 1969 eine Rede, die den Puls der Zeit erfasste und von vielen begrüßt und gefeiert wurde. Joachim Gelberg, Lektor und Verlagsleiter der 1971 gegründeten Kinderbuchreihe Beltz&Gelberg, betont rückblickend die Reichweite der befürwortenden Begeisterung, welche Härtling damals entgegengebracht wurde, und benennt diesen Augenblick rückblickend als Keimzelle der gemeinsamen Arbeit an neuen, mutigen Entwürfen. So war Peter Härtling zum gegebenen Zeitpunkt zwar schon auf dem Feld der »Erwachsenenliteratur« etabliert, seine Arbeiten für Kinder begannen erst nach mehreren Impulsen und kontinuierlichen Kontaktaufnahmen von Seiten Gelbergs. Für »Oma. Die Geschichte von Kalle, der seine Eltern verliert und von seiner Großmutter aufgenommen wird« konnte er nur sieben Jahre später selber den Jugendliteraturpreis entgegennehmen. Welche Aspekte machten aber nun die Aktualität der Rede Härtlings im Jahre 1969 aus?

> »Es gibt eine Literatur für Kinder, deren Verlogenheit kränkend ist. Die Welt wird verschönt, verkleinert, bekommt Wohnstubengröße. In ihr geschieht nichts Unzuträgliches, und wenn, dann springt immer ein Held aus der Ecke, das Kind zu schützen. Man kann Kinder nicht schützen. So nicht. Ein Kind geht unverhohlen und durchaus vertrauensvoll mit der Wirklichkeit um, aber das Misstrauen ist ihm mitgegeben. (…) Sobald die Welt in Schönheit abstrahiert wird, verliert das Kind Lust, weiterzublättern, während die Eltern sich an den kleinen Kunstwerken freuen. Ich plädiere für eine übersetzbare Wirklichkeit. Sie kann alles umfassen. Spiel, Leben und auch Tod. Zuhause und Krieg. Güte und Gemeinheit. Es kann Helden geben, meinethalben, doch sie sollen die Wirklichkeit nicht ruinieren durch ihren Wahn. Sie sollen in ihr bleiben. (…) Es ist schwer, dem Kind beizubringen, dass sich Wirklichkeit und Freiheit unaufhörlich verbünden. Und dass dieses Bündnis ärgerlich ist. Dass man prüfen muss. Dass man es lernen muss.«

Mehrere Aspekte bilden hier zusammengeschlossen die semantische Struktur des Gesagten: Ablehnung der gegebenen Verhältnisse; ein bestimmtes Verständnis vom Kind, in dem diesem ein starkes Bewusstsein von der es umgebenden Welt zugetraut und der Wunsch, dieser zu begegnen, unterstellt wird; und darauf basierend ein Gegenentwurf, der bis heute den Rahmen des literarischen Schaffens Härtlings für Kinder vorgibt und den Bezugsrahmen kinderliterarischen Erzählens infolge der 68er-Bewegung bilden sollte. Er griff also die aktuelle Debatte auf und gab die Möglichkeit einer neuen Richtung vor: den sozialkritischen Realismus.

Veranschaulicht wird diese Stoßrichtung werkimmanent in »Oma« (1975). Kalle, dessen Eltern bei einem Unfall umgekommen sind und der seitdem bei seiner Oma wohnt, erwischt diese abends dabei, wie sie mit dem Fernseher diskutiert. Sie ärgert sich und flucht:

> »Das ist doch Tinnef (...). Nichts als Tinnef, wiederholte Oma. So lebt doch kein Mensch. Nicht mal die Reichen. Ich weiß gar nicht, warum die sich solches Zeug ausdenken. Die verarschen doch unsereinen. Das hat doch nichts mit uns zu tun. Das gibt es in der Wirklichkeit doch nicht. Wenn ich mich so anschaue, mit dem Kind und der Rente und dem Fürsorgegeld für den Jungen. Aber so etwas wird nicht gezeigt. So etwas nicht. Warum schau ich mir das bloß an?«

Die hier formulierte Kritik an dem Fernsehprogramm galt auch der Kinderliteratur und der implizit formulierte Anspruch sollte auch von ihr eingelöst werden. So unterscheidet sich auch in dieser Erzählung die Charakterisierung der Personen von gewohnten Darstellungen weiser, gutmütiger Großeltern, welche mit Bedacht, Geduld und ohne jegliche Vorbehalte sich der Pflege ihrer Enkelkinder annehmen.

Kalles Oma ist forsch im Umgang mit Beamten, weil die Rente kaum dafür reicht, »was so ein Bengel am Tag vertilgt«, und sie gönnt sich manchmal einen »Seelenwärmer«, vor allem dann, wenn sie Angst hat. Die Spannungen zwischen den beiden gehen über den »ganz alltäglichen Krach« hinaus, wenn seine Oma, für die sein »Vater der liebste Mensch« gewesen ist, »auch noch Jahre nach deren Tod an Kalles Mutter zu mäkeln hat«. Sie erzählt alte Geschichten gerne öfters und Kalle bekommt im gemeinsamen Urlaub mit, was es ausmacht, alt zu sein:

> »Nun mussten sie zum ersten Mal im gleichen Zimmer schlafen. Davor hatte Kalle Angst. (...) Einige Male war er wach und hörte, wie Oma sich auszog. Das endete überhaupt nicht. Kalle malte sich aus, dass sie vier oder fünf Kleider übereinander anhatte, oder Unterröcke, denn so lange zog sich kein normaler Mensch aus. Hatte sie sich ins Bett gelegt, schlief sie sofort ein und schnarchte. Sie schnarchte nicht richtig, sie

röchelte vor sich hin. Dem hörte er zu und konnte deshalb nicht einschlafen.«

Trotz oder vielleicht sogar wegen dieser intimen Einblicke in Bedürfnisse und Grenzen des jeweils anderen entsteht zwischen den beiden eine tragfähige Beziehung in gegenseitiger Verantwortung. Eben eine Beziehung, wie sie innerhalb der Grenzen und Möglichkeiten des wirklichen Lebens gestaltet werden kann und die für beide Personen eine realistische und damit handhabbare Herausforderung darstellt. Auch andere Bücher von Peter Härtling erzählen von bewegten Biographien, von Beziehungen unter prekären Bedingungen, von Einsamkeit und Fremdsein. Sie sind dem realistischen Erzählen und der Darstellung der Personen in ihrer Vielseitigkeit verpflichtet.

Zu diesem Programm trugen weitere Autoren bei und schufen eine literarische Welt ganz ohne phantastische Elemente. So war zum Beispiel Ursula Wölfels Veröffentlichung »Die grauen und die grünen Felder. Wahre Geschichten«, erstmals 1970 bei Anrich erschienen, bahnbrechend auf diesem Gebiet und wurden von der Öffentlichkeit intensiv diskutiert. In den vierzehn unter diesem Titel veröffentlichten Kurzgeschichten geht es um Probleme von Familien in sozial schwachen Milieus, um die Gefährdung von Kindern in der Dritten Welt und im Krieg, es geht um Kinder mit Behinderungen und es geht auch um Begegnungen von Menschen verschiedener Gruppen und Generationen, und um Einsamkeit und Neid auf andere und ihren sozialen Status. Fast alle Erzählungen beinhalten dabei eine wesentliche Kategorie, nämlich die Öffnung für ein hoffnungsvolles Moment. »Diese Geschichten zeigen eine Welt, die nicht immer gut ist, aber veränderbar.«

Am Beispiel der Erzählung »Das Miststück«, welche aufgrund ihrer direkten Konfrontation und Schärfe am intensivsten diskutiert wurde, lässt sich diese Doppelkodierung von Wirklichkeitstreue und Öffnung für neue Entwürfe ablesen: Seitdem ihr Vater die Familie verlassen hatte, bleibt Peters Mutter vormittags zu Hause und kommt nachts meistens lärmend und schimpfend aus der Wirtschaft zurück. Von den Nachbarn, die sich von ihr gestört fühlen, wird sie als Miststück bezeichnet. Mehrere Anläufe und Versuche, sich zu ändern und auf die Kinder aufzupassen, laufen schnell aus, so dass Peter sich bald der Pflege seiner jüngeren Schwester Wilma und der Wohnung annimmt, denn »er hatte es gern ordentlich, so wie früher am Sonntagnachmittag, wenn die Tante zu Besuch kam oder der Opa«. Weil er bald sehr oft die Schule schwänzt, setzt die Lehrerin einen Brief an die Mutter auf, von dem Peter nichts wusste, so dass diese bald unvorbereitet am Schulhoftor steht.

> »Ihr Gesicht war rot und geschwollen, ihre Augen glänzten. Ihr Mantel war schief zugeknöpft und die Haare hingen ihr strähnig um den Kopf. Peter sah sofort, was mit ihr war. Sie hatte Schnaps getrunken, schon am Morgen. (…) Sie schrie: ›Was haben sie gegen meine Kinder? Ich lasse mir das nicht gefallen! Ich bin eine kranke Frau, ich lasse mir das nicht gefallen!‹ (…) Peter ging zur Mutter. Sie schimpfte immer noch. Er packte ihren Arm und zerrte sie zum Schultor. Fast wäre sie hingefallen. Er gab ihr einen Stoß, er schrie sie an. ›Du Miststück!‹, schrie er. ›Du verdammtes Miststück!‹
> Sie ging weg.
> Er merkte, wie sie sich Mühe gab, geradeaus zu gehen. Er sah sich um. Da standen sie alle: die Kinder, die Lehrer, der Hausmeister und die heulende Wilma. Peter rannte zu ihr. Er nahm ihre Hand und sagte: ›Komm, wir bringen sie nach Hause.‹«

Nach einem sechsmonatigen Aufenthalt der Mutter in einer Klinik »wusste Peter, dass ihr Trinken wirklich eine Krankheit war«. Ein Jahr lang blieb sie stabil.

> »Aber nur ein Jahr lang. Dann trank sie wieder Schnaps und alles war wie früher: gute Zeiten und schlechte Zeiten. Peter war unglücklich.
> Aber er schwänzte nicht mehr so oft die Schule. Der Lehrer sollte nicht wieder an die Mutter schreiben. Und wenn sie

> abends in die Wirtschaft ging, blieb er wach, bis er sie zurückkommen hörte. Dann holte er sie unten an der Haustür ab. Es sollte keinen Lärm im Treppenhaus geben, nie wieder sollte jemand ›Miststück‹ zu seiner Mutter sagen.«

Und damit endet die Erzählung auch, mit einer bewussten Entscheidung des Kindes in der wirklichen Welt zu bleiben und diese mit den ihm gegebenen Mitteln verantwortlich mitzugestalten. Hier ist kein Eskapismus in eine heile Welt der Phantasie zu verzeichnen, kein Happy End, das sich in die Tradition kinderliterarischen Erzählens einordnen lassen würde, damit aber automatisch im Vorhof einer sozialkritischen Auseinandersetzung mit dem Stoff verbleiben müsste. In dieser Erzählung bleibt eine Spannung erhalten, nach der das Erzählte und das lesende Kind die Grenzen einer sozial bedingten Wirklichkeit erfahren, diese ihm aber nicht »als etwas Feststehendes und Unveränderbares erscheinen und ihn zur Anpassung mahnen« (Dahrendorf 1980).

Dieses verstehende und sehende Kind, welches zur Veränderung seiner persönlichen Wirklichkeit beiträgt, macht aus heutiger Perspektive die Stärke der aufklärerischen Bemühungen der damaligen Zeit aus. Sein Einzug in das Kinderbuch wäre ohne die Dynamik der studentischen Gegenbewegung nicht so erfolgreich ausgefallen. Demzufolge sind anfängliche politische Vereinnahmungen und dogmatische Programmatiken im Kinderbuch ihrer Motorwirkung nach nicht zu unterschätzen. Posthum sind sich viele Akteure im Kontext der 68er-Bewegung dessen bewusst, dass ihre Argumentation teilweise einer Vereinfachung beschuldigt werden kann. Hier lässt sich jedoch mit Dahrendorf fragen, ob »massiv eingeklagte Veränderungen nie ohne gewisse Vereinfachungen auskommen« (Dahrendorf 1994).

Anhang

Literatur

Frühe Kindheit/Kinderläden

Meike Sophia Baader: Von der sozialistischen Erziehung bis zum buddhistischen Om. Kinderläden zwischen Gegen- und Elitekulturen.

Aden-Grossmann, Wilma: Kindergarten. Eine Einführung in seine Entwicklung und Pädagogik. Weinheim 2002: Beltz.

Adorno, Theodor W.: Studien zum autoritären Charakter. Frankfurt a.M. 1973: Suhrkamp.

Adorno, Theodor W.: Erziehung nach Auschwitz. In: Ders.: Erziehung zur Mündigkeit. Frankfurt a.M. 1971: Suhrkamp, S. 88–104.

Aly, Götz: Unser Kampf: 1968 – ein irritierter Blick zurück. Frankfurt a.M. 2008: Fischer.

Baader, Meike Sophia: 1968 und die Erziehung. In: Schaffrik, Tobias; Wienges, Sebastian (Hrsg.): 68er-Spätlese – Was bleibt von 68? Münster 2008.

Baader, Meike Sophia: Erziehung »gegen Konkurrenzkampf und Leistungsprinzip« als gesellschaftsverändernde Praxis. 1968 und die Pädagogik in kultur-, modernitäts- und professionsgeschichtlicher Perspektive 1965–1975. In: Zeitschrift für pädagogische Historiographie 2/2007, S. 23–29.

Berliner Kinderläden: Antiautoritäre Kinderläden und sozialistischer Kampf. Köln 1970: Kiepenheuer und Witsch.

Berndt, Heide: Zu den politischen Motiven bei der Gründung erster antiautoritärer Kinderläden. In: Jahrbuch für Pädagogik 1995: Auschwitz und die Pädagogik. Frankfurt a.M. 1995: Peter Lang, S. 231–250.

Bildungskommission des Deutschen Bildungsrates. Strukturplan für das Bildungswesen. Stuttgart 1970: Klett.

Bott, Gerhard: Erziehung zum Ungehorsam, Bericht über antiautoritäre Kindergärten. Norddeutscher Rundfunk, I. Programm vom 1. Dezember 1969 um 22.00 Uhr.

Bott, Gerhard: Erziehung zum Ungehorsam. Kinderläden berichten aus der Praxis der antiautoritären Erziehung. 3. Aufl., Frankfurt a.M. 1970.

Breiteneicher, Hille Jan; Mauff, Ralf; Triebe, Manfred: Kinderläden. Revolution der Erziehung oder Erziehung zur Revolution? Reinbek 1971: Rowohlt.

Cohn-Bendit, Daniel; Damman, Rüdiger: 1968: Die Revolte. Frankfurt a.M. 2007: Fischer.

Dermitzel, Regine: Thesen zur antiautoritären Erziehung. In: Enzensberger, Hans Magnus (Hrsg.): Kursbuch 17, Juni 1969: Frau – Familie – Gesellschaft. Frankfurt a.M. 1969, S. 179–187.

Dutschke, Rudi: Vom Anisemitismus zum Antikommunismus. In: Bergmann, Bernd; Dutschke, Rudi; Lefèvre, Wolfgang; Rabehl, Bernd: Die Rebellion der Studenten oder die Neue Opposition. Reinbek 1968: Rowohlt, S. 58–85.

Frei, Norbert: 1968. Jugendrevolte und globaler Protest. München 2008: dtv.

Frevert, Ute: Umbruch der Geschlechterverhältnisse? In: Schildt, Axel; Siegfried, Detlef; Lammers, Karl (Hrsg.): Dynamische Zeiten. Hamburg 2000: Christians, S. 642–660.

Gilcher-Holtey, Ingrid: 1968 – vom Ereignis zum Gegenstand der Geschichtswissenschaft. Göttingen 1998: Vandenhoeck & Ruprecht.

Gilcher-Holtey, Ingrid: Die 68er-Bewegung: Deutschland, Westeuropa, USA. München 2001: Beck.

Hodenberg, Christina von; Siegfried, Detlef: Wo »1968« liegt: Reform und Revolte in der Geschichte der Bundesrepublik, Göttingen 2006: Vandenhoeck & Ruprecht.

Horkheimer, Max (Hrsg.): Studien über Autorität und Familie. Schriften des Institutes für Sozialforschung, Paris 1936: Alcan.

Jansa, Axel: Die Pädagogik der Studentenbewegung in ihrer Auswirkung auf das Generationenverhältnis und den gesellschaftlichen Umgang mit Kindern. In: Jahrbuch für Pädagogik 1999: Das Jahrhundert des Kindes. Frankfurt a.M. 2000: Peter Lang, S. 223–246.

Koch, Claus: Erziehung im Nationalsozialismus. Disziplin und der erneute Ruf nach Unterordnung. In: Brumlik, Micha (Hrsg.): Vom Missbrauch der Disziplin. Antworten der Wissenschaft auf Bernhard Bueb. Weinheim 2007: Beltz, S. 100–133.

Koenen, Gerd: Das rote Jahrzehnt. Unsere kleine deutsche Kulturrevolution 1967–1977. Frankfurt a.M. 2001: Kiepenheuer & Witsch.

Kommune II (Bookhagen, Christel; Hemmer, Eike; Raspe, Jan; Schultz, Eberhard): Kindererziehung in der Kommune. In: Enzensberger, Hans Magnus (Hrsg.): Kursbuch 17, Juni 1969: Frau – Familie – Gesellschaft. Frankfurt a.M. 1969, S. 147–178.

Kraushaar, Wolfgang: 1968 als Mythos, Chiffre und Zäsur. Hamburg 2000: Hamburger Edition.

Kraushaar, Wolfgang: Die »Revolutionierung des bürgerlichen Subjekts«. 1968 als erneuerte bürgerliche Utopie. In: Hettling, Manfred; Ulrich, Bernd (Hrsg.): Bürgertum nach 1945. Hamburg 2005: Hamburger Edition, S. 374–406.

Marcuse, Herbert: Die neue Sensibilität. In: Ders.: Versuch über die Befreiung. Frankfurt a.M. 1969: Suhrkamp, S. 43–76.

Meinhof, Ulrike: Bambule: Fürsorge, Sorge für wen?. Berlin 1974: Wagenbach.

Mohr, Reinhard: Der diskrete Charme der Rebellion: ein Leben mit den 68ern, Berlin 2008: wjs verlag, wolf jobst siedler jr.

Neill, Alexander S.: Theorie und Praxis der antiautoritären Erziehung. Das Beispiel Summerhill. Hamburg 1969: Rowohlt.

Niehuss, Merith: Familie, Frau und Gesellschaft. Studien zur Strukturgeschichte der Familie in Westdeutschland 1945–1960. Göttingen 2001: Vandenhoeck & Ruprecht.

Noelle-Neumann, Elisabeth; Petersen, Thomas: Zeitenwende. Der Wertewandel 30 Jahre später. In: Aus Politik und Zeitgeschichte B 29/2001, S. 15–22.

Passerini, Luisa: Autobiography of a generation. Italy 1968, Middletown 1996: Wesleyan University Press.

Ruetz, Michael: 1968: Ein Zeitalter wird besichtigt, Frankfurt a.M. 1997: Zweitausendeins.

Rühle, Otto: Die Seele des proletarischen Kindes. München 1922.

Sander, Helke: Rede des »Aktionsrates zur Befreiung der Frau« bei der 23. Delegiertenkonferenz des »Sozialistischen Deutschen Studentenbundes« (SDS) im September 1968 in Frankfurt. In: Sievers, Rudolf (Hrsg.): 1968 – Eine Enzyklopädie. Frankfurt a.M. 2004: Suhrkamp, S. 372–378.
Schildt, Axel; Siegfried, Detlef; Lammers, Karl Christian (Hrsg.): Dynamische Zeiten. Hamburg 2000: Christians.
Schmidt, Marianne: Wer keinmal mit derselben pennt. In: Frankfurter Allgemeine Zeitung 9.04.08, S. 40.
Seifert, Monika: Diese Wiederholungen zu durchbrechen, individuell und politisch, dazu muss eine Veränderung in der Situation von Kindern kommen. In: Heinemann, Karl-Heinz; Jaitner, Thomas: Ein langer Marsch. '68 und die Folgen. Köln 1993: PapyRossa.
Seifert, Monika: Kinderschule Frankfurt, Eschersheimer Landstraße. In: Vorgänge. Eine kulturpolitische Korrespondenz, Heft 5, 1970. S. 158–162.
Veiel, Andres: Die RAF verstehen. In: Tagesspiegel, 5. September 2007, S. 25.
Werder, Lutz von: Was kommt nach den Kinderläden? Berlin 1977: Klaus Wagenbach.

Pia Schmid: Wie die antiautoritäre Erziehung für einige Jahre in städtische Kindertagesstätten gelangte. Das Frankfurter Modellprojekt Kita 3000, 1972–1978

Aden-Grossmann, Wilma: Kindergarten. Eine Einführung in seine Entwicklung und Pädagogik. Weinheim 2002: Beltz.
Autorenkollektiv Frankfurt: Kita 3000: Konflikt ohne Ende? In: Barabas, Friedrich; Blanke, Thomas; Sachße, Christoph; Stascheit, Ulrich (Hrsg.): Jahrbuch der Sozialarbeit 1978. Reinbek 1977: Rowohlt, S. 88–121.
Berndt, Heide: Zu den politischen Motiven bei der Gründung erster antiautoritärer Kinderläden. In: Jahrbuch für Pädagogik 1995: Auschwitz und die Pädagogik. Frankfurt 1995: Peter Lang, S. 231–250.
Bott, Gerhard (Hrsg.): Erziehung zum Ungehorsam. Kinderläden berichten aus der Praxis der antiautoritären Erziehung, 3. Aufl., Frankfurt a.M. 1971: März-Verlag.
Flaake, Karin; Joannidou, Helene; Kirchlechner, Berndt; Riemann, Ilka: Das Kita-Projekt. Ergebnisse einer wissenschaftlichen Begleituntersuchung zu einem Reformmodell öffentlicher Vorschulerziehung. Frankfurt 1978: Campus-Verlag.
Reinicke, Stefan: Der Wille zur Wiederholung, In: Taz 13.3.2008, S. IX (Rezension von Veröffentlichungen zu 1968, u.a. Peter Schneider: Rebellion und Wahnsinn. Mein 68. Köln 2008).
Schultheis, Klaudia; Strobel-Eisele, Gabriele; Fuhr, Thomas (Hrsg.): Kinder: Geschlecht männlich. Pädagogische Jungenforschung, Stuttgart 2006: Kohlhammer.
Schulz, H.: Die Wirkung von Hausaufgaben und Notengebung auf den Gruppenprozeß im Hort, Erfahrungsbericht über ein Berufspraktikum, Frankfurt a.M. 1975, zit. n. Flaake, Karin; Joannidou, Helene; Kirchlechner, Berndt; Riemann, Ilka: Das Kita-Projekt. Ergebnisse einer wissenschaftlichen Begleituntersuchung zu einem Reformmodell öffentlicher Vorschulerziehung, Frankfurt a.M. 1978: Campus, S. 286.
Sullimma, B.: Sondergeschäftsanweisung für das Projekt Kita. In: Frankfurt – intern, Argumentationsdienst der Sozialdemokratischen Fraktion. o. J.: 1974, zit. n. Flaake, Karin; Joannidou, Helene; Kirchlechner, Berndt; Riemann, Ilka: Das

Kita-Projekt. Ergebnisse einer wissenschaftlichen Begleituntersuchung zu einem Reformmodell öffentlicher Vorschulerziehung, Frankfurt a.M. 1978: Campus, S. 48.

Christin Sager: Das Ende der kindlichen Unschuld. Die Sexualerziehung der 68er-Bewegung.

Ariès, Philippe: Geschichte der Kindheit, 4. Aufl. München/Wien 1977: Hanser.
Berliner Kinderläden: Antiautoritäre Erziehung und sozialistischer Kampf, 2. Aufl. Köln/Berlin 1970: Kiepenheuer & Witsch.
Bott, Gerhard (Hrsg.): Erziehung zum Ungehorsam. Kinderläden berichten aus der Praxis der antiautoritären Erziehung. 3. Aufl., Frankfurt a.M. 1971: März-Verlag.
Busche, Erika; Busche, Ernst: Gedanken zur antiautoritären Erziehung. In: Vorgänge. Eine kulturpolitische Korrespondenz, 9. Jg., Heft 5, 1970: Antiautoritäre Erziehung, Hrsg. im Auftrag der Humanistischen Union: Ilmgau, S. 186–191.
Dannecker, Martin: Die Apotheose der Paarsexualität. In: Sex. Vom Wissen und Wünschen. Hrsg. von der Stiftung Deutsches Hygiene Museum, Ostfildern-Ruit 2001: Hatje Cantz, S. 19–41.
Freud, Sigmund: Über Psychoanalyse (1910). In: Ders.: Abriss der Psychoanalyse. Einführende Darstellungen, 7. Aufl., Frankfurt a.M. 1999: Fischer, S. 105–154.
Herzog, Dagmar: Die Politisierung der Lust. Sexualität in der deutschen Geschichte des 20. Jahrhunderts. München 2005: Siedler.
Honig, Michael-Sebastian: Über die Sexualität von Kindern. In: Deutsches Jugendinstitut (Hrsg.): Was für Kinder. Aufwachsen in Deutschland. Ein Handbuch. München 1993: Kösel, S. 182–194.
Koenen, Gerd: Das rote Jahrzehnt. Unsere kleine Kulturrevolution 1967–1977. Köln 2001: Kiepenheuer & Witsch.
Kommune 2: Versuch der Revolutionierung des bürgerlichen Individuums. Kollektives Leben mit politischer Arbeit verbinden! Berlin 1971: Kiepenheuer & Witsch.
Kommune 2: Liebesspiele im Kinderzimmer. Kursbogen zu Kursbuch (hrsg. von Hans Magnus Enzensberger), Nr. 17, 1969: Frau – Familie – Gesellschaft, Frankfurt a.M. 1969a.
Kommune 2: Alltag in der Kommune. In: Kerbs, Diethart; Müller, C. Wolfgang; Krumteich, Hanna; Drechsel, Wiltrud Ulrike; Tietgens, Hans; Heine, Hartwig: Das Ende der Höflichkeit. Für eine Revision der Anstandserziehung. München 1970: Juventa, S. 136–153.
Negt, Oskar: Achtundsechzig. Göttingen 1995: Zweitausendeins.
Reich, Wilhelm: Die Massenpsychologie des Faschismus. Frankfurt a.M. 1981: Fischer.
Reich, Wilhelm: Die Sexuelle Revolution. Zur charakterlichen Selbststeuerung des Menschen. Frankfurt a.M. 1979: Fischer.
Rutschky, Katharina: Schwarze Pädagogik. Quellen zur Naturgeschichte der bürgerlichen Erziehung. Berlin 1997: Ullstein.
Rycroft, Charles: Wilhelm Reich. München 1972: dtv.
Seifert, Monika: Kinderschule Frankfurt, Eschersheimer Landstraße. In: Vorgänge. Eine kulturpolitische Korrespondenz, 9. Jg., Heft 5, 1970: Antiautoritäre Erziehung, hrsg. im Auftrag der Humanistischen Union: Ilmgau, S. 158–162.

Vorgänge. Eine kulturpolitische Korrespondenz, 9. Jg., Heft 5, 1970: Antiautoritäre Erziehung, hrsg. im Auftrag der Humanistischen Union: Ilmgau.
Zentralrat der sozialistischen Kinderläden West-Berlin (Hrsg.): Anleitung für eine revolutionäre Erziehung. Nr. 1: Vera Schmidt, 3 Aufsätze. Berlin 1969.
Zentralrat der sozialistischen Kinderläden West-Berlin (Hrsg.): Anleitung für eine revolutionäre Erziehung. Nr. 4: Annie Reich, Für die Befreiung der kindlichen Sexualität; Kampf den falschen Erziehern. Berlin 1969.
Zentralrat der sozialistischen Kinderläden West-Berlin (Hrsg.): Anleitung für eine revolutionäre Erziehung. Nr. 5: Kinder im Kollektiv: u.a. Kinder im KZ, Kibbuzerziehung, Erziehung im sozialistischen Kinderladen. Berlin 1969.

Peter Cloos: Die Neu-Entdeckung der frühen Kindheit?

Anger, Christina; Plünnecke, Axel; Tröger, Michael (Institut der deutschen Wirtschaft Köln): Renditen der Bildung – Investitionen in den frühkindlichen Bereich, Köln 2007. In: http://www.wissensfabrik-deutschland.de/bildung/bildungsoekonomie/_downloads/03_Studie_IW_ Wissensfabrik.pdf (abgerufen am 06.04.2008).
Baader, Meike Sophia: Öffentliche Kleinkinderziehung in Deutschland im Fokus des Politischen. Von den Kindergärten 1948 zu den Kinderläden in der 68er-Bewegung. In: Ecarius, Jutta; Groppe, Carola; Malmede, Hans (Hrsg.): Familie und öffentliche Erziehung. Theoretische Konzeptionen, historische und aktuelle Analysen. Wiesbaden 2008: VS-Verlag.
Büchel, Felix; Spieß, C. Katharina: Form der Kinderbetreuung und Arbeitsmarktverhalten von Müttern in West- und Ostdeutschland. Hrsg. vom Bundesministerium für Familie, Senioren, Frauen und Jugend, Schriftenreihe Band 220, Berlin 2002: W. Kohlhammer.
Deutsches Jugendinstitut (DJI): Zahlenspiegel 2005. Kindertagesbetreuung im Spiegel der Statistik. München 2005.
Deutsches Jugendinstitut (DJI): Zahlenspiegel 2007. Kindertagesbetreuung im Spiegel der Statistik. München 2008.
Dollase, Rainer: Bildung im Kindergarten und Früheinschulung. Ein Fall von Ignoranz und Forschungsamnesie. In: Zeitschrift für Pädagogische Psychologie, 21. Jg. 2007, Heft 1, S. 5–10.
Flitner, Andreas: Der Streit um die Vorschulerziehung. In: Bittner, Günther; Schmid-Cords, Edda (Hrsg.): Erziehung in früher Kindheit. München 1968: Piper, S. 364–384.
Fried, Lilian; Roux, Susanna: Zwischen Wissenschaft und Ausbildung. In: Fried, Lilian; Roux, Susanna (Hrsg.): Pädagogik der frühen Kindheit. Handbuch und Nachschlagewerk. Weinheim/Basel 2006: Beltz, S. 13–19.
Hoernle, Edwin: Grundfragen proletarischer Erziehung. Darmstadt 1969: März Verlag.
Hoffmann, Erika: Die Bedeutung der Erziehung des Kleinkindes. In: Bittner, Günther; Schmid-Cords, Edda (Hrsg.): Erziehung in früher Kindheit. München 1968a: Piper, S. 17–33.
Hoffmann, Erika: Frühkindliche Bildung und Schulanfang. In: Bittner, Günther; Schmid-Cords, Edda (Hrsg.): Erziehung in früher Kindheit, München 1968b: Piper, S. 344–363 (zuerst abgedruckt in: Evangelische Kinderpflege 1964, Heft 6).

Jugendministerkonferenz/Kultusministerkonferenz (JMK/KMK): Gemeinsamer Rahmen der Länder für die frühe Bildung in Kindertageseinrichtungen (Beschluss der Jugendministerkonferenz vom 13./14.05.2004/Beschluss der Kultusministerkonferenz vom 03./04.06.2004).

Kluge, Jürgen: Rede vom 27. Oktober 2005 auf dem II. McKinsey-Bildungskongress, Berlin. In: http://www.mckinsey-bildet.de/downloads/07_kontakt/051027_rede_jkluge.pdf (angerufen am 06.04.2008).

Konrad, Franz-Michael: Der Kindergarten. Seine Geschichte von den Anfängen bis in die Gegenwart. Freiburg i. Br. 2004: Lambertus.

Liegle, Ludwig: Konjunkturen der (frühpädagogischen) Forschung. Thesen zum Spannungsverhältnis zwischen politischer Steuerung, Eigendynamik und wissenschaftlicher Verantwortung. In: Diskurs Kindheits- und Jugendforschung, Heft 2, 2006, S. 307–315.

Nyssen, Friedhelm: Politische Erziehung im Vorschulalter. In: Saß, Hans-Werner (Hrsg.): Antiautoritäre Erziehung oder die Erziehung der Erzieher. Stuttgart 1972: Metzlersche Verlagsbuchhandlung und Poeschel Verlag, S. 211–220 (zuerst abgedruckt in betrifft: erziehung, Januar 1971).

Picht, Georg: Die deutsche Bildungskatastrophe. Olten u. a. 1964: Walter.

Schmidt, Thomas; Roßbach, Hans-Günther; Erning, Günter: Konzept für ein Rahmencurriculum »Frühkindliche Bildung«, 2006, in: http://www.profis-in-kitas.de/downloads (abgerufen am 06.04.2008).

Strauss, A. L.: Social Worlds and Legitimation Processes. In: Denzin, N. K. (Hrsg.): Studies in Symbolic Interaction 4. Greenwich 1982, S. 171–190.

Strauss, A. L.: Continual permutations of action. New York 1993.

Wolff, Reinhart: Erziehung ohne Zwang? Über einige Grundfragen antiautoritärer sozialistischer Erziehung. In: Saß, Hans-Werner (Hrsg.): Antiautoritäre Erziehung oder die Erziehung der Erzieher. Stuttgart 1972: Metzlersche Verlagsbuchhandlung und Poeschel Verlag, S. 202–210 (zuerst abgedruckt in betrifft erziehung, September 1970).

Schule/Hochschule

Oskar Negt: Schule als Erfahrungsprozess. Gesellschaftliche Aspekte des Glocksee-Projekts.

Ästhetik und Kommunikation (H. 22/23), 1975/1976. Thema: Schulversuch Glocksee.

Dewey, John: The School and Society. Chicago 1963: University Press.

Hentig, Hartmut von: Schule als Erfahrungsraum. Stuttgart 1973: Klett.

Hentig, Hartmut von: Bewährung. Von der nützlichen Erfahrung, nützlich zu sein. München 2006: Hanser.

Illich, Ivan: Entschulung der Gesellschaft. München 1997: Kösel.

Killius, Nelson; Kluge, Jürgen; Reisch, Linda (Hrsg.): Die Zukunft der Bildung. Frankfurt a.M. 2004: Suhrkamp.

Köhler, Ulrike; Krammling-Jöhrens, Doris (Hrsg.): Die Glocksee-Schule. Geschichte – Praxis – Erfahrungen. Bad Heilbrunn 2000: Klinkhardt.

Negt, Oskar: Kindheit und Schule in einer Welt der Umbrüche. Göttingen 1997: Steidl.

Carola Groppe: »Die Universität gehört uns«. Veränderte Lehr-, Lern- und Handlungsformen an der Universität in der 68er-Bewegung.

Aly, Götz: Unser Kampf. 1968 – ein irritierter Blick zurück. Frankfurt a.M. 2008: S. Fischer.

Baader, Meike Sophia: Erziehung »gegen Konkurrenzkampf und Leistungsprinzip« als gesellschaftsverändernde Praxis. 1968 und die Pädagogik in kultur-, modernitäts- und professionsgeschichtlicher Perspektive 1965–1975. In: Zeitschrift für pädagogische Historiographie, Jg. 13, Heft 2, 2007, S. 78–84.

Bude, Heinz: Achtundsechzig. In: François, Étienne; Schulze, Hagen (Hrsg.): Deutsche Erinnerungsorte. Bd. 2. 3. Aufl. München 2003: C. H. Beck, S. 122–134.

Drewek, Peter: Zur Bedeutung und Rolle der Familie im Strukturwandel des deutschen Bildungssystems in der zweiten Hälfte des 20. Jahrhunderts. In: Zeitschrift für Pädagogik, Jg. 52, 2006, Heft 5, S. 682–686.

Dutschke, Rudi: Die geschichtlichen Bedingungen für den internationalen Emanzipationskampf. In: Bergmann, Uwe; ders.; Lefèvre, Wolfgang; Rabehl, Bernd: Rebellion der Studenten oder Die neue Opposition. Reinbek 1968: Rowohlt, S. 85–93.

Frei, Norbert: 1968. Jugendrevolte und globaler Protest. München 2008: dtv.

Führ, Christoph: Deutsches Bildungswesen seit 1945. Grundzüge und Probleme. Neuwied, Kriftel, Berlin 1997: Luchterhand.

Gilcher-Holtey, Ingrid: 1968 – Vom Ereignis zum Gegenstand der Geschichtswissenschaft. Göttingen 1998: Vandenhoeck & Ruprecht.

Hodenberg, Christina von; Siegfried, Detlef (Hrsg.): Wo »1968« liegt. Reform und Revolte in der Geschichte der Bundesrepublik. Göttingen 2006: Vandenhoeck & Ruprecht.

Jarausch, Konrad H.: Deutsche Studenten 1800–1970. Frankfurt a.M. 1984: Suhrkamp.

Kraushaar, Wolfgang (Hrsg.): Frankfurter Schule und Studentenbewegung. Von der Flaschenpost zum Molotowcocktail 1946–1995. Bd. 1: Chronik (a); Bd. 2: Dokumente (b), Hamburg 1998: Rogner & Bernhard bei Zweitausendeins.

Lefèvre, Wolfgang: Reichtum und Knappheit. Studium als Zerstörung gesellschaftlichen Reichtums. In: Bergmann, Uwe; Dutschke, Rudi; ders.; Rabehl, Bernd: Rebellion der Studenten oder Die neue Opposition. Reinbek 1968: Rowohlt, S. 94–150.

Marcuse, Herbert: Repressive Toleranz (1965). In: Sievers, Rudolf (Hrsg.): 1968. Eine Enzyklopädie. Frankfurt a.M. 2008: Suhrkamp, S. 143–164.

Mosler, Peter: Was wir wollten, was wir wurden. Studentenrevolte – zehn Jahre danach. Reinbek 1977: Rowohlt.

Müller, Detlef K.: Bildungssystem und Generationskonflikt. In: Bildung und Erziehung, 1985, Heft 2, S. 231–244.

Osterwalder, Fritz: Die Pädagogik und 68, die Pädagogik von 68 – einige Anmerkungen. In: Zeitschrift für pädagogische Historiographie, Jg. 13, Heft 2, 2007, S. 90–92.

Wolff, Frank; Windaus, Eberhard (Hrsg.): Studentenbewegung 1967–69. Protokolle und Materialien. Frankfurt a.M. 1977: Roter Stern.

Zoller (d.i. Zollinger, Peter) (Hrsg.): Aktiver Streik. Dokumentation zu einem Jahr Hochschulpolitik am Beispiel der Universität Frankfurt am Main. o.O. 1969: Joseph Melzer.

Zymek, Bernd: Die Protestbewegung von 1968 als unterbelichtetes Thema der historischen Bildungsforschung in Deutschland. Sechs Anmerkungen von einem als Zeitzeugen befangenen Bildungshistoriker. In: Zeitschrift für pädagogische Historiographie, Jg. 13, Heft 2, 2007, S. 88–90.

Generationen-/Geschlechterverhältnisse

Lothar Böhnisch; Wolfgang Schröer: 1968 – Politische Generation – 1988 – Unpolitische Generation – 2008?

Adorno, T. (1956): Zum Verhältnis von Soziologie und Psychologie. In: Sociologica Bd. 1.

Böhnisch, L.; Blanc, K. (1989): Die Generationenfalle. Von der Relativierung der Lebensalter. Frankfurt a.M.

Brinkmann, W. D. (1987): Erkundungen für die Präzisierung des Gefühls für einen Aufstand: Träume, Aufstände/Gewalt/Morde; Reise, Zeit, Magazin. Reinbek.

Brown, P. (2004): Gibt es eine Globalisierung positionalen Wettbewerbs? In: Mackert, J. (Hrsg.): Die Theorie sozialer Schließung. Wiesbaden: Verlag für Sozialwissenschaften, S. 233–256.

Hobsbawm, E. (1989): Das imperiale Zeitalter. Frankfurt a.M./New York.

Jakob (1993): Zwischen Dienst und Selbstbezug. Eine biographieanalytische Untersuchung ehrenamtlichen Engagements. Opladen.

Jugend 2000. Deutsche Shell AG (Hrsg.). Opladen.

Jugend 2002. Deutsche Shell AG (Hrsg.). Opladen.

Mannheim, K. (1952): Diagnose unserer Zeit. Frankfurt a.M.

Negt, O. (1968): Soziologische Phantasie und exemplarisches Lernen. Neuaufl. Frankfurt a. M. 1971.

Schefold, W. (1982): Die gesellschaftliche Inszenierung. In: Deutsches Jugendinstitut (Hrsg.): Die neue Jugenddebatte. München.

Meike Sophia Baader: Das Private ist politisch. Der Alltag der Geschlechter, die Lebensformen und die Kinderfrage.

Aden-Grossmann, Wilma: Kindergarten. Eine Einführung in seine Entwicklung und Pädagogik, Weinheim 2002: Beltz.

Baader, Meike Sophia: 1968 und die Erziehung. In: Schaffrik, Tobias; Wienges, Sebastian (Hrsg.): 68er-Spätlese – Was bleibt von 68? Münster 2008: LIT.

Baader, Meike Sophia: Erziehung »gegen Konkurrenzkampf und Leistungsprinzip« als gesellschaftsverändernde Praxis. 1968 und die Pädagogik in kultur-, modernitäts- und professionsgeschichtlicher Perspektive 1965–1975. In: Zeitschrift für pädagogische Historiographie 2/2007, S. 23–29.

Baader, Meike Sophia: Home Education versus Making Citizens. In: Dollinger, Bernd; Müller, Carsten; Schröer, Wofgang (Hrsg.): Die sozialpädagogische Erziehung des Bürgers. Entwürfe zur Konstitution der modernen Gesellschaft. Wiesbaden 2007: VS-Verlag, S. 229–243.

Baader, Meike Sophia: Öffentliche Kleinkinderziehung in Deutschland im Fokus des Politischen. Von den Kindergärten 1848 zu den Kinderläden der 68er-Bewegung. In: Ecarius, Jutta; Groppe, Carola; Malmede, Hans (Hrsg.): Familie und öffentliche Erziehung. Theoretische Konzeptionen, historische und aktuelle Analysen. Wiesbaden 2008: VS-Verlag.

Berliner Kinderläden: Antiautoritäre Kinderläden und sozialistischer Kampf. Köln 1970: Kiepenheuer und Witsch.

Berndt, Heide: Kommune und Familie. In: Enzensberger, Hans Magnus (Hrsg.): Kursbuch 17, Juni 1969: Frau-Familie-Gesellschaft, Frankfurt a.M. 1969, S. 129–146.

Berndt, Heide: Zu den politischen Motiven bei der Gründung erster antiautoritärer Kinderläden, In: Jahrbuch für Pädagogik 1995: Auschwitz und die Pädagogik, Frankfurt a.M. 1995: Peter Lang, S. 231–250.

Bildungskommission des Deutschen Bildungsrates. Strukturplan für das Bildungswesen. Stuttgart 1970: Klett.

Birkenstock, Arne; Hannover, Irmela; Kura, Jürgen: Zukunft: Familie. Informationen zum 7. Familienbericht 2006. URL: http://www.dstgb.de/index_inhalt/homepage/artikel/inhalt/brennpunkte/familienpolitik_und_kommunen/aktuelles/7_bericht_ueber_die_lage_der_familien/7_bericht_ueber_die_lage_der_familien_in_der_bundesrepublik_deutschland.pdf.

Frevert, Ute: Umbruch der Geschlechterverhältnisse? In: Schildt, Axel; Siegfried, Detlef; Lammers, Karl (Hrsg.): Dynamische Zeiten. Hamburg 2000: Christians, S. 642–660.

Fücks, Ralf: Wir waren die Guten. Demokratisierung der Gesellschaft und offener Diskurs: 1968 war eine politische und kulturelle Zeitenwende. In: Der Tagesspiegel, 2. März 2008, Meinung.

Haaf, Meredit; Klingner, Susanne; Streidl, Barbara: Wir Alphamädchen – warum Feminismus das Leben schöner macht. Hamburg 2008: Hoffmann und Campe.

Hensel, Jana; Raether, Elisabeth: Neue deutsche Mädchen. Reinbek 2008: Rowohlt.

Guldimann, Joana; Herzog, Walter; Böni, Edi: »Partnerschaft und Elternschaft: die Modernisierung der Familie«. Bern [u.a.] 1997: Haupt.

Höpflinger, François; Fux, Beate: Familien – intereuropäische Perspektive. In: Ecarius, Jutta: Handbuch Familie. Wiesbaden 2007: VS-Verlag, S. 37–56.

Keddi, B.: Projekt Liebe. Lebensthemen und biografisches Handeln junger Frauen in Paarbeziehungen. Opladen 2003: Leske & Budrich.

Koppetsch, Cornelia; Burkhard, Günther: Die Illusion der Emanzipation. Zur Wirksamkeit latenter Geschlechtsnormen im Milieuvergleich. Konstanz 1999: UVK.

Nave-Herz, Rosemarie: Die Geschichte der Frauenbewegung in Deutschland. Hannover 1982: Schriftenreihe der Niedersächsischen Landeszentrale für politische Bildung.

Notz, Gisela: Warum flog die Tomate. Die autonome Frauenbewegung der 70er-Jahre. Neu-Ulm 2006: AG-SPAK Bücher.

Peuckert, Rüdiger: Zur aktuellen Lage der Familie. In: Ecarius, Jutta: Handbuch Familie. Wiesbaden 2007: VS-Verlag, S. 37–56.

Runge, Erika: Emanzipationen. Auszüge aus vier Lebensläufen. Protokolliert von Erika Runge. In: Enzensberger, Hans Magnus (Hrsg.): Kursbuch 17, Juni 1969: Frau-Familie-Gesellschaft, Frankfurt a.M. 1969, S. 69–89.

Sander, Helke: Brief an Sani. Ob schwarz, ob braun, ob Henna. Wir lieben alle Männer. In: Cohn-Bendit, Daniel; Damman, Rüdiger: 1968: Die Revolte, Frankfurt a.M. 2007: Fischer, S. 77–108.

Sander, Helke: Der subjektive Faktor. Berlin 1981. 183 Min. Buch und Regie: Helke Sander. Basis-Film-Verleih GmbH.

Sander, Helke: Der subjektive Faktor. Broschüre zum Film. Berlin 1981: Basis-Film-Verleih GmbH.

Sander, Helke: Rede des »Aktionsrates zur Befreiung der Frau« bei der 23. Delegiertenkonferenz des »Sozialistischen Deutschen Studentenbundes« (SDS) im September 1968 in Frankfurt. In: Sievers, Rudolf (Hrsg.): 1968 – Eine Enzyklopädie. Frankfurt a.M. 2004: Suhrkamp, S. 372–378.

Schenk, Herrad: Frauenbewegung. In: Beyer, Johanna; Lamott, Franziska; Meyer, Birgit (Hrsg.): Frauenhandlexikon. Stichworte zur Selbstbestimmung. München 1983: Beck, S. 85–91.

Schildt, Axel; Siegfried, Detlef; Lammers, Karl Christian (Hrsg.): Dynamische Zeiten, Hamburg 2000: Christians.

Schildt, Axel: Rebellion und Reform. Die Bundesrepublik der 60er-Jahre. Bonn 2005.

Schwarzer, Alice: Schwarzer über Beauvoir. Die Frauenbewegung wäre ohne diese solitäre Denkerin so nicht denkbar. In: Emma Nr. 1, 282, Jan./Februar 2008, S. 67.

Seifert, Monika: Diese Wiederholungen zu durchbrechen, individuell und politisch, dazu muss eine Veränderung in der Situation von Kindern kommen. In: Heinemann, Karl-Heinz; Jaitner, Thomas: Ein langer Marsch. '68 und die Folgen. Köln 1993: PapyRossa.

Seifert, Monika: Kinderschule Frankfurt, Eschersheimer Landstraße. In: Vorgänge. Eine kulturpolitische Korrespondenz, H. 5, 1970, S. 158–162.

Siegfried, Detlef: Protest am Markt. In: Hodenberg, Christina; Siegfried, Detlef (Hrsg.): Wo »1968« liegt: Reform und Revolte in der Geschichte der Bundesrepublik. Göttingen 2006: Vandenhoeck & Ruprecht, S. 48–79.

Walter, Wolfgang; Künzler, Jan: Parentales Engagement. Mütter und Väter im Vergleich. In: Schneider, Norbert F.; Matthias-Bleck, Heike (Hrsg.): Elternschaft heute. Gesellschaftliche Rahmenbedingungen und individuelle Gestaltungsaufgaben. Opladen 2002: Leske & Budrich. S. 96–119.

Werder, Lutz von: Was kommt nach den Kinderläden? Erlebnis-Protokolle. Berlin 1977: Klaus Wagenbach.

Tatjana Freytag: Väterliche Autoritäten und vaterlose Gesellschaft?

Adorno, Theodor W.: Studien zum autoritären Charakter. 1. Aufl. Frankfurt a. M. 1995: Suhrkamp-Taschenbuch Wissenschaft.

Freud, Sigmund: Gesammelte Werke. Neue Folge der Vorlesungen zur Einführung in die Psychoanalyse, Bd. XV. Frankfurt a.M. 1999: Fischer, S. 160.

Habermas, Jürgen: Warum ein »Demokratiepreis« für Daniel J. Goldhagen? Eine Laudatio. In: Die Zeit, Nr. 12, 1997.
Horkheimer, Max; Fromm, Erich, u.a.: Studien über Autorität und Familie. Lüneburg 1987: zu Klampen.
Mitscherlich, Alexander: Auf dem Weg zur vaterlosen Gesellschaft. 18. Aufl. München 1963: Piper & Co. Verlag.
Saß, Hans-Werner (Hrsg.): Antiautoritäre Erziehung oder die Erziehung der Erzieher. Stuttgart 1972: J. B. Metzlersche Verlagsbuchhandlung.

Traditionen/Innovationen

Micha Brumlik: »Autorität« und »Antiautoritarismus«

Adorno, Theodor W., u.a.: The authoritarian personality. N.Y. 1950: Harper.
Aly, Götz: Unser Kampf: 1968 – ein irritierter Blick zurück. Frankfurt a.M. 2008: Fischer.
Arendt, Hannah: Die Krise in der Erziehung. Bremen 1958: Angelsachsen-Verlag.
Arendt, Hannah: Vita activa oder Vom tätigen Leben. 2. Aufl. München 1981: Piper.
Arendt, Hannah: Zwischen Vergangenheit und Zukunft. Übungen im politischen Denken 1. München 1994: Piper.
Arendt, Hannah: Über die Revolution. 4. Aufl., München 2000: Piper.
Arendt, Hannah: Little Rock. In: Arendt, Hannah: In der Gegenwart. Übungen im politischen Denken 2. München 2000a: Piper.
Arnold, Rolf: Aberglaube Disziplin. Antworten der Pädagogik auf das »Lob der Disziplin«. Heidelberg 2007: Carl-Auer-Systeme.
»Autorität«. In: Ritter, Joachim (Hrsg.): Historisches Wörterbuch der Philosophie, Band 1: A–C. Darmstadt 1971: Wissenschaftliche Buchgesellschaft, S. 724–733.
Bausch, H., u.a.: Mut zur Erziehung. Beiträge zu einem Forum am 9./10. Januar 1978 im Wissenschaftszentrum Bonn-Bad Godesberg. Stuttgart 1978: Klett-Cotta.
Benner, Dietrich, u.a.: Entgegnungen zum Bonner Forum »Mut zur Erziehung«. München u.a.: 1983: Urban & Schwarzenberg.
Brumlik, Micha: Anerkennung als pädagogische Idee. In: Hafeneger, B., u.a. (Hrsg.): Pädagogik der Anerkennung. Grundlagen, Konzepte, Praxisfelder. Schwalbach/Ts. 2002: Wochenschau-Verlag, S. 13–25.
Brumlik, Micha (Hrsg.): Vom Missbrauch der Disziplin. Antworten der Wissenschaft auf Bernhard Bueb. Weinheim 2007: Beltz.
Bueb, Bernhard: Lob der Disziplin. Eine Streitschrift. Berlin 2006: List.
Butler, Judith: Psyche der Macht. Frankfurt a.M. 2001: Suhrkamp.
Cavarero, Adriana: Platons Töchter. Frauengestalten der antiken Philosophie. Hamburg 1997: Rotbuch-Verlag.
Claußen, Bernhard: Pro und Contra Pädagogik der Disziplin – zur Regression und politischen Dimension im zeitgenössischen Erziehungsdenken. In: Sozialwissenschaftliche Literaturrundschau. Zeitschrift für Sozialarbeit, Sozialpädagogik, Sozialpolitik und Gesellschaftspolitik, 36. Jg., Heft 2, 2007, S. 19–42.

Dutschke, Rudi: Vom Antisemitismus zum Antikommunismus. In: Bergmann, Bernd; Dutschke, Rudi; Lefèvre, Wolfgang; Rabehl, Bernd: Die Rebellion der Studenten oder die Neue Opposition. Reinbek 1968: Rowohlt, S. 58–85.
Dutschke, Rudi: Zum Verhältnis von Organisation und Emanzipationsbewegung – Zum Besuch Herbert Marcuses. Nachgedruckt in: Kraushaar, Wolfgang (Hrsg.): Frankfurter Schule und Studentenbewegung: Von der Flaschenpost zum Molotowcocktail 1946–1995. Band 2: Dokumente. Hamburg 1998: Rogner & Bernhard bei Zweitausendeins, S. 235.
Dutschke, Rudi: Die Kunst des Aufstands (1975). In: Blätter für deutsche und internationale Politik. Heft 4, 2008, S. 59–70.
Eisfeld, Rainer: Joseph de Maistre und L.-G. A de Bonald. In: Fetscher, Iring; Münkler, Herfried (Hrsg.): Pipers Handbuch der politischen Ideen, Neuzeit: Von der französischen Revolution bis zum europäischen Nationalismus. München 1986: Piper, S. 103–114.
Engels, Friedrich: Von der Autorität. In: Enzensberger, Hans Magnus (Hrsg.): Kursbuch 14, August 1968: Kritik der Zukunft. Frankfurt a.M. 1968: Suhrkamp, S. 64–70.
Enzensberger, Hans Magnus: Glosse zu einem alten Text. In: Enzensberger, Hans Magnus (Hrsg.): Kursbuch 14, August 1968: Kritik der Zukunft. Frankfurt a.M. 1968: Suhrkamp, S. 67–70.
Forsthoff, Heinrich: Das Ende der humanistischen Illusion. Eine Untersuchung über die Voraussetzungen von Philosophie und Theologie. Berlin 1933: Furche.
Foucault, Michel: Überwachen und Strafen. Frankfurt a.M. 1976: Suhrkamp.
Freyhold, Michaela von: Autoritarismus und politische Apathie. Frankfurt a.M. 1971: Europäische Verlags-Anstalt.
Fromm, Erich: Arbeiter und Angestellte am Vorabend des Dritten Reiches. Eine sozialpsychologische Untersuchung. Bearbeitet und herausgegeben von W. Bonß. Stuttgart 1980: Deutsche Verlagsanstalt.
Gómez Dávila, Nicolás: Das Leben ist die Guillotine der Wahrheiten. Ausgewählte Sprengsätze. Frankfurt a.M. 2006: Eichborn.
Habermas, Jürgen: Theorie des kommunikativen Handelns. Bd. 2, 2. Aufl. Frankfurt a.M. 1986: Suhrkamp.
Horkheimer, Max (Hrsg.): Studien zu Autorität und Familie. Schriften des Institutes für Sozialforschung. Paris 1936: Alcan.
Horkheimer, Max: Allgemeiner Teil. In: Horkheimer, Max (Hrsg.): Studien zu Autorität und Familie. Schriften des Institutes für Sozialforschung. Paris 1936: Alcan, S. 3–76.
Horkheimer, Max: Autorität und Familie in der Gegenwart. In: Marxismus Kollektiv (Hrsg.): Kritische Theorie und Gesellschaft. Band 3. Frankfurt a.M. 1968, Raubdruck, S. 320–338.
Jugend 2006: eine pragmatische Generation unter Druck. Hrsg. Shell Deutschland Holding. Frankfurt a.M. 2006: Fischer.
Kaltenbrunner, Gerd-Klaus (Hrsg.): Die Herausforderung der Konservativen. Absage an Illusionen. München 1974: Herder.
Kaltenbrunner, Gerd-Klaus (Hrsg.): Was ist reaktionär? Zur Dialektik von Fortschritt und Rückschritt. München 1976: Herder.

Kant, Immanuel: Zur Metaphysik der Sitten. In: Ders.: Werke in 10 Bd. Band 6: Schriften zur Ethik und Religionsphilosophie. Hrsg. von Wilhelm Weischedel. Darmstadt 1968: Wissenschaftliche Buchgesellschaft.

Kant, Immanuel: Zum ewigen Frieden. In: Ders.: Werke in 10 Bd. Band 9: Schriften zur Anthropologie, Geschichtsphilosophie, Politik und Pädagogik. Band 1. Hrsg. von Wilhelm Weischedel. Darmstadt 1970: Wissenschaftliche Buchgesellschaft.

Kant, Immanuel: Über Pädagogik, In: Ders.: Werke in 10 Bd. Band 10: Schriften zur Anthropologie, Geschichtsphilosophie, Politik und Pädagogik. Band 2. Hrsg. von Wilhelm Weischedel. Darmstadt 1983: Wissenschaftliche Buchgesellschaft.

Koellreutter, Otto: Vom Sinn und Wesen der nationalen Revolution. Tübingen 1933: Mohr.

Koenen, Gerd: Das rote Jahrzehnt. Unsere kleine deutsche Kulturrevolution 1967–1977. Frankfurt a.M. 2001: Kiepenheuer & Witsch.

Koenen, Gerd: Vesper, Ensslin, Baader. Urszenen des deutschen Terrorismus. Köln 2003: Kiepenheuer & Witsch.

Kraushaar, Wolfgang: Frankfurter Schule und Studentenbewegung. Von der Flaschenpost zum Molotowcocktail 1946–1995. Band 2: Dokumente. Hamburg 1998: Rogner & Bernhard bei Zweitausendeins.

Kraushaar, Wolfgang: Achtundsechzig. Eine Bilanz. Berlin 2008: Propyläen.

Luhmann, Niklas: Macht. Stuttgart 1975: Enke.

Marcuse, Herbert: Der Kampf gegen den Liberalismus in der totalitären Staatsauffassung. In: Horkheimer, Max (Hrsg.): Zeitschrift für Sozialforschung, Jahrgang 3, 1934. Reprint München 1980: dtv, S. 161–195.

Maus, Ingeborg: Zur Aufklärung der Demokratietheorie. Rechts- und demokratietheoretische Überlegungen im Anschluss an Kant. Frankfurt a.M. 1992: Suhrkamp.

Münkler, Herfried: Juan Donoso Cortes und der spanische Katholizismus. In: Fetscher, Iring; Münkler, Herfried (Hrsg.): Pipers Handbuch der politischen Ideen, Neuzeit: Von der französischen Revolution bis zum europäischen Nationalismus. München 1986: Piper, S. 277–287.

Oesterreich, Detlef: Autoritäre Persönlichkeit und Gesellschaftsordnung. Weinheim/München 2001: Juventa.

Radtke, Frank-Olaf: Wiederaufrüstung im Lager der Erwachsenen: Bernhard Buebs Schwarze Pädagogik für das 21. Jahrhundert. In: Brumlik, Micha (Hrsg.): Vom Missbrauch der Disziplin. Antworten der Wissenschaft auf Bernhard Bueb. Weinheim 2007: Beltz, S. 204–242.

Reemtsma, Jan Philipp: Vertrauen und Gewalt. Versuch über eine besondere Konstellation der Moderne. Hamburg 2008: Hamburger Edition.

Ritter, Joachim: Autorität. In: Ritter, Joachim; Gründer, Karlfried (Hrsg): Historisches Wörterbuch der Philosophie. Bd. 1: A–C. Darmstadt 1971: Wissenschaftliche Buchgesellschaft, S. 724–733.

Rousseau, Jean-Jacques: Vom Gesellschaftsvertrag. In: Ders.: Sozialphilosophische und politische Schriften. Düsseldorf/Zürich 1996: Artemis & Winkler.

Sarasin, Philipp: Michel Foucault zur Einführung. Hamburg 2005: Junius.

Schmitt, Carl: Der Wert des Staates und die Bedeutung des Einzelnen, 2. Aufl. Berlin 2004: Duncker und Humblot.

Schneider, Peter: Rebellion und Wahn. Mein ’68. Köln 2008: Kiepenheuer & Witsch.

Sennett, Richard: Autorität. Frankfurt a.M. 1985: Fischer.
Starobinski, Jean: Aktion und Reaktion. Leben und Abenteuer eines Begriffspaars. München 2001: Hanser.
Sünker, Heinz: Mündigkeit oder Disziplin. Gesellschaftliche Perspektiven von Erziehung und Bildung. In: Neue Praxis. Zeitschrift für Sozialarbeit, Sozialpädagogik und Sozialpolitik, 6/07, S. 574–584.
Weber, Max: Wirtschaft und Gesellschaft: Grundriss der verstehenden Soziologie. Tübingen 1972: Mohr & Siebeck.
Wiggershaus, Rolf: Die Frankfurter Schule. Geschichte, theoretische Entwicklung, politische Bedeutung. München/Wien 1986: Hanser, S. 144–146.
Winkler, Michael: Lob der Freiheit – Wie Bernhard Bueb durch Missverstand das Problem der Erziehung sichtbar macht. In: Neue Praxis. Zeitschrift für Sozialarbeit, Sozialpädagogik und Sozialpolitik, Heft 4, 2007, S. 390–407.
Wyrobnik, Irit: Disziplin bei Bernfeld und Korczak. In: Neue Praxis. Zeitschrift für Sozialarbeit, Sozialpädagogik und Sozialpolitik, Heft 6, 2007, S. 567–573.

Johannes Bilstein: Die Wieder-Entdeckung der Psychoanalyse.

Amendt, Günter: Sexfront. Frankfurt a.M. 1970: März.
Baader, Meike Sophia: Die romantische Idee des Kindes und der Kindheit. Neuwied u. a. 1996: Luchterhand.
Bernfeld, Siegfried: Sisyphos oder die Grenzen der Erziehung (1925). Frankfurt a. M. 1967: Suhrkamp.
Bernfeld, Siegfried: Antiautoritäre Erziehung und Psychoanalyse. Hrsg. v. Lutz von Werder und Reinhart Wolff. Frankfurt a. M. 1969, 1970 und 1971: März.
Bilstein, Johannes: Die Kraft der Kinder. Romantische Imaginationen von Kindheit und ihre Vorgeschichte. In: Hanno Schmitt und Silke Siebrecht (Hrsg.): Eine Oase des Glücks. Der romantische Blick auf Kinder. Berlin 2002: Henschel. S. 25–39.
Bilstein, Johannes: Ein Historienbild des reifen Menschen. Heinrich Roths »Pädagogische Anthropologie« in historischer Sicht. In: Margret Kraul und Jörg Schlömerkemper (Hrsg.): Bildungsforschung und Bildungsreform. Heinrich Roth revisited. (= Die Deutsche Schule. 9. Beiheft) Weinheim 2007: Juventa. S. 173–193.
Bittner, Günther, und Willy Rehm (Hrsg.): Psychoanalyse und Erziehung. München 1966: Goldmann.
Bittner, Günther, und Edda Schmidt-Cords (Hrsg.): Erziehung in früher Kindheit. München 1968: Piper.
Brück, Horst: Die Angst des Lehrers vor seinem Schüler. Reinbek 1978: Rowohlt.
Brumlik, Micha: Die Geburt der Tiefenpsychologie aus der Geisterbeschwörung. In: Johannes Bilstein und Matthias Winzen (Hrsg.): Seele. Konstruktionen des Innerlichen in der Kunst. Nürnberg 2004: Verlag für Moderne Kunst. S. 48–55.
Brumlik, Micha: Sigmund Freud. Der Denker des 20. Jahrhunderts. Weinheim 2006: Beltz.
Deutsch, Helene: Psychoanalyse der weiblichen Sexualfunktionen. (1925). Raubdruck, ca. 1970.
Erikson, Erik H.: Wachstum und Krisen der gesunden Persönlichkeit (1959). In: E. H. Erikson: Identität und Lebenszyklus. Frankfurt a. M. 1966: Suhrkamp. S. 55–122.

Erikson, Erik H.: Kindheit und Gesellschaft 1950. Stuttgart 1957: Klett.
Ernst, Andrea; Vera Herbst; Kurt Langbein und Christian Skalnik: Kursbuch Kinder. Köln 2000: Kiepenheuer und Witsch.
Etkind, Alexander: Eros des Unmöglichen. Geschichte der Psychoanalyse in Russland. Leipzig 1996: Kiepenheuer und Witsch.
Fenichel, Otto: Psychoanalyse und Gesellschaft. Aufsätze. Frankfurt a.M. 1972: Roter Druckstock.
Freud, Sigmund (1930): Das Unbehagen in der Kultur. In: S. Freud: Gesammelte Werke. Bd. 14. London 1948: Imago. S. 419–506.
Freud, Sigmund: Drei Abhandlungen zur Sexualtheorie (1905). In: S. Freud: Studienausgabe. Bd. V. Frankfurt a.M. 1972: Fischer, S. 37–145.
Freud, Sigmund: Studienausgabe in 10 Bänden. Frankfurt a.M. 1969–1982: Fischer.
Fürstenau, Peter: Zur Psychoanalyse der Schule als Institution. In: Argument. Berliner Hefte für Probleme der Gesellschaft 6 (1964). S. 65–78.
Fürstenau, Peter: Soziologie der Kindheit. Heidelberg 1967: Quelle und Meyer.
Fürstenau, Peter (Hrsg): Der psychoanalytische Beitrag zur Erziehungswissenschaft. Darmstadt 1974: Wissenschaftliche Buchgesellschaft.
Green, Hannah (d. i. Joanne Greenberg): Ich habedir nie einen Rosengarten versprochen. Stuttgart 1973: Radius.
Hemminger, Hansjörg: Kindheit als Schicksal? Reinbek 1986: Rowohlt.
Höchstetter, W. Korbinian: Die psychoanalytischen Grundlagen der Erziehung. Starnberg 1970: Raith.
Horkheimer, Max: Autorität und Familie (1936). In: M. Horkheimer: Gesammelte Schriften. Bd. 3. Frankfurt a.M. 1988: Fischer.
Horkheimer, Max; Theodor W. Adorno und Mitarbeiter: Soziologische Exkurse. Frankfurter Beiträge zur Soziologie Bd. IV. Frankfurt a.M. 1956: Europäische Verlags Anstalt.
Marquard, Odo: Transzendentaler Idealismus, romantische Naturphilosophie, Psychoanalyse (1963). Köln 1987: Verlag für Philosophie.
Mitscherlich, Alexander: Auf dem Weg zur vaterlosen Gesellschaft. München 1963: Piper. Neuausgabe 1973.
Neidhardt, Wolfgang: Kinder, Lehrer und Konflikte. München 1977: Juventa.
Niemeyer, Christian, und Marek Naumann: Siegfried Bernfeld. In: Bernd Dollinger (Hrsg.): Klassiker der Pädagogik. Die Bildung der modernen Gesellschaft. Wiesbaden 2006: VS-Verlag. S. 265–286.
Rehm, Willy: Die psychoanalytische Erziehungslehre. München 1968: Piper.
Reich, Wilhelm: Massenpsychologie des Faschismus. Zur Sexualökonomie der politischen Reaktion und zur proletarischen Sexualpolitik. Raubdruck nach der 2. Aufl. 1933. o. O., o. V., o. J. Raubdruck um 1968.
Reich, Wilhelm; Schmidt, Wera; Bernfeld, Siegfried; Freud, Anna: Psychoanalyse und Pädagogik. Berlin 1970: robbers press.
Richter, Horst-Eberhard: Eltern, Kind, Neurose (1963). Die Rolle des Kindes in der Familie. Reinbek 1969: Rowohlt. Wiesbaden 1982: Harassowitz.
Rühle, Otto: Das proletarische Kind (2. Aufl. 1922). Repr. Hamburg 1970: Spartacus-Verlag.
Schelsky, Helmut (1953): Wandlungen der deutschen Familie in der Gegenwart. Stuttgart 1955: Enke.

Schiele, Eckart: Probleme kollektiver Sozialisation. 1982
Schmidt, Vera: 3 Aufsätze. Berlin (Zentralrat der sozialistischen Kinderläden Westberlins) 1969.
Schmidt, Wera: Psychoanalytische Erziehung in Sowjetrußland. Bericht über das Kinderheim-Laboratorium in Moskau. Leipzig/Wien/Zürich 1924: Internationaler Psychoanalytischer Verlag.
Schulz, Kristina: Der lange Atem der Provokation. Frauenbewegung in der Bundesrepublik Deutschland und in Frankreich 1968–1976. Frankfurt a.M. 2002: Campus.
Werder, Lutz von, und Wolff, Reinhart: Nachwort der Herausgeber. In: L. v. Werder und R. Wolff (Hrsg.): Siegfried Bernfeld. Antiautoritäre Erziehung und Psychoanalyse. Ausgewählte Schriften Bd. 1–2. Bd. 1. Frankfurt a.M. 1969: März. S. 672–683.

Frodo Ostkämper: »Wenn Ihr Interesse für Erziehung mehr ist als eine Eintagsfliege ...«. Zum Zusammenspiel von antiautoritärer Erziehung und Bildungsreform im Spiegel der Zeitschrift betrifft: erziehung.

betrifft: erziehung: b:e. Das aktuelle pädagogische Magazin. 1.–4. Jg., 1968–1971, Weinheim: Beltz
Dahrendorf, Ralf: Bildung ist Bürgerrecht. Plädoyer für eine aktive Bildungspolitik. Hamburg 1965: Naunen

Olga Remisch: »Die Wirklichkeit der Kinder.« Eine Kontroverse um das Politische im Kinderbuch.

Bonsels, Waldemar: Die Biene Maja und ihre Abenteuer. Ein Roman für Kinder. 12. Auflage. Berlin/Leipzig 1917: Schuster & Loeffler.
Bulletin Jugend & Literatur: kritisches Monatsmagazin für Kinder- und Jugendmedien, Leseförderung und Lesekultur; Nachrichten, Beiträge und Kritiken für Erzieher, Eltern, Leser, Lehrer, Sozialpädagogen, Bibliothekare, Buchhändler, Kritiker, Studenten, Verleger, Autoren, Illustratoren und Redakteure beiderlei Geschlechts. 1969/70.
Dahrendorf, Malte: Kinder- und Jugendliteratur im bürgerlichen Zeitalter. Kronberg 1980: Scriptor Verlag.
Dahrendorf, Malte: Phantastik in »realistischer« Absicht. Zur Dialektik zwischen Phantastik und Realismus in der antiautoritären Kinder- und Jugendliteratur von 1970. In: Erfahrungen mit Phantasie. Hrsg. von Bernhard Rank. Baltmannsweiler 1994: Schneider-Verlag Hohengehren.
Doderer, Klaus (Hrsg.): Klassische Kinder- und Jugendbücher. Kritische Betrachtungen. Weinheim 1969: Beltz.
Doderer, Klaus (Hrsg.): Lexikon der Kinder- und Jugendliteratur. Personen-, Länder- und Sachartikel zu Geschichte und Gegenwart der Kinder- und Jugendliteratur (Band 1–4). Weinheim 1975–1982: Beltz.
Doderer, Klaus (Hrsg.): Zwischen Trümmern und Wohlstand. Literatur der Jugend 1945–1960. Weinheim 1988: Beltz.
Dolle-Weinkauff, Bernd und Hans-Heino Ewers (Hrsg.): Theorien der Jugendlektüre. Beiträge zur Kinder- und Jugendliteraturkritik seit Heinrich Wolgast. München 1996: Juventa-Verlag.

Gelberg, Hans-Joachim (Hrsg.): Peter Härtling. Reden und Essays zur Kinderliteratur. Weinheim 2003: Beltz & Gelberg.
Gmelin, Otto: Böses kommt aus Kinderbüchern. Die verpaßten Möglichkeiten kindlicher Bewußtseinsbildung. München 1972: Kindler.
Härtling, Peter: Oma. Die Geschichte von Kalle, der seine Eltern verliert und von seiner Großmutter aufgenommen wird. Weinheim [u. a.] 1975: Beltz & Gelberg.
Lionni, Leo: Swimmy. Köln 1965: Middelhauve.
Mattenklott, Gundel: Aufstand, Alltag, Anderswelten. Zur erzählenden Kinder- und Jugendliteratur der siebziger Jahre. In: Literatur im historischen Prozeß, Neue Folge 8. Literatur der siebziger Jahre. Hrsg. von Gert Mattenklott. Berlin 1985: Argument-Verlag, S. 113–157.
Richter, Dieter und Jochen Vogt (Hrsg.): Die heimlichen Erzieher. Kinderbücher und politisches Lernen. Reinbek b. Hamburg 1974: Rowohlt.
Wengoborski, Brigitte: Fünf Finger sind eine Faust. Berlin 1970: Basis-Verlag.
Wippersberg, Walter J. M.: Die heile Welt des fröhlichen Klassenkampfs. Marginalien zur sogenannten antiautoritären Kinderliteratur. In: Jugend und Buch 20 (1971), H. 4. S. 1–6.
Wölfel, Ursula: Die grauen und die grünen Felder. Wahre Geschichten. Mülheim an der Ruhr 1970: Anrich.

Die Autorinnen und Autoren

Baader, Meike Sophia, Dr. phil. habil., Jg. 1959, Professorin für Allgemeine Erziehungswissenschaft an der Universität Hildesheim. Forschungsschwerpunkte: Kindheits- und Familienforschung, Gender, Übergänge, Historische Bildungsforschung, internationale Reformpädagogik, 1968 und die Pädagogik, Diversity, Religion und Erziehung, Erziehung, Demokratie und Moral.

Bilstein, Johannes, Prof. Dr. phil. habil., Jg. 1949, Professor für Erziehungswissenschaft an der Folkwang Hochschule in Essen. Forschungsschwerpunkte: Allgemeine Pädagogik, insbesondere Bildungstheorie, Ästhetische Erziehung, Historische Anthropologie, Bildlichkeit und Metaphorik in der Pädagogik.

Böhnisch, Lothar, Dr. rer. soc. habil., Jg. 1944, Professor für Sozialpädagogik und Sozialisation der Lebensalter an der Technischen Universität Dresden. Forschungsschwerpunkte: Sozialisation der Lebensalter, abweichendes Verhalten, Pädagogische Soziologie, Geschlechterforschung, Sozialpolitik.

Brumlik, Micha, Dr. phil. habil., Jg. 1947, Professor für Allgemeine Erziehungswissenschaft an der Universität Frankfurt. Forschungsschwerpunkte: Theorien der Bildung und Erziehung, Pädagogische Anthropologie, Moralische Sozialisation, Pädagogische Ethik, Religionsphilosophie, Geschichte des Holocaust und seine Wirkung.

Cloos, Peter, Prof. Dr., Jg. 1965, Juniorprofessor für die Pädagogik der frühen Kindheit am Institut für Erziehungswissenschaft/Abteilung Allgemeine Erziehungswissenschaft an der Universität Hildesheim. Forschungsschwerpunkte: Qualitative Forschungsmethoden der Pädagogik der Kindheit, Erziehung und Bildung in Kindertageseinrichtungen, Institutionelle und situative Übergänge im Lebenslauf und Alltag von Kindern, Professionelles Handeln in Arbeitsfeldern der Pädagogik der frühen Kindheit.

Freytag, Tatjana, Dr. phil., Jg. 1972, ist Erziehungswissenschaftlerin und Soziologin und arbeitet als wissenschaftliche Mitarbeiterin am Institut für Allgemeine Erziehungswissenschaft an der Universität Hildesheim. Forschungsschwerpunkte: Sozialphilosophie, Kritische Bildungstheorie, Kulturtheorie und Diversity.

Groppe, Carola, Prof. Dr. phil. habil., Jg. 1964, Professorin für Erziehungswissenschaft, insbesondere Historische Bildungsforschung an der Helmut-Schmidt-Universität, Universität der Bundeswehr Hamburg. Arbeitsschwerpunkte: Historische Sozialisationsforschung, Geschichte von Familie, Kindheit und Jugend, Geschichte des Bildungssystems, Theoriegeschichte von Bildung und Erziehung.

Negt, Oskar, Prof. em. Dr. Dr. h.c., Jg. 1934, lehrte von 1970 bis zu seiner Emeritierung im Jahr 2002 Soziologie an der Universität Hannover. Der Sozialphilosoph Oskar Negt war an der Gründung der Glocksee-Schule beteiligt, einer der wenigen Alternativschulen, die die Bundesrepublik hervorgebracht hat. Politisch den Gewerkschaften zugeneigt, verbindet er als Wissenschaftler die Soziologie mit der Philosophie.

Ostkämper, Frodo, M.A., Jg. 1975, angestellt als wissenschaftlicher Mitarbeiter am Institut für Erziehungswissenschaft an der Universität Potsdam. Forschungsschwerpunkte: historische Bildungsforschung/Bildungspolitik.

Remisch, Olga, Jg. 1982, lehrt als wissenschaftliche Mitarbeiterin am Institut für Allgemeine Erziehungswissenschaft an der Universität Hildesheim. Forschungsschwerpunkte: Einflüsse von 68 auf inhaltliche, ästhetische und funktionale Dimensionen der Kinderliteratur, Theorie des Komischen und ihre Erscheinungsform in der Kinderkultur.

Sager, Christin, M.A., Jg. 1980, lehrt als wissenschaftliche Mitarbeiterin am Institut für Allgemeine Erziehungswissenschaft an der Universität Hildesheim. Forschungsschwerpunkte: Kindheitsforschung, Sexualpädagogik, 1968 und die Pädagogik. Zurzeit arbeitet sie an einer Dissertationsschrift zur »Geschichte der Sexualaufklärung in der BRD nach 1945«.

Schmid, Pia, Dr. phil. habil., Jg. 1951, Professorin für Historische Erziehungswissenschaft an der Universität Halle-Wittenberg. Forschungsschwerpunkte: Historische Bildungsforschung, insbesondere 18. Jahrhunderts, Weiblichkeitsbilder und Geschlechtertheorien, Tagebuchforschung, Geschichte der Kindheit/Kinderkulturen, Pietismus und Pädagogik.

Schröer, Wolfgang, Dr. phil., Jg. 1967, Professor für Sozialpädagogik an der Universität Hildesheim. Forschungsschwerpunkte: Theorie und Geschichte der Sozialpolitik und Sozialpädagogik, Kinder- und Jugendhilfe, Bewältigungs- und Übergangsforschung, Jugend und Arbeit, Interkulturalität, Migrations- und Flüchtlingsforschung, Transnationale Soziale Arbeit.